KB047624

유튜브, SNS, 게임, 영화 등 Z세대의 미디어 길라잡이

청소년을 위한
매체 이야기

이 도서의 국립중앙도서관 출판예정도서목록(CIP)은 서지정보유통지원시스템 홈페이지(http://seoji.nl.go.kr)와
국가자료종합목록 구축시스템(http://kolis-net.nl.go.kr)에서 이용하실 수 있습니다.
CIP제어번호: CIP2020046189(양장), CIP2020046191(무선)

유튜브, SNS, 게임, 영화 등 Z세대의 미디어 길라잡이

청소년을 위한
매체 이야기

한국방송학회
엮음

김봉섭
김형일
노광우
봉미선
이창호
장근영
최진호
지음

| 일러두기 |

1. 맞춤법과 외래어 표기는 국립국어원 표준국어대사전과 외래어 표기법에 따랐습니다. 단, 일부 단어는 예외를 두었습니다(예: 팔로우, 인증샷).

2. 책은 『 』, 논문·보고서·노래·선서 등은 「 」, 신문·잡지는 ≪ ≫, 영화나 TV 프로그램은 〈 〉, 영화 시리즈나 법·강령 등은 ' '를 사용하였습니다.

* 이 책은 2020년 한국언론진흥재단의 지원을 받아 출간되었습니다.

차 례

차 례

6단원
영화 매체

| 노광우 |

한국방송학회가 기획하고, 미디어 커뮤니케이션 학자들이 집필한 중등 '미디어 교육' 교재 『청소년을 위한 매체 이야기』를 발간하게 되어 뜻깊게 생각한다. 중등교육의 목적이 "전인적인 성장의 기반 위에 개성의 발달과 진로를 개척하는 사람을 기르는 데 있다"라고 할 때 청소년들에 대한 정규 미디어 교육은 그 어느 때보다 시급하고 절실하다. 미디어 교육은 민주 시민을 육성하고, 개인과 사회의 건강한 삶을 지키는 데 필수 불가결한 교과이다. 또한 현재와 미래 사회의 중심 기술이자 중추 소통망인 미디어에 대한 학습을 통해 청소년들을 우리 사회의 동량으로 키워 내는 일이기도 하다.

인간이 인지하고 기억하는 정보 대부분은 미디어에 의해 매개된 정보이다. 우리가 알고 있다고 생각하는 세계는 사실 대부분이 미디어에 의해 재구성된 세계인 것이다. 그렇다면 미디어가 전해 준 세계에 관한 정보는 객관적 사실과 실체적 진실에 입각한 정보들인가? 대개는 그대로의 사실과 진실을 전달하려 노력하는 사람들에 의해 양질의 정보가 투명하게 전달되지만, 어떤 경우에는 사회·정치적 또는 경제적 이해관계 등에 따라 왜곡된 정보가 전달되기도 한다. 그렇다면 우리는 어떤 정보들로 재구성된 세계를 살고 있는 것일까?

디지털 환경의 지속적 발전과 세계 경제 패러다임의 변동으로 사실상 어떠한 콘텐츠에 대해서도 사회적 유통을 완벽히 규제하기 어려운 시대가 되었다. 장점도 많은 환경이지만 그 이면에는 심각한 부작용도 많다. 사회적 규범의 한계를 크게 넘어서는 상업 콘텐츠들이 넘쳐난다. 근거를 찾을 수 없는 극단적 주장들이 난무하고 정교하게 제작된 가짜 뉴스마저 공공연히 유포된다. 이 같은 상황에서 우리 청소년들을 보호하고 올바른 정보 습득을 위한 지식과 방법을 가르치는 일은 아무리 강조해도 지나치지 않다.

　미디어 테크놀로지를 바르게 활용할 때 개인과 사회는 새롭고 풍요로운 기회와 마주할 수 있다. 무엇보다 커뮤니케이션 기술은 사회 모든 부문에서 소통의 방식을 획기적으로 개선하였다. 거의 대부분의 사람들이 개인 소유의 스마트 미디어를 활용하고 이를 통해 전 세계 어디서든 실시간 소통이 가능하다. 양질의 정보를 손쉽게 활용할 수 있으며 콘텐츠 제작도 그 어느 때보다 용이하다. 인공 지능(AI)과 로봇 기술이 구현해 내는 주요 현상 중 하나는 인간과 인간화된 기계, 혹은 인간과 인간의 능력을 넘어선 기계, 그리고 기계와 기계 사이의 커뮤니케이션이다. 이것은 기존의 정신적 생산 수단과 물리적 생산 수단을 획기적 수준으로 발전시킨다. 미디어 커뮤니케이션 영역은 현재와 미래의 강력한 성장 동력인 것이다. 캐서린 쿡(Katharine Cook)은 열네 살 때 '마이 이어북' 사이트(MyYearbook.com)를 만들었고 마크 저커버그(Mark Zuckerberg)는 열아홉 살 때 '페이스북(Facebook)'을 만들었다. 이와 같이 진화와 변신을 거듭하고 있는 디지털 미디어 환경은 청소년들에게 풍요로운 기회의 땅이다.

미디어 커뮤니케이션학은 기본 학제적 위상이 있다. 커뮤니케이션은 인간 본연의 활동이며, 이에 대한 탐구는 여러 학문 분야의 기초가 되기 때문이다. 더욱이 미디어 커뮤니케이션 테크놀로지의 사회·경제적 적용 영역은 끊임없이 확장되고 있다. 이것이 우리 청소년들이 정규 교육과정에서 매체를 배우고 익혀야 하는 이유이다.

『청소년을 위한 매체 이야기』는 집필진의 미디어 교육에 대한 열정이 빚어 낸 역작이다. 집필 위원장이신 김형일 교수님을 비롯하여 집필진으로 참여해 주신 김봉섭 박사님, 노광우 박사님, 봉미선 박사님, 이창호 박사님, 장근영 박사님, 최진호 박사님께 존경과 감사의 말씀을 드린다. 코로나19 환경에 따라 더욱 가중된 교육 현장의 업무에도 불구하고 우리 학생들을 위해 검토위원으로 참여해 주신 박인희 선생님,

백선아 선생님, 윤미란 선생님, 정형근 선생님, 진연자 선생님, 최명진 선생님께 심심한 사의를 표하는 바이다. 미디어 교육 업무로 바쁘신 가운데에서도 검토위원으로 참여해 주신 한국언론진흥재단의 김선영 선생님께도 감사의 말씀을 드린다. 편집 실무를 담당해 준 한울엠플러스(주)의 최진희 님, 정은선 님과 행정 실무를 담당해 준 한국방송학회의 곽은아 간사님을 비롯하여 박만수 사무국장님, 이해수 간사님, 전혜미 간사님께도 감사의 말씀을 전한다. 마지막으로 책의 출간을 위해 지원을 아끼지 않으신 표완수 한국언론진흥재단 이사장님께 특별한 감사의 말씀을 드린다.

이 책에는 우리 청소년들에 대한 다함없는 애정과 교육 현장의 선생님들에 대한 존경을 담았다. 한국방송학회 학자들의 소중한 마음이 전해지기 바란다.

2020년 11월
한국방송학회장 한동섭

매체 일반

김형일

학습 목표

1. 의사소통에 왜 매체가 필요한지 이해할 수 있다.

2. 매체는 어떤 특성과 한계가 있는지 설명할 수 있다.

3. 인쇄 매체와 방송 매체, 인터넷 매체의 차이를 구분할 수 있다.

4. 매체가 정치, 경제, 문화에 미치는 영향을 제시할 수 있다.

5. 오늘날의 매체 환경이 어떻게 변화하고 있는지 설명할 수 있다.

Introduction to Media for Teens

1. 매체란 무엇인가

'매체'를 표준국어대사전에서는 "어떤 작용을 한쪽에서 다른 쪽으로 전달하는 물체. 또는 그런 수단"이라고 규정하고 있다. 하지만 일상에서는 '사람들이 서로 생각이나 감정을 주고받을 수 있도록 해 주는 기술적 수단이나 도구'라는 뜻으로 쓰일 때가 많다.

매체를 이용하면 다른 사람들과 직접 만나지 않아도 의사소통을 하거나 정보를 전달할 수 있다. 편지나 전화를 이용하여 멀리 떨어져 사는 친척이나 친구들과도 서로 안부를 묻거나 대화할 수 있다. 또 세상 돌아가는 일이 궁금할 때 사람들이 이용하는 신문이나 방송도 매체의 일종이다. 인터넷이나 스마트폰은 오늘날 없어서는 안 될 중요한 매체가 되었다. 이처럼 주변에서 쉽게 이용할 수 있는 다양한 매체 덕분에 다른 사람들과 일일이 만나지 않고도 자유롭게 의사소통하고 우리를 둘러싼 세상의 여러 가지 지식과 정보를 얻을 수 있는 것이다.

그렇다면 매체는 언제 생겨났을까? 왜 매체가 필요하게 된 것일까? 자연 상태에서 사람이 혼자 생존하는 것은 쉬운 일이 아니다. 살아남기 위해서는 여러 사람이 함께 모여 살아야 하였다. 집단생활을 하면서 서로 교류하고 협력해야 하고, 이를 위해서는 무엇보다 다른 사람과 의사소통할 수단이 필요하였다. 그래서 사람들은 가장 강력한 의사소통 수단인 '언어'를 만들어 냈다. 언어는 인간만이 가지고 있는 고유의 의사소통 수단으로, 같은 언어를 사용하는 사람들끼리는 서로의 생각과 감정을 자유롭게 주고받을 수 있다.

그러나 언어를 통해 직접 의사소통하려면 모든 사람이 같은 시간에 같은 장소에 있어야 하였다. 언어를 이제 막 사용하기 시작한 당시에는 음성 언어만 사용할 수 있었기 때문에 의사소통에 시공간의 제약이

문자의 기록 도구

문자를 기록하여 전달하거나 보관하려면 도구가 필요하다. 처음 문자를 기록하기 시작한 것은 기원전 4000~3500년 무렵 메소포타미아에서였던 것으로 추정된다. 메소포타미아인들은 '점토판'에 자신들이 고안한 쐐기 문자를 기록한 후 햇볕에 말리거나 구워 보존하였다. 하지만 점토판은 너무 무거워 운반이 불편하였다. 점토판 이후 발명한 도구는 '파피루스'이다. 기원전 3500년경 이집트인들이 나일강 유역에서 재배하던 파피루스라는 식물을 이용해 만들었다. 그러나 파피루스는 습기에 약해 보존이 어려웠다. 기원전 2세기 무렵에는 양가죽으로 만든 '양피지'에 문자를 기록하였다. 양피지는 운반이 쉽고, 질기고 튼튼해서 수명이 길었지만 너무 비싼 것이 흠이었다. 인간이 만든 가장 뛰어난 문자 기록 도구는 '종이'이다. 종이는 105년 무렵 중국 후한의 채륜이 처음 발명하였다. 그 후 종이 제조법은 751년경 상인들을 통해 아랍으로 전해졌으며 12세기에 이르러 비로소 유럽에 알려졌다. 오늘날에도 종이는 가장 값싸고 편리한 문자 기록 도구로 남아 있다.

있었던 것이다. 하지만 문명이 발전하면서 함께 생활하는 집단의 규모가 점점 커졌다. 집단의 규모가 커지면 모든 구성원이 한자리에 모여 대화하는 것이 어려워진다. 또 사람의 기억력에는 한계가 있으므로 시간이 조금만 지나면 서로 어떤 이야기를 하였는지 잊어버린다. 이러한 상황에서는 지식과 정보가 축적될 수 없다.

따라서 음성 언어의 시공간적 한계를 넘어 더 많은 사람에게 지식과 정보를 전달할 수 있는 기술적 수단, 즉 매체가 필요해진 것이다. 가장 먼저 등장한 매체가 바로 '문자'다. 음성 언어는 표현하는 것과 동시에 사라져 버리기 때문에 같은 시간에 같은 장소에 있는 사람들과만 소통이 가능하다. 그러나 이를 문자로 기록하면 멀리 떨어져 있는 사람들에게도 정확하게 전달할 수 있다. 또 문자 덕분에 선조들이 오랫동안 축적한 지식과 정보를 후손들이 그대로 물려받을 수 있게 되었다.

물론 문자 매체를 통한 간접적 의사소통은 직접 만나서 대화하는 것보다 효과가 떨어진다. 문자로 대화할 때는 얼굴 표정이나 말투, 몸짓과 같은 비언어적 수단을 사용할 수 없기 때문에 언어 내용만으로는 표현하기 어려운 섬세한 감정이나 뉘앙스를 전달하기 어렵다. 또 직접 대화할 때는 듣는 사람의 반응을 보고 말하고자 하는 것이 제대로 전달되었는지 바로 확인할 수 있다. 하지만 문자로는 상대방의 반응을 바로 확인할 방법이 없다. 이런 한계에도 불구하고 문자 매체의 등장으로 의사소통의 범위가 획기적으로 넓어진 것은 분명한 사실이다.

물론 15세기 구텐베르크의 활판인쇄술이 등장하기 전에는 사람이 손으로 일일이 문자를 기록해야 하였기 때문에 실수로 일부 내용이 빠지거나 달라지기도 하고 원래는 없었던 내용이 추가되는 경우도 있었다. 정확한 정보 전달이 어려웠던 것이다. 그나마도 기록하는 데 오랜 시간이 걸리고 비용도 많이 들었기 때문에 필사 매체를 이용할 수 있는 사람은 소수에 불과하였다. 그러나 인쇄술을 이용하게 되면서 정보를 대량으로 생산할 수 있게 되었을 뿐 아니라 아무리 반복해서 인쇄해도 내용이 달라지지 않았다. 이때부터 본격적인 대중 매체(mass media)의 시대가 시작된 것이다. 대중 매체는 많은 사람들에게 동시에 정보를 전달할 수 있는 수단을 말한다. 인쇄 매체를 통해 이루어진 지식과 정보의 대중화로 근대 민주주의가 발전할 수 있는 토대가 마련되었다.

한편 19세기에는 과학 기술이 눈부시게 발전하면서 인쇄 매체와는 다른 방법으로 멀리 떨어진 사람들과 정보를 주고받을 수 있는 새로운 기술이 개발되기 시작하였다. 유선 전화는 직접 얼굴을 맞대지 않고도 일상적인 대화를 나눌 때처럼 의사소통할 수 있게 해 주는 획기적인 기술이었다. 나아가 무선 통신 기술이 개발되면서 바다에 떠 있는 선박과 같이 유선으로 연결할 수 없는 곳에서도 음성으로 실시간 의사소통을 할 수 있게 되었다.

이처럼 전기 통신 기술은 원래는 멀리 떨어져 있는 개인 간에 음성으로 대화할 수 있도록 해 주는 대인 매체로 개발된 것이다. 그리고 20세기에 들어서 이 기술을 응용하여 많은 사람에게 동시에 음성이나 음향, 음악 등의 청각적인 정보를 제공할 수 있는 새로운 대중 매체가 등장한다. 라디오 방송이 시작된 것이다. 이제는 누구나 수신기만 있으면 라디오 방송국에서 보내 주는 뉴스나 생활 정보, 음악과 같은 다양한 정보를 어디에서나 자유롭게 들을 수 있게 되었다. 이어서 개발된 텔레비전 방송은 라디오와 같은 전기 통신 기술을 사용하면서도 음성이나 음향 등의 청각 정보뿐만 아니라 문자와 이미지, 영상 등의 시각 정보까지 전달할 수 있는 매체이다.

오늘날 우리는 이렇게 다양한 매체를 활용하여 편리하게 의사소통할 수 있다. 시골에 계시는 할머니, 할아버지께 안부 전화를 드릴 수도 있고 멀리 이사 간 친구와도 언제든 연락을 주고받으며 우정을 유지할 수 있다. 신문을 구독하거나 텔레비전 뉴스를 보면서 여러 가지 세상 소식을 접한다. 저녁에는 온 가족이 함께 드라마나 스포츠 중계, 각종 예능 프로그램을 보며 즐거운 시간을 보내기도 한다.

심지어 스마트폰만 있으면 때와 장소를 가리지 않고 웬만한 의사소통은 다 할 수 있는 세상이 되었다. 책이나 신문을 사지 않아도 언제 어디서나 인터넷에 접속하여 필요한 정보와 뉴스를 검색할 수 있다. 유튜브를 비롯한 다양한 온라인 동영상 서비스를 통해 재미있고 다양한 콘텐츠를 즐길 수 있다. 심지어 친구들이나 다른 사람과 대화할 때도 직접 만나거나 전화 통화를 하는 대신 메신저 서비스나 SNS(사회 관계망 서비스)를 이용하기도 한다.

이렇게 다양한 매체가 등장하면서 의사소통은 점점 더 편리해지고 있지만, 그 과정에서 종종 예상치 못한 문제가 발생하기도 한다. 언론에서 보도한 내용이라 그대로 믿었는데 알고 보니 가짜 뉴스로 밝혀지기도 한다. 언론 매체가 너무 많은 데다 누구나 쉽게 정보를 생산하고 유통할 수 있기 때문에 어떤 뉴스가 진짜인지 확인하기 어려워진 것이다. 인터넷이나 SNS에 올린 글이나 사진 때문에 피해를 보는 사람들도 있다. 문자나 채팅으로 대화하다 보니 직접 만났을 때는 별문제가 되지 않았을 오해가 생기기도 한다. 이렇듯 새로운 매체가 등장하면서 전에는 없던 새로운 문제가 나타나곤 한다.

왜 이런 문제가 일어나는 것일까? 매체 자체에 문제가 있는 것인가, 아니면 사람들이 매체를 잘못 사용하기 때문일까? 매체 환경이 너무나 빠르게 변하다 보니 어떻게 해야 문제를 해결할 수 있는지 알기가 쉽지 않다. 이러한 의문에 대한 해답을 찾기 위해 먼저 매체란 무엇이며 어떤 특성이 있는지를 살펴볼 필요가 있다. 매체를 통한 의사소통은 어떻게 이루어지며 어떤 경우에 문제가 발생하는지 알아야 매체를 슬기롭게 활용할 수 있는 지혜가 생긴다.

2. 매체에는 어떤 특성이 있는가

의사소통을 제대로 하기 위해서는 모든 참여자가 자유롭게 자기 생각이나 감정을 표현할 수 있어야 한다. 따라서 직접 만나서 대화하는 것이 가장 좋은 방법이다. 하지만 이렇게 하려면 모두가 같은 시간에, 같은 공간에 있어야 한다. 인간은 이러한 시공간의 한계를 극복하고 의사소통의 범위를 넓히기 위해 그동안 다양한 매체를 발전시켜 왔다. 하지만 매체를 통한 의사소통은 매체의 기술적 한계 때문에 완벽할 수 없다.

어떤 의사소통에 이용하느냐에 따라 매체는 크게 '대인 매체'와 '대중 매체'로 나눌 수 있다. 대인 매체는 편지나 전화, 전자 우편과 같이 개인과 개인 사이의 의사소통에 사용하는 수단이다. 물론 대인 매체라고 해서 꼭 일대일로 의사소통할 때만 사용하는 것은 아니다. 집단이나 조직 내에서 여러 사람이 의사소통할 때도 대인 매체를 사용할 수 있다.

기술이 발전하면서 전화와 같이 음성으로 대화를 주고받는 수준에 그치지 않고 문자나 그림과 같은 시각 정보를 쉽게 주고받을 수 있는 대인 매체도 등장하였다. 최근에는 영상 통화나 원격 회의처럼 직접 만나서 대화를 하는 것과 유사한 환경을 구현하는 대인 매체도 많이 활용된다. 다만 의사소통 과정에서 나타나는 상호 작용의 속도는 각 매체의 기술적 특성에 따라 달라진다. 전화나 채팅과 같이 즉각적인 상호 작용이 가능한 매체도 있지만 편지나 전자 우편과 같이 상호 작용의 속도가 상당히 느린 매체도 있다.

대중 매체는 대인 매체에 비해 훨씬 더 많은 사람이 동시에 참여하는 의사소통에서 사용되는 수단이다. 인류 역사에서 대중 매체가 등장한 것은 얼마 되지 않았지만, 현대 사회에서는 없어서는 안 될 중요한 사회적 역할을 수행하고 있다. 사람들은 아침에 눈을 떠서 저녁에 잠을 잘 때까지 하루 종일 각종 대중 매체에 둘러싸여 생활한다. 우리가 알고 있는 주변 세상에 대한 대부분의 지식과 정보도 대부분 대중 매체를 통해 얻는다.

대중 매체는 종종 세상을 바라보는 '창(window)'에 비유되곤 한다. 사람들은 대중 매체라는 창을 통해 보이는 것이 세상의 전부라고 생각한다. 하지만 결코 그렇지 않다. 창의 모양에 따라 세상은 다르게 보일 수 있다. 네모난 창으로 본 세상은 네모로 보이지만, 둥근 창으로 보이는 세상은 둥글게 보인다. 창의 색깔에 따라서도 세상은 다르게 보인다. 또 불투명한 창으로는 세상을 뚜렷하게 볼 수 없다. 따라서 대중 매체를 통해 세상을 볼 때는 창의 모양과 색깔이 어떤지를 알고 있어야 한다.

첫째, 대중 매체의 참여자는 '송신자'와 '수용자'로 뚜렷이 구분된다는 것을 알아야 한다. 송신자는 정보를 생산하고 유통하며, 수용자는 송신자가 제공하는 정보를 받기만 한다. 송신자와 수용자의 역할이 중간에 바뀌는 일은 결코 없다. 따라서 대중 매체를 통한 의사소통은 항상 일방적이어서 송신자에게서 수용자에게로만 흐른다. 유무선 전기 통신과 같이 정보의 쌍방향 흐름이 가능한 기술도 대중 매체로 활용될 때는 정보가 일방향으로 흘러간다.

둘째, 대중 매체의 수용자는 '불특정 다수'로 이루어진 대중이다. 불특정 다수라는 것은 의사소통에 참여한 사람은 많지만 정확하게 어떤 사람들이 참여하고 있는지 확인할 방법이 없다는 것을 의미한다. 송신자들은 자신들이 생산한 정보를 수용하는 사람이 얼마나 되는지를 발행 부수나 시청률로 대강 알고 있을 뿐이다. 대중도 자신과 함께 의사소통에 참여하는 사람이 누구인지 알 수 없다. 대중은 수가 아무리 많아도 서로 알지도 못하고 교류도 없는 '개인'일 뿐이다.

셋째, 대중 매체의 수용자는 개인이지만 대중 매체를 소유하고 운영하는 송신자는 '조직'이다. 대중 매체를 통해 정보를 생산하고 이를 빠른 속도로 많은 사람에게 전달하기 위해서는 많은 장비와 인력이 필요하다. 이러한 조직을 만들기 위해서는 상당한 자본이 필요하기 때문에 아무나 대중 매체를 소유하고 운영할 수는 없다. 그래서 초창기에는 정부가 직접 매체를 소유하거나 운영하는 경우가 많았고, 민영화된 이후에는 자본이 많은 사람들만이 대중 매체를 소유하고 운영할 수 있게 되었다.

넷째, 대중 매체를 통해 어떤 정보를 생산하고, 이를 언제 어떻게 수용자인 대중에게 전달할 것인지를 결정하는 권한은 오직 송신자에게 있다. 수용자는 정보의 생산 과정에 참여할 수 없고 오직 대중 매체가 생산하는 정보를 수동적으로 수용하는 대상(target)일 뿐이다. 이 때문에 대중 매체가 생산하는 정보는 수용자의 필요나 욕구를 충족시키기 위한 것이 아니라 송신자의 목적을 달성하는 데 적합한 내용으로 채워진다.

3. 매체에는 어떤 유형이 있나

대중 매체가 정보를 생산하고 전달할 때 어떤 기술을 사용하느냐에 따라 형식이나 내용이 달라진다. 여기서는 크게 인쇄 매체, 방송 매체, 그리고 인터넷 매체의 세 가지 유형으로 나누어 그 특성을 살펴보고자 한다. 인쇄 매체가 문자나 그림과 같은 정보를 대량으로 인쇄한 후 이를 수용자에게 물리적으로 전달하는 것이라면, 방송 매체는 음성이나 영상 중심의 정보를 무선 주파수나 케이블을 이용해 수용자의 라디오나 텔레비전 등 수신기로 보고 들을 수 있게 하는 것이다. 한편 인터넷 매체는 문자나 그림은 물론 음성과 음향 등 다양한 형식의 정보를 쌍방향 전송이 가능한 정보 통신망을 통해 전송함으로써 일방적 전달이라는 기존 대중 매체의 한계를 극복할 가능성을 보여 주고 있다.

1) 인쇄 매체

문자가 발명되면서 인간은 자신의 사상이나 감정, 지식 등을 기록한 책을 생산할 수 있게 되었다. 하지만 손으로 일일이 써야 하는 필사본은 만드는 데 오래 걸리고 대량으로 만들기도 어려웠다. 그러나 15세기 중반부터 유럽에서는 활판 인쇄술을 이용하여 대량으로 책을 생산할 수 있게 되었다. 책은 정보를 빠르게 전달하지는 못하지만 전문적인 내용을 비교적 깊이 있게 다룰 수 있고, 한번 인쇄되면 내용을 수정하기 어렵지만 보관과 이동이 쉽다는 장점이 있다.

17세기 초 '신문'이 등장하면서 인쇄 매체는 본격적인 대중 매체로서의 성격을 띤다. 신문은 책과 마찬가지로 문자와 그림, 사진을 중심으로 정보를 제공한다. 'newspaper'라는 영어 표현처럼 매일같이 사회에서 일어나는 여러 가지 일 가운데 사람들이 궁금해하고 또 알아야 하는 '새로운 소식들(news)'을 '종이(paper)'에 인쇄해서 많은 사람에게 전달하는 매체이다.

신문의 사전적 의미는 "사회에서 발생한 사건에 대한 사실이나 해설을 널리 신속하게 전달하기 위한 정기 간행물"이다. 여기서 알 수 있듯이 신문은 '○○신문', '○○일보'처럼 같은 제호로 정기적으로 발행된 잡지는 신문과 책의 특성을 함께 갖고 있는 인쇄 매체의 한 유형이다. 우선 잡지는 신문과 마찬가지로 같은 제호로 정기적으로 발행된다. 다만 잡지의 발행 주기는 신문보다 길어 주로 주간이나 월간으로 발행되고 1년에 4회 발행되는 계간지도 있다. 한편 잡지는 책처럼 제본이 되어 보관이 쉽고 다루는 내용 또한 다양하고 풍부한 편이다.

다는 점에서 보통 한 번 인쇄되고 마는 책과 구별된다. 하루에 한 번 발행하면 일간 신문이고, 일주일에 한 번 발행하면 주간 신문이라고 한다. 이처럼 신문은 정기적으로 발행되기 때문에 유통 기한이 짧다. 하루나 일주일 뒤 다음 호 신문이 발행되면 기존의 신문에 실린 내용은 과거의 기록이 되고 만다. 그만큼 신속하게 기사를 실어서 독자들에게 배포해야 하기 때문에 마감 시간이 정해져 있고 분량이나 지면도 제한된다.

신문은 주로 어떤 정보를 제공하느냐에 따라 종합 신문과 전문 신문으로 구분하기도 한다. 종합 신문은 정치, 경제, 사회, 문화, 스포츠 등 다양한 분야를 망라한 기사를 싣는다. 반면 전문 신문은 특정 분야의 뉴스만을 선별해서 집중적으로 제공하는 신문이다. 경제 신문이나 스포츠 신문 등이 여기에 해당한다. 또 신문의 배포 범위에 따라 전국 신문과 지역 신문으로 분류하기도 한다. 전국 신문이 모든 국민이 관심을 가질 만한 내용을 다룬다면, 지역 신문은 특정한 지역 주민들을 위한 뉴스를 주로 싣는다.

사실 신문과 같은 인쇄 매체는 방송 매체나 인터넷 매체에 비해 정보의 생산 및 유통 속도가 느린 편이다. 편집하고 인쇄하는 제작 과정을 거쳐야 하기 때문이다. 또 이렇게 만들어진 신문은 구독자들의 가정이나 거리의 가판대까지 배달해야 하기 때문에 그만큼 시간이 더 걸릴 수밖에 없다. 이처럼 정보의 전달 속도도 떨어지고 문자나 사진, 그림과 같은 시각적인 정보만 전달할 수 있기 때문에 20세기 초 방송 매체가 등장하면서 신문의 경쟁력이 약해진 것도 사실이다.

최근에는 무선 인터넷과 모바일 기기의 확산으로 인터넷 매체가 인쇄 매체를 대체하는 경향이 나타나고 있다. 전자책 시장이 점점 확대되고 있으며, 기존의 신문사에서도 인터넷 홈페이지를 통해 기사를 제공하는가 하면, 아예 인터넷 신문만 발행하는 곳도 늘어나고 있다. 인쇄 시설이 없어도 되고 물리적인 배포 과정도 필요 없기 때문이다.

2) 방송 매체

방송(broadcasting)은 무선 통신 기술을 활용하는 대중 매체이다. 1895년 이탈리아의 굴리엘모 마르코니(Guglielmo Marconi)는 무선 주파수를 활용하여 멀리 떨어져 있는 곳에 음성을 전달할 수 있는 무선 통신 기술을 발명하였다. 그 후 이 기술을 활용하여 1920년 미국 웨스팅하우스사에서 세계 최초로 KDKA라는 라디오 방송국을 개국하였고, 그 후 유럽을 비롯한 세계 각국에서 라디오 방송을 시작하였다.

라디오(radio)는 음성과 음향, 음악 등 청각 정보만 제공할 수 있지만 그만큼 정보 전달의 속도가 빠르고 무엇보다 수용자들이 다른 일을 하면서도 이용할 수 있는 병행 매체라는 장점이 있다. 그 덕분에 같은 기술을 사용하는 방송 매체이자 영상까지 전송할 수 있는 텔레비전의 등장에도 라디오 방송은 사라지지 않고 여전히 고유의 장점을 잘 살린 이동형 매체로 활용되고 있다.

그러나 방송 매체의 꽃은 텔레비전(television)이다. 텔레비전은 기본적으로 라디오와 같은 무선 통신 기술을 기반으로 하지만 더 넓은 주파

수 대역을 이용하여 청각 정보뿐 아니라 영상과 같은 시각 정보까지 전송할 수 있는 매체이다. 1928년 독일에서 최초로 텔레비전 실험 방송이 시작되었지만 정규 방송은 1936년 영국 BBC가 먼저 시작하였다. 미국은 1939년 뉴욕 세계박람회에서 처음으로 텔레비전 방송을 하였다.

텔레비전 방송이 처음 시작되었을 때에는 사용할 수 있는 주파수 대역이 한정되어 채널이 많지 않았다. 때문에 방송의 공공성을 중시하였고 프로그램도 보도, 교양, 오락 등 다양하게 편성하도록 하는 등 엄격하게 규제되었다. 하지만 디지털 방송 기술이 발전하면서 기존의 지상파 방송뿐만 아니라 종합 유선 방송, 위성 방송, 인터넷 멀티미디어 방송(IPTV)과 같은 다채널 방송이 등장하면서 규제가 완화되는 추세이다.

인터넷 멀티미디어 방송(IPTV)

요즘은 SK브로드밴드, KT올레TV, LG유플러스와 같은 주요 이동통신사에서 운영하는 IPTV에 가입하여 방송을 보는 가정이 많다. IPTV는 케이블 방송이나 위성 방송과 마찬가지로 여러 방송 채널 사용 사업자가 제공하는 채널을 묶어서 제공하는 방송 플랫폼의 하나지만 양방향의 인터넷 프로토콜(IP) 방식으로 실시간 방송 서비스뿐만 아니라 주문형 비디오(VOD), 전자상거래와 같은 양방향 서비스까지 제공하기 때문에 방송과 인터넷이 통합된 새로운 매체라 할 수 있다.

지상파 방송은 누구나 무료로 시청할 수 있지만 수십 개에서 수백 개의 방송 채널을 제공하는 종합 유선 방송이나 위성 방송, 인터넷 멀티미디어 방송은 가입자가 매달 일정한 비용을 지불해야 하는 유료 방송이다. 유료 방송 채널은 주로 어떤 프로그램을 편성하느냐에 따라 종류가 구별된다. 종합 편성 채널은 지상파 방송과 마찬가지로 보도, 교양, 오락 등의 프로그램을 다양하게 편성하는 채널로 JTBC, MBN,

채널A, TV조선 네 개가 있다. YTN과 연합뉴스TV 두 개 채널은 뉴스를 전문적으로 편성하는 보도 전문 채널이고, 홈쇼핑 채널은 상품 소개와 판매를 전문으로 한다. 이 외에 영화, 음악, 여성, 오락, 건강, 종교 등 특정한 장르의 프로그램을 80% 이상 편성하는 다양한 전문 편성 채널이 운영되고 있다.

텔레비전은 가정에서 편안하게 접할 수 있고 수신 장치를 조작하는 데 많은 지식이 필요하지 않기 때문에 누구나 쉽게 이용할 수 있는 가장 편리한 대중 매체라 할 수 있다. 또 문자, 이미지, 음성, 영상 등의 다양한 시청각 정보를 통해 생생한 현장의 모습을 전달하기 때문에 정보의 실재감과 시청자의 몰입력이 대단히 높다는 장점이 있다.

하지만 텔레비전에 나오는 영상이 현실을 있는 그대로 보여 주는 것이라고 생각해서는 안 된다. 모든 영상은 현실을 선택적으로 재구성한 것이다. 따라서 같은 장면을 촬영해도 연출자의 의도에 따라 선택된 카메라의 앵글이나 촬영 기법, 편집 방식 등에 의해 영상이 담고 있는 의미는 얼마든지 달라질 수 있다. 텔레비전에 담긴 영상의 의미를 제대로 이해하려면 보이는 그대로를 받아들일 것이 아니라 어떤 의도로 그렇게 표현하였는지 의문을 제기하면서 영상을 해석할 수 있어야 한다.

3) 인터넷 매체

컴퓨터와 통신 기술의 결합을 통해 전 세계를 하나로 묶는 거대한 정보 통신망인 인터넷이 탄생하면서 우리의 매체 환경은 획기적으로 발전하였다. 인터넷은 1969년 미국에서 군사 목적으로 구축한 아르파넷(ARPANET)에서 그 기원을 찾을 수 있다. 이 네트워크에 연결되면 전자 우편과 원격 접속, 파일 전송 등을 자유롭게 할 수 있다. 이후 이 네

1969년 미국 국방부에서 구축한 아르파넷은 소련과의 핵전쟁으로 중앙 통제 시설이 완전히 파괴되더라도 통신을 유지할 수 있도록 하기 위한 목적으로 개발되었다. 이 네트워크는 중앙의 호스트 컴퓨터가 네트워크 전체를 관리하는 폐쇄적인 체제가 아니라 수많은 컴퓨터가 병렬로 연결된 개방형 통신망이다.

트워크를 사용하고자 하는 민간의 수요가 증가하자 1983년부터 군사용 네트워크를 분리하고 민간용 네트워크로 전환하면서 인터넷이라고 부르게 되었다.

인터넷을 이용하면 언제 어디서나 자유롭게 접속하여 정보를 공유할 수 있다. 기존 매체인 신문이나 방송은 정해진 시간에 배달되거나 프로그램이 편성되기 때문에 수용자가 이용하는 데 시간과 공간의 제약이 있었다. 하지만 인터넷은 이용자가 필요할 때 어디서든 접속해 정보를 주고받을 수 있다는 점에서 이용자 중심의 매체라 할 수 있다.

또 인터넷은 정보의 일방적 전달이라는 기존 대중 매체의 한계를 뛰어넘어 모든 참여자가 쌍방향으로 소통할 수 있게 해 주었다. 이에 따라 인터넷에서는 이제 송신자와 수용자가 명확하게 분리되지 않는다. 과거에는 정보를 수동적으로 소비하기만 하였던 수용자들이 이제는 인터넷을 통해 직접 정보를 생산할 수도 있고 다른 사람들과 공유할 수도 있다.

기존의 매체는 기술적 속성에 따라 한정된 유형의 정보만을 생산하고 전달할 수 있었지만 인터넷은 다양한 유형의 정보를 모두 활용할 수 있는 멀티미디어이다. 인터넷은 문자나 사진, 그림과 같은 인쇄 매체 정보뿐만 아니라 음성과 음향, 영상 등 방송 매체를 인증샷만 전달할 수 있던 정보도 담을 수 있다. 이는 모든 유형의 정보를 동일하게 처리할 수 있는 디지털 기술이 개발됨으로써 가능해진 것이다.

그러나 이와 같은 인터넷 매체의 장점은 한편으로 다른 문제점을 낳기도 한다. 우선 인터넷을 통해 유통되는 정보는 유형이 매우 다양하고 양도 너무 많다. 이렇게 넘치는 정보의 홍수 속에서 이용자들은 정작 자신에게 필요한 정보를 찾는 과정에 많은 시간을 소비할 수밖에 없다. 또 이처럼 자신에게 필요한 정보를 찾는 방법을 잘 모르는 사람들은 정보에서 소외될 수밖에 없다.

인터넷에서는 누구나 정보를 생산할 수 있다는 것이 장점이지만 그만큼 정보의 신뢰성을 확인하기가 어렵다. 정보의 신뢰성은 그러한 정보를 생산하는 사람에 대한 신뢰성과 직결된다. 정보원이 명확히 드러나는 전통 매체와 달리 인터넷은 익명성이 어느 정도 보장된다. 익명성 덕분에 다른 사람들의 눈치를 보지 않고 하고 싶은 말을 할 수도 있지만, 자신의 말에 책임지지 않아도 된다는 점 때문에 근거 없는 정보를 생산할 수도 있는 것이다. 오늘날 인터넷이 가짜 뉴스의 온상으로 여기게 된 것도 이 때문이다.

4. 매체는 사회에 어떤 영향을 미치는가

1) 매체와 정치

우리는 민주주의 사회에 살고 있다. 민주주의는 말 그대로 국민(民)이 주인(主)인 사회를 뜻한다. 대한민국 헌법 제2조는 "대한민국의 주권은 국민에게 있고, 모든 권력은 국민으로부터 나온다"라고 되어 있다. 나라의 주인인 국민이 주권을 가지는 것이다. 하지만 모든 국민이 직접 주권을 행사하기에는 나라의 규모가 너무 크다. 그래서 국민은 자신의 주권을 누군가에게 위임하여 대신 행사하게 한다. 이러한 제도를 간접 민주주의라고 한다.

간접 민주주의에서 국민은 선거를 통해 자신의 주권을 위임할 대표를 선택한다. 우리나라 또한 선거를 통해 대통령과 국회의원은 물론 각 지방의 자치 단체장과 시·도 의원 같은 정치인들을 뽑는다. 이때 중요한 것은 국민이 선거에 출마한 후보나 정당을 제대로 알고 있어야 한다는 것이다. 출마한 후보들의 과거 경력이나 활동 사항은 물론이고, 국가나 지역을 어떻게 운영할 것인지에 대한 정책과 비전을 알아야 올바른 주권 행사를 할 수 있다. 마찬가지로 정치인들도 정책과 비전을 수립할 때 국민의 의견을 반영해야 한다.

그렇다면 국민은 정치인이나 정당에 대한 정보를 어떻게 얻을 수 있을까? 이때 신문과 방송, 인터넷과 같은 대중 매체가 바로 정치인과 국민을 연결해 주는 소통의 도구로 이용된다. 대중 매체는 국민을 대신하여 정치인들을 만나 그들의 정책이나 식견을 듣고 이를 국민에게 전달한다. 또한 매체는 국민의 다양한 생각과 의견으로 이루어진 여론을 전달함으로써 정치인들이 국민이 원하는 정책을 수립할 수 있게 한다. 대중 매체는 정치인과 국민이 서로 의사소통함으로써 민주주의를 실현할 수 있는 공론장이다.

따라서 대중 매체는 국민이 주권을 행사하는 데 필요한 정보를 공정하고 정확하게 제공해야 한다. 또한 후보의 자질이나 정책을 검증하고, 선거 과정에서 발생할 수 있는 불법과 부정행위를 감시해야 한다. 나아가 국민이 선거 과정에 적극 참여할 수 있도록 독려하는 것도 대중 매체의 중요한 정치적 역할이다.

그러나 선거 과정에서 대중 매체가 이러한 역할을 제대로 수행하지 못할 때가 많다. 선거에 대해 보도하면서 후보의 자질이나 정책보다는 겉으로 보이는 이미지에 초점을 맞추고 선거를 승패의 관점에서만 바라보는 경향이 있다. 또한 후보 간의 갈등이나 대립을 지나치게 부각함으로써 정치에 대한 냉소주의를 조장하기도 하고, 특정 후보나 정당에 치우친 보도를 하기도 한다.

2) 매체와 경제

대중 매체는 주로 광고를 통해 수익을 얻는다. 초기에는 수용자들이 대중 매체에 필요한 비용을 분담할 수 있었지만, 매체 기술이 발전하고 생산비가 증가하면서 수용자의 부담만으로는 충분한 재원을 확보하기 어려워졌다. 때마침 산업 혁명 이후 상품을 대량으로 생산할 수 있게 된 기업에서는 더 많은 사람에게 상품을 알리고 판매를 촉진하기 위한 마케팅 수단을 찾고 있었다. 대중 매체에서도 신문 지면이나 방송 시간의 일부에 상품 광고를 실을 수 있도록 판매함으로써 부족한 비용을 충당할 수 있었다.

매체가 기업에 판매하는 광고 지면이나 시간의 가격은 얼마나 많은 소비자에게 그 매체가 도달할 수 있느냐에 따라 결정된다. 광고 수익 덕분에 19세기 미국에서는 가난한 시민이나 노동자들도 부담 없이 신문을 사서 볼 수 있도록 신문 1부의 값을 1센트로 낮춘 '페니 프레스(penny press)'가 등장하였다. 그러나 값이 내렸다고 해서 신문이 저절로 잘 팔리는 것은 아니다. 더 많은 사람을 독자로 끌어들이기 위해서는 그들이 좋아할 만한 내용을 실어야 한다. 그렇다 보니 복잡하고 어려운 뉴스보다는 가볍고 부담 없는 기사를 주로 실었고, 그 정보가 독자들에게 도움이 되든 말든 일단 호기심만 자극할 수 있으면 되었다.

황색 언론

값이 싼 페니 프레스의 등장으로 신문이 대중화되는 한편, '황색 언론(yellow journalism)'
이 유행하는 계기가 되었다. 황색 언론이란 더 많은 독자를 확보하기 위한 목적으로 선정
적이고 자극적인 내용을 보도하는 언론을 말한다. 황색 언론이란 말은 19세기 말 미국
뉴욕에서 ≪뉴욕월드≫와 ≪뉴욕저널≫이 벌인 치열한 경쟁에서 비롯되었다. ≪뉴욕월
드≫가 선정적 보도를 무기로 신문 시장을 석권하던 시절 ≪뉴욕저널≫이 창간되면서 ≪뉴욕
월드≫의 유능한 기자들을 영입하게 된다. 이 중 ≪뉴욕월드≫에서 「옐로 키드(yellow kid)」
라는 만화를 연재하던 만화가가 ≪뉴욕저널≫로 옮겨 연재를 계속하자 ≪뉴욕월드≫에서
는 다른 만화가를 고용하여 다른 버전의 「옐로 키드」를 연재하였다. '황색 언론'은 선정적
보도 경쟁을 일삼던 두 신문에 동시에 연재된 만화 제목에서 유래한 표현이다.

그래야 독자를 많이 확보할 수 있고 그만큼 광고 수익을 높일 수 있기
때문이다.

이처럼 광고 수익이 중요한 재원으로 자리 잡으면서 대중 매체는 서
로 성격이 다른 두 개의 시장이 공존하는 이중 시장 구조가 되었다. 첫
번째 시장은 매체가 수용자를 대상으로 뉴스나 프로그램을 판매하는
'콘텐츠 시장'이다. 이 시장의 소비자는 일정한 비용을 내고 신문을 구
독하거나 방송 프로그램을 시청하는 수용자이다. 두 번째 시장이 바로
광고를 싣기 위한 신문 지면이나 방송 시간을 판매하는 '광고 시장'이
다. 이 시장에서는 광고주가 주요 고객이 된다. 판매하는 지면이나 시
간의 가격은 그 매체의 수용자 규모에 따라 결정된다.

문제는 콘텐츠 시장보다 광고 시장의 규모가 훨씬 크다는 점이다. 신
문이 벌어들이는 수익의 70%가량을 광고 수익이 차지한다. 방송은 광
고 의존도가 더욱 높다. 시청자에게 무료로 제공되는 지상파 방송은 수
신료를 받는 KBS와 같은 일부 공영 방송을 제외하면 거의 100%가 광
고 수익으로 운영된다. 케이블 방송이나 위성 방송 등 유료 방송은 가

입자에게서 이용료를 받고 있지만 광고 수익의 비중이 훨씬 높다. 그렇기 때문에 매체로서는 수용자보다 광고주가 더 중요할 수밖에 없다.

광고 시장의 관점에서 보면 콘텐츠는 더 많은 수용자를 끌어들이기 위한 미끼에 불과하다. 따라서 콘텐츠의 품질이나 내용이 어떻든 수용자를 많이 끌어들일 수 있으면 좋은 것이라고 생각한다. 상업 매체의 광고 의존도가 높을수록 콘텐츠의 내용은 수용자의 눈과 귀를 사로잡기 위해 자극적이고 선정적인 내용을 담을 수밖에 없게 된다. 신문이 발행 부수에 집착하고, 방송이 시청률에 예민한 것은 이렇듯 매체의 이중 시장 구조 때문이다. 이 때문에 매체가 과도한 상업성에 빠지지 않도록 수용자 차원에서 감시하고 비판할 필요가 있다.

3) 매체와 문화

18세기 산업혁명 이후 공장을 중심으로 도시가 형성되기 시작하였다. 많은 사람들이 공장 노동자가 되기 위해 도시로 이주하였다. 임금과 여가 시간이 늘어나자 문화에 대한 노동자들의 욕구도 커졌다. 대중 매체는 이들의 문화적 욕구를 충족시키는 중요한 수단이 되었다. 과거에는 귀족이나 자본가와 같은 특권 계층만이 누리던 다양한 문화를 대중 매체를 통해 누구나 쉽게 접하고 즐길 수 있게 된 것이다. 이처럼 대중 매체가 생산하는 문화를 '대중문화'라고 한다. 이렇듯 대중 매체 덕분에 많은 사람이 문화를 좀 더 쉽게 즐길 수 있게 된 것은 사실이지만, 대중문화를 부정적으로 바라보는 사람도 많다. 우선 대중문화는 생산 주체와 소비 주체가 분리되어 있다는 것이다. 본래 문화란 생산과 소비가 분리되지 않는다. 문화를 생산하는 과정 자체가 문화를 소비하면서 즐기는 것과 밀접한 관련이 있기 때문이다. 그러나 대중 매체가 문화 생산을 주도하면서 대중은 문화 생산에 능동적으로 참여하지 못하고 수동적으로 문화를 소비하는 존재로 전락하고 말았다. 이 때문에 대중 문화가 정말로 대중의 취향과 기호를 담고 있는지 의문이 제기된다.

한편 대중 매체가 문화 생산에 참여하는 이유는 주로 경제적인 동기 때문이라는 비판도 있다. 자본주의 사회에서 대중 매체는 광고나 콘텐츠 판매를 통해 수익을 얻어야 운영이 가능한 상업 조직인 경우가 많다. 그렇다 보니 대중 매체가 생산하는 문화는 가능한 한 많은 대중을 끌어들일 수 있는 소재로 이루어지고, 대중의 말초적인 호기심을 유발할 수 있는 자극적이고 선정적인 내용 위주로 만들어질 수밖에 없다. 이것이 바로 대중문화가 상업적인 문화라고 지적받는 이유이다.

나아가 대중문화의 생산 과정에는 경제 외에도 이데올로기 차원의 동기가 작용한다는 지적이 있다. 이데올로기 차원의 동기란 대중문화에 담긴 특정한 가치관이나 규범을 의미하는 이데올로기를 대중이 자연스럽게 받아들이도록 하는 것을 말한다. 현대 사회에서 대중 매체를 소유하고 운영하는 사람들은 보통 그 사회의 기득권층인 경우가 많다. 따라서 대중문화는 이 기득권층의 지배 이데올로기를 담고 있다. 대중문화를 수용한다는 것은 지배 이데올로기에 순응하겠다는 의미인 것이다.

그러나 대중문화에 대한 부정적 시각은 대중을 지나치게 수동적이고 무기력한 존재로 보는 것이다. 오늘날 많은 대중문화가 대중 매체를 통해 생산되는 것은 사실이지만, 대중 또한 이를 그대로 받아들이는 것이 아니라 자신의 문화적 취향에 따라 선택할 수 있는 능력이 있다. 또 이렇게 선택한 대중문화를 어떤 방식으로 소비하며 즐길 것인가 하는 것 또한 대중에게 달려 있다. 따라서 대중 스스로가 자신의 문화적 취향이 무엇인지 알고, 자신의 취향을 충족시켜 줄 대중문화를 생산하도록 요구할 수 있는 주체적 역량을 키워야 한다.

5. 오늘날의 매체 환경은 어떻게 달라지고 있는가

오늘날 일상에서 가장 많이 이용하는 매체는 어떤 것일까? 여전히 신문이나 방송과 같은 전통적인 대중 매체를 많이 이용하고 있지만 스마트폰이 점점 더 중요해지고 있음을 부인하긴 어렵다. 한국언론진흥재단에서 실시한 '2019 10대 청소년 미디어 이용 조사 결과'에 따르면 청소년들이 일상에서 가장 중요하게 생각하는 매체는 스마트폰인 것으로 나타났다. 어릴 때부터 디지털 기기에 익숙한 환경에서 자란 청소년들에게 스마트폰은 그만큼 중요한 매체인 것이다.

실제로 스마트폰 하나만 있으면 다른 매체가 없어도 의사소통하는데 별 어려움이 없다. 스마트폰은 다른 사람들과 언제 어디서나 연결할 수 있는 대인 매체의 기능을 수행할 수 있다. 음성 통화뿐만 아니라 영상 통화도 가능하다. 직접 대화하기 어려울 때는 문자를 보내거나 채팅을 하여 대화할 수 있다. 스마트폰을 이용하면 기존의 매체 환경에서는 불가능하였던 새로운 대인 관계의 형성도 가능하다. 나아가 여럿이 협력하여 공동의 과제를 달성하거나 조직 구성원끼리 의사소통할 때도 스마트폰의 다양한 기능을 활용할 수 있다.

기존의 대중 매체도 스마트폰으로 쉽게 이용할 수 있다. 옛날처럼 신문이나 잡지를 보기 위해 정기 구독을 할 필요도 없고, 책을 사기 위해 서점에 나갈 일도 점점 줄어들고 있다. 스마트폰으로 제공되는 온라인 신문이나 잡지를 통해 다양한 정보를 찾아볼 수 있을 뿐 아니라 강력한 검색 기능을 활용함으로써 과거의 기사를 찾을 수 있는 것은 물론, 원하는 내용만 골라 볼 수도 있다. 라디오와 텔레비전 같은 방송 매체도 스마트폰에 설치된 애플리케이션(application, app)을 이용해 실시간으로 볼 수 있고 원하는 시간에 이용할 수도 있다. 최신 영화도 지하철이나 버스 안에서 언제 어디서나 볼 수 있는 세상이 되었다.

이렇게 스마트폰 하나로 다양한 방식의 의사소통을 할 수 있는 매체 환경이 형성되면서 전통적인 의사소통 구조가 달라지고 있다. 이제는 정보의 송신자와 수용자가 뚜렷이 구별되지 않는다. 기존의 대중 매체에서는 매체를 소유하거나 운영하는 소수의 송신자를 제외하고는 참여자 대다수가 수동적으로 정보를 소비하는 존재에 그쳤다. 그러나 수용자들은 이제 정보를 소비하는 데 그치지 않고 스스로가 정보를 생산하고 다른 사람들에게 전달할 수 있게 되었다. 별다른 제작 도구가 없어도 주변에서 일어나는 일들을 언제든 기록하고 또 이를 온라인을 통해 많은 사람에게 전달할 수 있다. 심지어 전혀 모르는 사람들도 우리가 올린 글이나 영상을 볼 수 있고 이를 공유함으로써 더 널리 확산시킬 수 있다.

정보를 생산하는 데 많은 자본이나 특별한 기술이 필요한 것도 아니다. 매체를 소유하거나 운영하지 않는 일반인도 아이디어와 내용만으로 얼마든지 사회적으로 영향력 있는 정보와 콘텐츠를 생산할 수 있는 시대가 되었다. 유튜브를 비롯한 새로운 매체 플랫폼을 기반으로 활동 영역을 넓혀 가고 있는 수많은 1인 크리에이터들이 대표적이다. 이들의 영향력이 점점 커지면서, 많은 자본과 기술을 보유한 기존의 거대 매체들도 이들과의 치열한 경쟁 속에서 더 많은 사람의 선택을 받아야 생존할 수 있는 상황이 되었다.

새로운 매체 환경에서는 직접적인 의사소통의 약점인 시공간의 한계를 극복할 수 있었고, 대중 매체에서는 구현할 수 없었던 즉각적인 반응과 쌍방향 소통도 가능해졌다. 직접 의사소통과 간접 의사소통, 개인과 개인 사이의 소통과 대중 매체를 통한 사회적 소통이 뚜렷이 구별되지 않는 상황이 된 것이다. 이런 환경에서는 의사소통이 이루어지는 맥락이나 소통 대상에 따라 달랐던 표현 방식이 뒤섞이게 된다. 언어 표현에 문어체와 구어체가 섞이고, 반말과 존댓말이 공존하는가 하면, 규범적인 표현과 비규범적인 표현이 혼재한다. 이와 같은 환경에서 매체를 슬기롭게 활용하기 위해서는 다음과 같은 지혜가 필요하다.

첫째, 같은 매체를 통한 의사소통이라고 해도 사적인 의사소통과 공적인 의사소통을 구별해야 한다. 가족이나 친구, 동료와 같이 친한 사람들과 개인적으로 대화할 때는 의사소통의 규범이 비교적 느슨하고 여유가 있다. 또 참여자들과의 관계나 친분에 따라서 편하게 말해도 별문제가 되지 않는다. 하지만 자신이 속한 조직이나 사회에서 이루어지는 공적 소통에서는 대화의 규범과 예절을 지켜야 한다. 직접 얼굴을 보지 않는 상황이라 해도 항상 상대방을 배려하고 불필요한 오해가 생기지 않도록 신중하게 표현해야 한다. 또 자신이 한 말에 책임질 수 있어야 한다.

둘째, 매체를 통한 간접 소통에서는 직접 만나서 소통하는 경우와 달리 서로의 의사가 정확하게 전달되지 않을 가능성이 항상 존재한다. 얼굴을 보지 않고 문자로 소통할 때는 말하는 사람의 얼굴 표정이나 자세, 목소리의 톤과 같이 섬세한 감정이나 태도를 보여 주는 비언어적 요소를 사용할 수가 없다. 또 상호 작용이 즉각적으로 이루어지지 않으면 대화의 맥이 끊기거나 본래의 의도와는 다르게 의미가 전달될 수 있다. 더욱이 정보를 전달받는 사람이 자신의 주관적 판단에 따라 정보를 전달하는 사람의 의도를 달리 해석할 여지도 있다. 따라서 자신의 관점이 아니라 상대방의 입장에서 의사소통이 제대로 이루어지고 있는지 점검하면서 대화를 진행해야 한다.

셋째, 아무리 매체가 발달해도 기술적인 한계 때문에 의사소통에 문제가 생길 수 있다. 자신이 생산한 정보를 유통하는 과정에서 의도한 것이 제대로 전달되지 않거나 잘못 전달될 수 있다. 또 아무리 주의한다고 해도 다른 사람들과 나눴던 사적인 대화나 비공식적인 발언이 외부에 공개될 우려가 항상 있다. 이로 인해 사회적으로 논란이 될 수도 있고, 자신도 모르는 사이에 법적인 문제에 부딪힐 수 있다. 매체를 통한 의사소통은 항상 기록으로 남는다는 점을 고려하여 신중하게 활용해야 한다.

넷째, 불특정 다수의 대중을 대상으로 한 정보는 항상 신중하게 받아들여야 한다. 믿을 수 있는 매체나 정보원이 제공하는 뉴스와 몇몇 개인의 사적인 경험이나 관찰을 통해 얻은 정보의 신뢰도가 같을 수는 없다. 사실에 대한 객관적 분석을 통해 이루어진 전문가의 예측을 일부 개인의 주관적인 추측이나 어설픈 예견과 같이 취급하여서도 안 된다. 그런데 오늘날의 매체 환경에서는 이런 일이 비일비재하다. 수없이 쏟아지는 정보 가운데 어떤 것이 올바른지를 판단할 수 있는 비판적 사고 능력을 갖춰야 한다.

인간은 의사소통의 시공간적 한계를 극복하기 위해 매체를 만들었다. 매체를 이용하면 멀리 떨어져 있는 사람들과는 물론이고, 후손들에게도 지식과 정보를 전달할 수 있다. 그러나 매체를 통한 의사소통은 기술적 한계 때문에 완벽하게 이루어질 수 없다. 따라서 매체의 기술적 특성이 의사소통에 어떻게 영향을 미치는지 이해할 필요가 있다.

대중 매체의 참여자는 송신자와 수용자로 뚜렷이 구분되며 송신자가 생산한 정보가 수용자에게 일방적으로 흘러간다. 수용자는 불특정 다수의 개인일 뿐이지만 송신자는 조직으로 구성된다. 따라서 대중 매체를 통해 어떤 정보를 생산하고 언제 어떻게 전달할지 결정할 권한은 송신자에게 있다. 송신자는 자신의 목적에 따라 정보를 생산한다.

그러나 대중 매체가 어떤 기술을 사용하느냐에 따라 생산하는 정보의 형식과 내용이 달라진다. 매체는 크게 인쇄 매체, 방송 매체, 인터넷 매체로 구분할 수 있다. 책이나 신문, 잡지와 같은 인쇄 매체는 문자나 사진과 같은 시각 정보로 이루어진 콘텐츠를 대량으로 생산하여 널리 전파할 수 있지만 정보 전달 속도가 상대적으로 느리다. 라디오와 텔레비전 같은 방송 매체는 음성과 영상 콘텐츠를 무선으로 전송할 수 있는 통신 기술을 이용한다. 컴퓨터와 통신 기술의 결합으로 탄생한 인터넷 매체는 쌍방향 소통을 통해 기존 대중 매체의 단점을 극복할 수 있게 해 준다.

대중 매체는 우리 사회의 여러 분야와 밀접한 관련을 맺고 있다. 정치적으로 매체는 근대 민주주의를 실현하는 데 필수적인 도구였다. 그만큼 매체에 영향을 미치려는 정치권력으로부터 독립성을 유지하기가 쉽지 않다. 광고가 매체의 주요 수익원이 되면서 한편으로는 정치적으로 독립할 수 있었지만, 경제적으로는 이윤 실현의 도구가 될 수밖에 없었다. 이와 같은 상업적 동기 때문에 매체가 생산하는 대중문화는 사람들의 호기심을 자극하는 내용으로 이루어지는 경향이 있다.

오늘날은 스마트폰만으로도 웬만한 의사소통은 모두 할 수 있는 매체 환경이 조성되었다. 스마트폰을 이용하면 개인 간의 의사소통은 물론이고, 사회적인 의사소통도 쉽게 할 수 있다. 이러한 환경에서는 송신자와 수용자의 경계가 사라진다. 이제는 수용자들도 자신만의 콘텐츠를 쉽게 생산하고 유통할 수 있게 되었다.

하지만 슬기로운 매체 생활을 위해서는 다음과 같은 점을 주의해야 한다. 첫째, 사적인 의사소통과 공적인 의사소통을 구별할 수 있어야 한다. 둘째, 매체를 통한 간접 소통은 직접 소통에 비해 불완전하다는 점을 기억해야 한다. 셋째, 매체 기술은 완벽하지 않기 때문에 의사소통에 문제가 생길 수 있다는 것을 염두에 두어야 한다. 넷째, 불특정 다수를 상대로 한 소통에서는 올바른 정보를 판단할 수 있는 비판적 사고 능력이 필요하다.

탐구 활동

1. 말을 통한 의사소통의 시공간적 한계를 극복하기 위해 말을 기록할 수 있는 문자가 만들어졌다. 그러나 본격적인 매체의 시대는 인쇄술이 발명된 후에 시작되었다. 사람이 손으로 직접 써야 하는 필사 매체와 인쇄 매체에는 어떤 차이가 있는지 토론해 보자.

2. 같은 뉴스도 어떤 매체를 이용하느냐에 따라 내용과 형식이 달라진다. 최근 화제가 되고 있는 뉴스 사례를 찾아 인쇄 매체와 방송 매체, 인터넷 매체에서 어떻게 보도하는지를 비교해 보자.

3. 스마트폰으로 할 수 있는 의사소통에는 어떤 것들이 있는지 나열해 보자. 나열한 의사소통을 몇 개 유형으로 구분하고 유형별로 서로 어떻게 다른지 비교해 보자.

4. 매체를 통한 의사소통에 실패한 경험을 서로 나누어 보자. 누구와 의사소통할 때 어떤 문제가 발생하였는지, 그렇게 된 이유가 무엇인지 생각해 보자. 실패의 경험을 통해 슬기로운 매체 생활을 하기 위해서는 어떻게 해야 하는지 자신의 의견을 제시해 보자.

참고문헌

김경희 외. 2018. 『디지털 미디어 리터러시』. 한울엠플러스.

김창남. 2020. 『대중문화의 이해』. 한울엠플러스.

손석춘. 2017. 『10대와 통하는 미디어』. 철수와영희.

장호순. 2012. 『현대 신문의 이해』. 나남.

한국언론진흥재단. 2019. '2019 10대 청소년 미디어 이용 조사'.

한균태 외. 2018. 『현대 사회와 미디어』. 커뮤니케이션북스.

한진만 외. 2016. 『새로운 방송론』. 커뮤니케이션북스.

뉴스 매체

이창호

학습 목표

1. 뉴스가 무엇인지 이해할 수 있다.

2. 어떤 것이 뉴스로서 가치가 있는지 예를 들어 설명할 수 있다.

3. 뉴스의 기능에 대해 논의할 수 있다.

4. 뉴스 프레임을 이해할 수 있다.

5. 가짜 뉴스 판별력을 기를 수 있다.

6. 다양한 뉴스 보도 준칙에 대해 알아볼 수 있다.

Introduction to Media for Teens

1. 뉴스의 정의 및 생산 과정

뉴스는 대중에게 유익하고 흥미를 주는, 새로운 소식을 말한다. 즉 새롭고 참신한 내용이어야 뉴스로 인정받는다. 예컨대 중학교 개학이 예정대로 진행된다는 소식은 뉴스가 되기 어렵지만 어떤 상황이 벌어져 불가피하게 연기되면 뉴스가 될 가능성이 크다. 기본적으로 사람에게는 주위에서 일어나는 일을 알려고 하는 본능이 있다. 따라서 대중은 신문사나 지상파 방송, 종합 편성 채널, 인터넷 포털 사이트 등의 뉴스 채널에서 제공하는 뉴스를 읽거나 시청함으로써 주변 세계를 이해하게 된다. 즉 대부분의 경우 우리는 언론 기관이 제공하는 뉴스를 통해 세상을 본다. 이는 많은 사람들이 언론사가 공신력 있는 기관이라고 생각하고, 전문 기자들이 취재한 뉴스를 신뢰하기 때문이다.

하루에도 수많은 사건이 우리 주위에서 발생한다. 정치, 경제, 사회, 문화 등 모든 영역에서 우리가 관심을 가질 만한 사안이나 알아야 할 정보나 이슈들이 생긴다. 언론 기관은 이 수많은 정보와 이슈 중에서 특정 정보나 소식을 선택하여 대중에게 전달한다.

기본적으로 언론사의 뉴스 생산은 게이트키핑(gatekeeping)을 거친다. 뉴스의 편집권을 가진 뉴스 결정권자(desk, 데스크)들이 뉴스를 걸러 내는 과정을 게이트키핑이라 일컫는다. 즉 현장에서 기자가 취재한 기사는 곧바로 대중에게 전달되지 않고 뉴스의 편집을 담당하는 데스크들의 손을 거쳐 어떤 기사는 선택되고, 어떤 기사는 사라진다. 따라서 우리가 접하는 뉴스의 상당수는 게이트키핑으로 걸러진 것들이다.

뉴스 생산은 주로 언론 기관에서 하지만 뉴스 유통은 대부분 포털 사이트가 맡고 있다. 네이버나 다음 등의 포털 사이트는 뉴스를 직접 생산하지 않고 언론 기관이 생산한 뉴스를 잘 포장하여 유통하는 뉴스 플랫폼 역할을 한다. 물론 포털 사이트에서도 앞에서 언급한 게이트키핑을 한다. 포털 사이트와 뉴스 공급 계약을 체결한 언론사가 하루에 포털에 보내는 기사는 수백 건에 이른다. 이 중에서 포털 사이트의 메인 뉴스로 올라가는 기사는 수십 건에 불과하다. 즉 기사 대부분이 포털 사이트의 게이트키핑 과정에서 사라지는 것이다. 또한 스마트폰의 대중화로 많은 사람이 포털 사이트를 통해 뉴스를 접하면서 포털 사이트의 사회적 영향력이 커지고 있다. 아울러 SNS(사회 관계망 서비스)인 트위터나 페이스북을 이용한 뉴스 소통도 활발해지고 있다. 많은 이용자가 SNS에서 뉴스를 공유하며 홍수나 지진 등의 재난 상황이나 대규모 집회나 시위 발생 시 빠르게 뉴스 정보를 생산하기도 한다. 특히 SNS에서 크게 주목받는 뉴스를 기존의 언론이 관심을 갖고 보도하는 현상도 나타나고 있다.

근래에는 뉴스 팟캐스트에서도 뉴스를 생산한다. 가령 〈김어준의 뉴스공장〉과 〈김용민 브리핑〉 등은 많은 구독자를 확보하고 있다. 기존의 언론에서 찾아보기 어려운 직설적인 화법, 유머와 풍자를 곁들인 재미있는 진행이 이용자들을 사로잡아 두꺼운 마니아층을 형성하고 있다.

2. 뉴스는 어떻게 구성되는가

기본적으로 뉴스는 육하원칙에 입각해 구성된다. 즉 누가, 언제, 어디서, 무엇을, 어떻게, 왜 하였느냐가 뉴스를 이루는 요소이다. 가령 다음과 같은 뉴스가 있다고 치자.

정부는 17일 정부세종청사에서 다주택자에 대한 세금 부담을 강화하는 부동산 종합 대책을 브리핑 형태로 발표하였다. 이 같은 조치는 최근 상승하고 있는 집값을 억제하기 위한 것이다.

이 경우 발표 주체인 "정부"는 '누가'에 해당하고 "17일"은 '언제'를 나타낸다. '어디서'는 "정부세종청사"이며 '무엇을'에 해당하는 것은 "부동산 종합 대책"이다. "브리핑 형태"는 '어떻게'에 해당하고 "집값 억제"는 '왜'에 해당한다.

기사는 기자들 머릿속에서 나오는 게 아니다. 즉 객관적인 자료가 필요하다. 기자들은 기사를 작성하기 위해 취재원에게 의존하게 된다. 취재원은 기자들에게 뉴스 작성에 필요한 정보를 제공하는 사람들로, 대중에게 잘 알려진 공인뿐 아니라 일반 시민일 수도 있다. 가령 홍수로 피해를 본 지역의 주민들을 대상으로 취재를 한다면 주요 취재원은 해당 지역 주민들일 것이다. 정부가 발표한 보도 자료를 토대로 기사를 쓰면 취재원은 정부가 된다. 앞의 예시문에서는 부동산 종합 대책을 발표한 정부 부처의 관계자가 주요 취재원이다.

정부 부처에는 대부분 기자실이 있다. 정부가 국민에게 영향을 미치는 정책을 발표할 때는 먼저 기자실에 알린다. 따라서 정부 부처의 공무원들이 주요 취재원이 되는 경우가 많다. 취재원의 정보가 공개되면 곤란할 때는 익명을 사용하기도 한다. 이때 많이 사용되는 표현은 "정부의 한 고위 관계자는", 혹은 "검찰의 한 고위 간부는" 같은 것이다.

기사는 대개 역피라미드 방식으로 구성된다. 뉴스의 핵심 내용이 맨 앞에 나오는 것이다. 이렇게 맨 앞에 나오는 문장을 '리드(lead)'라고 한다. 일반적인 문서에서는 서론, 본론 다음에 결론이 나오지만, 뉴스에서는 결론이 제일 먼저 나온다고 보면 된다. 따라서 기자들은 독자들의 주의를 끌 수 있는 리드 문장을 만들기 위해 많은 고민을 한다. 취재한 내용은 많은데 제한된 지면에 이를 다 보여 줄 수는 없다. 따라서 핵심 내용을 간추려 간결한 형태로 독자나 시청자에게 호소해야 한다. 이 때문에 리드는 뉴스의 핵심 내용이라고 볼 수 있다. 예컨대 자연재해로 수만 명이 목숨을 잃고 가옥 수만 채가 파손되는 상황이 발생하였다면 기자들은 '자연재해로 수만 명이 목숨을 잃고 가옥이 수만 채 파손되는 끔찍한 사건이 발생하였습니다'라는 리드를 시작으로 보도할 가능성이 크다. 그 후 구체적으로 어떤 상황이 벌어졌는지를 앞서 언급한 육하원칙에 따라 보도하게 된다.

3. 어떤 것이 뉴스 가치가 있는가

흔히 하는 이야기 중에 개가 사람을 물면 기삿거리가 안 되지만, 사람이 개를 물면 뉴스가 된다는 말이 있다. 즉 일상적이고 평범한 이야기는 뉴스가 되기 어렵다는 것이다. 일반적으로 최근에 일어난 일이 언론의 주목을 받는다. 뉴스란 새로운 소식이기 때문에 과거나 미래의 이야기보다 현재 일어나고 있는 일이 보도될 가능성이 높다. 또 일반인보다 공인이나 유명인과 관련된 일이 뉴스 가치가 높다. 일반인이 음주 운전으로 적발된 경우보다 유명 배우나 운동선수가 음주 운전으로 적발된 경우가 뉴스에 더 자주 등장하는 것이 대표적이다. 특히 SNS를 통한 소통이 활발해지면서 대중에게 잘 알려진 정치인이나 연예인들의 말 한마디 한마디가 뉴스가 되는 사례가 흔하다.

사회적 영향력이 큰 사건도 뉴스가 될 가능성이 크다. 태풍이나 지진 등 자연재해는 늘 뉴스거리가 되었다. 특히 2016년 9월 발생한 경주 지진은 지진을 관측한 1978년 이래 가장 큰 규모여서 사회적 파장이 컸다. 국민 대부분이 우리나라가 지진으로부터 안전하다고 믿어 왔지만, 경주 지진을 다룬 언론 보도를 보고 지진에 대해 공포나 불안감을 느끼게 되었다. 또 정치인들의 부정부패나 비리, 정경 유착 사건, 재벌들의 비리 등 굵직굵직한 사건이 발생할 때마다 언론은 이를 집중 조명해 보도한다. 2014년 4월 16일 발생한 세월호 사건은 우리 사회에 너무나 큰 충격을 주었고, 아직도 침몰 원인 등 해결해야 할 과제가 산적해 있어 여전히 뉴스에 등장한다. 2020년 초 전국적으로 확산되기 시작한 코로나19 바이러스는 국민의 건강과 안전에 지대한 영향을 미치는 사건이었다. 따라서 언론은 감염 현황이나 경로를 알리고, 감염 예방 수칙을 강조하는 데 총력을 기울였다. 이처럼 국민의 안전이나 건강에 지대한 영향을 미치는 사건·사고는 지속적으로 언론의 주목을 받는다.

뉴스에는 늘 딱딱한 이야기만 있는 것은 아니다. 사람들에게 감동을 주는 훈훈한 이야기도 뉴스가 될 수 있다. 어렵게 모은 돈을 기꺼이 대학에 기부한 김밥 할머니 이야기나 노숙자들에게 무료 급식을 꾸준히 제공해 온 단체에 관한 소개는 국민에게 감동을 주기에 충분하다. 인심이 각박해진 이 시대에 헌신적으로 남을 돕거나 어려운 사람들을 뒷바라지하는 이야기는 좋은 뉴스 소재가 될 수 있다.

뉴스가 한 국가 내에서 일어나는 사회 현상이나 사건만 다루는 것은 아니다. 사람과 상품이 국경을 자유롭게 넘나드는 글로벌 시대에는 나라 밖에서 일어나는 국제적 이슈나 사건이 국내의 독자와 시청자들에게도 전달된다. 특히 언론사 대부분이 미국 워싱턴, 프랑스 파리, 영국 런던, 중국 베이징, 일본 도쿄 등에 특파원을 파견하고 이 국가들의 정보를 독자나 시청자들에게 전달한다. 예컨대 일본은 역사적으로나 지리적으로 우리와 가깝기 때문에 언론에 자주 등장한다. 특히 일본 정부가 일본군위안부 문제에 어떤 식으로 대응하고 있는지는 한일 양국 언론의 주요 관심사이다.

4. 뉴스의 기능

기본적으로 뉴스는 대중에게 필요하고 중요한 정보를 신속하게 전달하는 기능을 한다. 예컨대 우리나라에서 부동산 관련 법은 자주 바뀌는 법 중 하나이다. 이렇듯 어떤 법이나 제도가 바뀌었을 때 변경된 내용을 상세히 소개하는 것은 언론의 몫이다. 또 언론은 중요한 이슈가 발생하면 속보 형태로 신속하게 뉴스를 전하기도 한다. 이러한 속보 기능은 대중이 긴급 상황에 빠르게 대처할 수 있게 해 준다는 면에서 매우 중요한 기능이다. 예를 들어 어느 지역에 지진이나 홍수가 났을 때 이를 신속하게 전달하면 해당 지역의 주민을 비롯하여 재난 상황을 책임지고 있는 공무원들이 그 상황에 재빨리 대처할 수 있다.

뉴스는 또 권력을 견제하고 감시하는 감시견의 기능도 한다. 감시견 역할은 민주주의 사회에서 반드시 필요한 언론의 중요한 사회적 책무이기도 하다. 즉 정부가 올바르게 정책을 수행하고 있는지를 비판적으로 모니터링함으로써 권력의 오용이나 남용으로 인한 폐해를 막는 것이다. 이 때문에 언론은 기존 권력 집단에 비판적일 수밖에 없고 시민들의 관점에서 사안을 바라본다. 정부 정책이 시민들에게 어떤 영향을 미치고, 시민들이 요구하는 바가 무엇인지를 면밀히 분석하여 보도하는 것이다. 따라서 정부가 발표하는 내용을 비판적으로 검토하지 않고 그대로 대중에게 전달하는 것은 바람직한 언론의 역할이 아니다.

민주주의 사회에서 언론은 대중의 여론 형성에 막강한 기능을 하기 때문에 입법, 행정, 사법부에 이어 제4부로 불리기도 한다. 즉 언론이 어떻게 보도하느냐에 따라 여론에 미치는 영향이 크기 때문에 언론의 역할과 사회적 책무가 크다.

뉴스는 사회의 주요 의제를 설정하는 중요한 기능도 맡고 있다. 즉 언론에서 보도한 주요 이슈는 대중에게도 각인되어 그 이슈를 우리 사회에서 중요한 문제로 여기게 된다. 예컨대 뉴스에서 학교 폭력 문제가 심각하다는 보도를 지속적으로 하게 되면 대중도 여러 이슈 중 학교 폭력 문제를 우리 사회가 직면한 주요 문제로 인식하게 된다는 것이다. 또 다른 예로 뉴스가 코로나19와 같은 전염병 문제를 중요하게 다루면 대중 또한 감염병 확산과 그에 따른 예방이 중요한 사회 문제라고 생각하기 쉽다.

뉴스는 또 대중이 공공의 문제나 이슈에 관심을 기울이게 만든다. 주요 공공 이슈나 사안이 발생하면 언론은 토론이나 대담 프로그램을 마련함으로써 해당 분야 전문가나 시민이 공론의 장에 참여할 수 있게 한다.

하지만 언론이 대중에게 미치는 부정적 기능이나 영향도 많다. 2020년에 발생한 코로나19 관련 보도는 어떤 측면에서 대중에게 지나친 공포나 불안감을 조성하였다. 감염자나 사망자 수를 부각시키고 생활필수품을 사재기하는 모습을 지속적으로 보여 준 것은 전염병에 대해 지나친 공포심을 심어 주기도 하였다.

또한 유명 연예인의 자살 사건을 보도할 때도 자살 방법 등을 지나치게 상세히 묘사하면 일반인들이 따라 할 수도 있어 주의할 필요가 있다. 이 때문에 '자살보도 윤리강령'이 만들어졌지만 잘 지켜지지 않

2001년 미국에서 발생한 9·11 테러는 미국뿐 아니라 전 세계에 많은 충격을 주었다. 이 사건이 발생한 후 진행된 여론 조사에서 미국의 대중은 테러리즘을 미국 사회가 직면한 가장 중요한 문제로 인식하였다. 테러 이전에 진행된 여론 조사에서 테러를 사회의 중요한 문제로 인식한 사람은 거의 없었다. 이처럼 언론 보도는 이슈에 대한 대중의 인식을 바꾸기도 한다. 따라서 언론에 의해 사회의 주요 이슈가 바뀔 때마다 대중이 인식하는 주요 사회 문제도 달라진다. 그러므로 언론이 어떤 이슈나 주제를 다룰지가 매우 중요해진다.

고 있다. 여전히 자살 방법에 대한 자세한 묘사나 자살 정황을 상세히 보도하고 있다.

취재 과정에서 나타나는 사생활 침해도 역기능 중 하나다. 세월호 사건 보도 때 많은 언론이 생존한 학생들을 직접 인터뷰하는 장면이 문제가 되기도 하였다. 심리적으로 상당한 충격을 받았을 어린 학생들에게 당시의 침몰 상황을 캐묻는 것은 그들에게 또 다른 상처가 될 수 있다.

5. 뉴스 프레임 이해하기

뉴스는 현실을 있는 그대로 보여 줄까? 아니면 현실의 일부분을 부각시키면서 현실을 재구성할까? 뉴스가 현실의 단순한 반영이 아니라 재구성된 현실의 모습임을 보여 주는 것이 뉴스 프레임이다. 뉴스 프레임은 쉽게 이야기하면 세상을 바라보는 틀이나 창이다. 언론은 어떤 이슈나 사안의 모든 측면을 보도하지는 않는다. 사회의 이슈를 보도할 때 어떤 측면은 강조하고 어떤 측면은 배제한다. 따라서 뉴스에서 어떤 프레임을 사용하느냐가 매우 중요해진다. 가령, 집회나 시위를 보도할 때, 언론이 집회 참가자들이 경찰과 맞서 폭력을 행사하는 장면을 부각한다면 이들의 요구나 주장은 잘 전달되지 않을 가능성이 크다. 더구나 대중은 집회 참가자들이 폭력적이고 과격하다고 인식하기 쉽다. 논란이 되었던 4대강 사업도 어떤 뉴스 프레임을 사용하느냐에 따라 보도 내용이 달라진다. 요컨대 4대강 사업의 시행으로 일자리가 많이 창출되고 근처에 주민들이 휴식할 수 있는 공간이 많아진다는 사실을 부각하면 이는 4대강 사업의 긍정적 효과를 강조하는 프레임이 된다. 이와 반대로 4대강 사업이 물길의 흐름을 막아 자연환경을 파괴한다는 점을 강조하면 이 사업의 부정적 영향을 부각시키는 뉴스 프레임이 되는 것이다.

선거 보도 때도 다양한 프레임이 사용된다. 선거 여론 조사 결과를 보도하면서 어떤 후보가 앞서고 어떤 후보는 뒤처지고 하는 식으로 보도하면 경마주의식 선거 보도 프레임에 빠지게 된다. 마치 경마를 중계하듯이 보도한다는 의미에서 이렇게 이름을 붙인 것이다. 반면 선거 후보자의 공약을 철저히 검증하는 보도를 하면 경마주의식 선거 보도와는 전혀 다른, 즉 공약 중심의 프레임이 된다. 이처럼 동일한 사안이라도 어떤 측면을 강조하느냐에 따라 뉴스 내용이 달라지는 것이다.

특정 이슈나 사건의 전개 과정에 초점을 맞출지, 아니면 그 이슈나 사건이 발생한 배경을 부각할지에 따라 뉴스 프레임도 달라진다. 대학 수학 능력 시험을 치른 후 간혹 발생하는 청소년 자살 사건을 보도할 때 개인의 고민이나 겪고 있던 문제에 초점을 맞춘다면 이는 사건의 전개 과정을 강조하는 프레임이 된다. 반면 청소년이 자살할 수밖에 없었던 구조적 요인, 예컨대 대학 입시의 문제점이나 경쟁을 강요하는 한국의 교육 환경을 부각한다면 이는 사회구조적 배경을 강조하는 프레임이 되는 것이다. 언론은 대부분 사건의 전개 과정에 초점을 맞춘 나머지 어떤 사건이 발생한 배경이나 맥락을 잘 보도하지 않는다. 여러 사건이나 이슈의 맥락을 대중이 잘 이해하도록 하기 위해 언론은 사건의 전개 과정뿐 아니라 사건이 발생하게 된 배경이나 맥락을 성실히 보도할 필요가 있다.

6. 뉴스 보도 원칙

뉴스 보도에는 몇 가지 원칙이 있다. 가장 기본적인 원칙은 사실에 입각해 객관적이고 정확히 보도하는 것이다. 즉, 기자는 자신의 주관적 감정이나 가치관을 되도록 드러내지 않고 사실에 기초하여 뉴스를 전달해야 한다. 수해 현장을 취재할 때 현장에 가지 않고 상황을 머릿속으로 상상하여 기사를 쓴다면 이는 객관적인 보도가 아니다. 또 자신의 주관적인 감정이나 견해를 늘어놓는다면 이 또한 뉴스로 보기 어렵다. 물론 특정 정보원을 인용하고 특정 사실을 선택해 보도하는 과정에서 기자의 주관적인 견해가 개입할 여지는 있다. 그러나 기존 언론사에서 객관적이고 정확한 보도가 이뤄지지 않는다면 독자나 시청자는 가짜 뉴스의 유혹에 휩쓸리기 쉽다. 따라서 사실을 확인하고 또 확인하는 것은 기사 작성의 기본이며, 가장 중요한 과정이다.

또 하나의 중요한 원칙은 어느 한쪽으로 치우치지 않는 공정성이다. 기자는 한쪽의 주장이나 견해를 전달하는, 편향 보도를 해서는 안 된다. 다양한 취재원의 이야기를 반영해야 하고 이해 당사자의 견해도 담아야 한다. 어느 지역의 신공항 건설 문제를 보도할 때, 공항 건설로 땅값이 많이 올라 이득을 챙기는 주민들의 주장을 주로 전달한다면 이는 편향 보도로 볼 수 있다. 선거 보도 때도 공정성 문제가 많이 불거진다. 주요 정당 후보자들 위주로 선거 운동을 소개하는 경우가 많은데 이렇게 되면 소수 정당 후보자들이 공정성에 대해 문제를 제기할 수 있다. 또 선거 보도 시 A 후보자의 보도에 대부분의 시간을 할애하고 B나 C 후보자의 보도는 짧게 한다면 이는 공정성을 잃은 것이다. 즉 A, B, C 후보자의 선거 활동을 비교적 균등하게 배분해 방송해야 공정한 보도라고 볼 수 있다. 또한 중요한 사실이나 의미 있는 이슈를 아예 뉴스에서 배제하는 것도 공정하지 못한 보도이다. 언론사가 추구하는 이념이나 가치에 반한다고 해서 대중에게 중요한 영향을 끼칠 수 있는 사건을 고의로 보도하지 않는다면 이는 공정하지 못한 것이다.

이미 권력을 가진 집단의 이익보다 사회적으로 소외된 약자의 목소리를 대변하는 것도 중요한 보도 원칙 중 하나이다. 소외된 계층이나 집단에 언론이 관심을 보이지 않으면, 현실적으로 이들의 목소리가 사회 정책에 반영되기 어렵기 때문이다.

7. 어떻게 뉴스를 비판적으로 이해할 수 있는가

근래 들어 뉴스 리터러시가 강조되고 있다. 뉴스 리터러시는 뉴스를 비판적으로 이해할 수 있는 능력을 의미한다.

뉴스 리터러시를 함양하기 위해서는 먼저 뉴스가 얼마나 공정하고 객관적인지를 살펴보는 것이 중요하다. 공정하다는 것은 어느 한쪽으로 편향되지 않았다는 의미이다. 객관적인 보도란 기자의 주관이 되도록 배제된, 사실에 근거한 보도를 가리킨다. 객관적인 보도인지를 확인하는 하나의 방안은 뉴스에 인용된 정보원을 살펴보는 것이다. 대부분의 뉴스에는 정보를 제공하는 정보원이 인용되어 있다. 즉 기자들은 취재할 때 여러 사람의 주장을 기사에 싣는다. 따라서 어떤 정보원의 말이 인용되는지에 따라 기사의 논조가 달라질 수 있다. 청소년 대상 성폭력 사건을 보도할 때 가해자의 목소리만 강조하면 자칫 전체적인 사건의 맥락을 제대로 전달하지 못할 수 있다. 즉 가해자뿐 아니라 피해자의 주장이나 상황도 충분히 취재한 후에 종합적으로 판단하여 기사를 작성하는 것이 좋다. 특히 갈등 사안이 발생하였을 때 언론의 편향 보도가 나타날 수 있다. 원자력의 안전성에 관해 보도할 때 원전 관계자의 이야기를 많이 인용한다면 이는 원전의 안전성만을 강조하는 편향 보도가 될 수 있는 것이다.

뉴스가 의미 있는 정보를 전달하고 있는지를 꼼꼼히 따져 보는 것도 뉴스에 대한 비판적 이해를 높이는 방법 중 하나이다. 과연 뉴스가 대중에게 필요하고 도움이 되는 내용을 보도하고 있는지를 한 번쯤 생각해 볼 필요가 있다. 일부 뉴스에는 특정 업체 상품의 광고성 기사가 등장하기도 한다. 예컨대 어느 건설 회사가 특정 지역에 아파트를 분양할 시기에 맞춰 그 지역의 이점을 홍보하는 기사가 나온다면 이는 뉴스라기보다 광고에 가깝다. 따라서 뉴스를 볼 때 해당 뉴스가 특정 업체나 제품을 홍보하기 위한 목적인지 아닌지를 면밀히 들여다볼 필요가 있다.

여러 매체의 뉴스를 비교해 보는 것도 뉴스에 대한 안목을 키우는 좋은 방법이다. 동일한 사건이나 이슈라도 언론사에 따라 다르게 보도할 수 있다. 특정 언론사가 보도한 내용을 접하였더라도 다른 언론사는 이를 어떻게 보도하는지 비교해 볼 필요가 있다. 잘 알려져 있듯이, 우리 사회의 언론 기관은 소유주나 창립 이념에 따라 진보 언론과 보수 언론으로도 구분할 수 있다. 따라서 북한의 핵미사일 발사나 최저 임금 인상 문제와 같은 민감한 이슈나 사건을 보도할 때 언론사별로 논조가 달라질 수 있다. 예를 들어 최저 임금 인상 문제를 보도할 때, 어떤 언론은 자영업자가 인건비 부담으로 힘들어질 수 있다는 점을 강조할 수 있고, 다른 언론은 아르바이트생들의 소득 수준을 높여 경제에 활력을 불어넣을 수 있다는 점을 부각할 수 있다. 다양한 주장을 들어 보고 판단을 하려면, 여러 언론사의 보도를 비교해 보는 것이 좋다.

특히 뉴스에 달린 댓글을 보는 것도 비판적 안목을 키울 수 있는 방법이다. 남을 비방하거나 관련 뉴스와 상관없는 댓글도 있지만, 뉴스의 의미를 한 번쯤 생각해 볼 수 있는 댓글도 있다.

뉴스에 사용된 용어나 명칭도 주의 깊게 볼 필요가 있다. 테러리스트를 보도할 때 언론은 폭력적인 집단으로 이를 묘사하는 경우가 많다. 하지만 어떤 이에게는 테러리스트지만, 다른 이에게는 자유를 위해 싸우는 투사일 수 있다. 따라서 언론 매체는 특정 집단을 묘사할 때 신중을 기해야 한다.

지금까지 뉴스를 비판적으로 이해할 수 있는 몇 가지 방법을 소개해 보았다. 뉴스를 읽을 때 그 뉴스 안에 어떤 의도가 숨겨져 있지는 않은

지 한 번쯤은 의심해 볼 필요가 있다. 뉴스가 여론을 만들기도 하지만 여론을 왜곡하는 경우도 있기 때문이다. 특히 뉴스에 대한 대중의 신뢰가 매우 낮은 지금의 상황에서 이러한 행위는 이용자들이 취해야 할 기본적인 태도이다.

8. 가짜 뉴스를 어떻게 분별할 수 있는가

가짜 뉴스는 "형식적으로 기존 언론사가 제공하는 뉴스 형태를 띠고 있지만, 상업적·정치적 목적을 위해 의도적으로 조작된 뉴스"로 정의할 수 있다. 특히 페이스북이나 트위터 등 SNS의 발달로 명확한 근거 없이 많은 사람의 관심만 끌려는 거짓 정보가 온라인상에 넘쳐나고 있다. 가짜 뉴스 대부분이 기존의 뉴스 형식을 따르기 때문에 이용자들이 이를 분별하기란 쉽지 않다.

가짜 뉴스가 수면에 떠오른 것은 2016년 치러진 미국 대통령 선거였다. 당시 프란치스코 교황이 도널드 트럼프 후보를 지지한다는 메시지가 페이스북을 통해 공유되어 퍼져 나갔다. 이 메시지는 거짓 정보로 드러났다. 또 당시 민주당 대선 후보였던 힐러리 클린턴이 아동 성매매에 연루되었다는 소문이 SNS를 통해 퍼졌지만 이 또한 사실이 아니었다. 일명 피자게이트로 알려진 이 사건으로 힐러리 진영이 곤욕을 치렀다.

이처럼 가짜 뉴스가 확산되면서 언론사의 팩트 체크 기능이 중요해지고 있다. 국내 언론사의 경우, JTBC 〈뉴스룸〉이 2014년 9월 '팩트 체크' 코너를 운영하며 가짜 뉴스 문제 해결에 가장 적극적으로 나서고 있다. 또 서울대학교 언론정보연구소가 운영하는 '팩트 체크(factcheck)'는 국내 27개 언론사와 제휴하여 주요 공적 사안을 검증한 후 그 결과를 홈페이지에 게시한다. 최종 판정은 '전혀 사실 아님', '대체로 사실 아님', '절반의 사실', '대체로 사실', '사실', '판단 유보'로 내려진다. 즉 가짜 뉴스가 확산되면서 언론사들도 대중의 관심을 사로잡는 것들이 사실인지 아닌지를 판단해 주는 노력을 한층 강화하고 있는 것이다.

온라인상에서 허위 정보가 확산되면서 가짜 뉴스를 분별할 수 있는 능력을 함양하기 위한 가짜 뉴스 대처 요령 등 여러 가지 교육이 진행되고 있다. 서울대 언론정보연구소가 홈페이지에 게시하고 있는 '온라인 허위 정보 대응 방법'은 외국의 사례들을 종합하여 만든 것이다. 이를 보면 정보의 출처, 저자, 정보 생성 시간 및 장소를 확인하고 과도한 불안을 조성하는 정보는 경계할 것을 권유하고 있다.

온라인 허위 정보 대응 방법

온라인에 떠도는 허위 정보는 한눈에 봤을 때 '거짓말'임을 알기 쉽지 않습니다. 100% 거짓이 아니라 일부는 사실이 곁들여져 있어서 사실과 구분하기 더 어려운 경우가 많습니다.

온라인에서 허위 정보를 만드는 사람들의 목적은 다양합니다. 클릭 수를 높여 돈벌이를 하려는 경우도 있고, 자신의 정치적 주장을 선전하려는 경우도 있습니다. 어떠한 경우이든 허위 정보는 건강한 민주주의를 위협합니다. 신종 코로나 바이러스 사태와 같이 정확한 정보에 개인의 건강과 안전이 달려 있는 경우, 허위 정보에 속거나 이를 주변 사람들에게 퍼뜨리지 않도록 주의해야 합니다.

바이러스 감염 예방을 위해 마스크를 착용하고 손을 자주 씻는 것처럼 온라인 허위 정보에 속거나 이를 퍼뜨리는 것도 몇 가지 판별 기준을 적용해 예방할 수 있습니다.

1. 정보의 출처를 확인합시다.
정보의 출처가 어디인지 알 수 있나요? 혹시 이름만 유사한 기관들을 사칭하고 있지는 않은가요?

2. 저자를 확인할 수 있나요?
저자를 알 수 없다면 신뢰하기 어렵습니다. 저자의 이름이 있다면 이 사람이 과거에는 온라인에 어떤 글을 게시하였는지, 실재하는 인물인지 확인해 봅시다.

3. 언제, 어디서 만들어진 것인지 알 수 있나요?
과거에 다른 곳에서 벌어진 일을 현재 이곳에서 벌어지고 있는 일처럼 조작하는 경우는 많습니다. 동영상, 사진에서 발생 시간과 장소를 분명히 알 수 없다면 의심해야 합니다.

4. 다른 정보를 추가적으로 찾아보았습니까?
내가 지금 보고 있는 정보를 신뢰할 수 있는 다른 기관에서도 다루었나요? 그 기관에 질문하거나 비교해 보아도 동일한 내용을 확인할 수 있나요?

5. 정보가 과도한 불안을 줍니까?

과도한 불안, 공포, 분노가 느껴진다면, 잠시 멈추고 이 정보가 나에게서 이런 반응을 이끌어 내려고 하는 것이 아닌가 질문해 봅시다. 허위 정보들은 공격 대상의 신뢰를 떨어뜨리기 위해 이런 감정을 부추깁니다.

자료: 서울대학교 언론정보연구소 SNU팩트체크센터 정리. 유럽위원회(European Commission), https://medium.com/@EuropeanCommission/stopping-online-disinformation-six-ways-you-can-help-d25489724d45

가짜 뉴스 판별법

황치성은 『미디어리터러시와 비판적 사고』에서 가짜 뉴스를 판별할 방법을 구체적으로 제시하고 있다. 그가 제시한 방안을 정리하면 다음과 같다.

- 정보가 수록된 웹 주소는 정확한가?
- 소수의 정보원을 인용하고 있는가, 아니면 다양한 정보원을 인용하고 있는가?
- 해당 정보가 게시된 날짜가 현재 시점인가?
- 다른 뉴스 미디어에서도 그 정보를 다루고 있는가?
- 팝업 광고나 배너 광고가 지나치게 많지 않은가?
- 기사가 지나치게 화려하거나 혹은 지나치게 혐오스러운 것이 아닌가?
- 극단적인 감정을 자극하여 분노를 느끼게 하거나, 희열을 느끼게 하는 요소는 없는가?

자료: 황치성(2018).

이 내용을 정리하면 소수의 정보원에게 의존하고 날짜가 수록되지 않은 정보는 가짜 뉴스일 가능성이 높다. 또 사람들의 감정을 자극하거나 충격을 주는 소식은 일단 의심하고 볼 필요가 있다. 공신력 있는 언론 기관에서 뉴스를 다루지 않았다면 가짜 뉴스일 확률이 높다.

인터넷과 SNS, 유튜브 등 온라인 매체의 발달에 따라 많은 정보가 쏟아지고 있다. 정보의 홍수 속에서 개인이 진짜 정보를 찾는다는 것은 현실적으로 매우 어렵다. 따라서 뉴스의 진실성을 확인하기 위해서는 앞서 언급한 팩트 체크 사이트를 참조하는 것도 좋은 방안이 될 수 있다.

9. 취재 및 보도 준칙

언론사들은 자율적으로 윤리 강령을 정해 실천하고 있다. 대표적인 것이 1957년 4월 제정된 '신문윤리강령'이다. 이 강령에는 언론 자유와 사회적 책임이 중요하게 명시되어 있다. 또 개인의 명예를 존중하고 사생활을 보호하며 언론인으로서의 품위를 갖출 것을 다짐하고 있다. 특히 사실을 객관적으로 공정하게 보도하는 것을 언론의 주요 사명으로 삼고 있다. 따라서 기자 자신의 주관적인 생각대로 기사를 쓰는 것을 지양한다.

윤리 강령뿐 아니라 자살 보도 윤리 강령, 재난 보도 준칙, 선거 여론 조사 보도 준칙 등 다양한 뉴스 보도 가이드라인이 있다. 특히 재난 보도 준칙은 세월호 참사를 계기로 2014년 6월 만들어졌다. 재난 발생 시 정확한 뉴스 보도는 무엇보다 중요하다. 세월호 사건 때도 일부 언론에서 탑승객 전원이 구조되었다는 결정적 오보를 내면서 많은 혼란을 초래한 바 있다. 재난 예방을 위한 정보를 제공해 주는 것도 뉴스의 중요한 역할이다. 2020년 코로나19 사태에서도 자주 손 씻기, 사람들 간 일정한 거리 두기, 마스크 착용 등 예방 수칙을 강조하는 데 언론이 앞장섰다.

이처럼 다양한 보도 준칙이 존재하는 것은 재난이나 선거 등 주요

신문윤리강령

우리 언론인은 자유롭고 책임 있는 언론을 실현해 우리에게 주어진 사명을 다할 것을 다짐한다. 우리는 자유롭고 책임 있는 언론이 민주 발전, 민족 통일, 문화 창달에 크게 기여한다고 믿는다. 이러한 신념에 따라 스스로 윤리 규범을 준수하고 품위를 지키고자 1957년 4월 7일 '신문윤리강령'을 처음 제정한 바 있다. 이제 그 숭고한 정신을 바탕으로 한국신문협회, 한국신문방송편집인협회, 한국기자협회는 정보화 사회의 출현 등 시대 변화에 맞춰 새로운 신문윤리강령을 다시 채택한다.

제1조 언론의 자유
우리 언론인은 언론의 자유가 국민의 알권리를 실현하기 위해 언론인에게 주어진 으뜸가는 권리라는 신념에서 대내외적인 모든 침해, 압력, 제한으로부터 이 자유를 지킬 것을 다짐한다.

제2조 언론의 책임
우리 언론인은 언론이 사회의 공기로서 막중한 책임을 지고 있다고 믿는다. 이 책임을 다하기 위해 우리는 무엇보다도 사회의 건전한 여론 형성, 공공복지의 증진, 문화의 창달을 위해 전력을 다할 것이며, 국민의 기본적 권리를 적극적으로 수호할 것을 다짐한다.

제3조 언론의 독립
우리 언론인은 언론이 정치, 경제, 사회, 종교 등 외부 세력으로부터 독립된 자주성을 갖고 있음을 천명한다. 우리는 어떠한 세력이든 언론에 간섭하거나 부당하게 이용하려 할 때 이를 단호히 거부할 것을 다짐한다.

제4조 보도와 평론
우리 언론인은 사실의 전모를 정확하게, 객관적으로, 공정하게 보도할 것을 다짐한다. 우리는 또한 진실을 바탕으로 공정하고 바르게 평론할 것을 다짐하며, 사회의 다양한 의견을 폭넓게 수용함으로써 건전한 여론 형성에 기여할 것을 결의한다.

제5조 개인의 명예 존중과 사생활 보호
우리 언론인은 개인의 명예를 훼손하지 않고 개인의 사생활을 침해하지 않을 것을 다짐한다.

사회 이슈를 보도하는 데 언론이 제 역할을 못 하기 때문이다. 이러한 원인 중 하나는 언론의 상업성이다. 언론사도 이윤을 창출해야 하기 때문에 속보 경쟁에 뛰어들게 되고, 자극적이고 흥미로운 기사를 제공함으로써 독자의 관심을 끌려고 한다. 그 결과 선정적인 보도가 넘쳐나고 언론에 대한 신뢰가 떨어지게 된 것이다. 따라서 언론은 시장 논리에 지나치게 치우치기보다는 공공의 이익에 관심을 기울이고 다양한 사회 집단의 목소리를 담을 필요가 있다.

인간에게는 주변에서 일어나는 일들을 알고 싶어 하는 본능이 있다. 뉴스는 바로 이러한 기본적인 욕구를 충족시켜 주는 매체이다. 하지만 이 세상의 모든 사건이나 이슈가 뉴스가 되는 것은 아니다. 새롭고 유익하며 사회에 신선한 충격을 던지는 사건들이 뉴스가 될 확률이 높다. 또 대중에게 잘 알려진 유명인이 평범한 시민들보다 뉴스거리가 될 가능성이 높다.

뉴스는 정보 제공, 권력 감시, 의제 설정 등의 기능을 수행한다. 뉴스는 대중에게 필요하고, 인간의 삶에 유익한 정보를 제공해 주며, 지배 권력을 견제하고 감시하는 역할을 하는 것이다. 또 사회의 주요 이슈를 부각함으로써 대중이 그 이슈를 중요하게 생각하도록 하는 의제 설정자로서의 기능을 하고 있다.

뉴스 보도 시에도 일정한 원칙이 존재한다. 일반적으로 사실이나 진실에 입각한 보도는 기자들이 지켜야 할 가장 중요한 원칙이다. 또 특정 개인이나 단체의 주장만을 편향적으로 보도하는 데서 탈피해 사회의 다양한 목소리를 반영함으로써 균형 있고 공정하게 보도할 필요가 있다. 사회적으로 소외된 계층의 목소리를 충실히 담아내는 것도 언론 보도의 중요한 원칙이다.

최근 가짜 뉴스의 범람으로 뉴스 생태계가 혼란을 겪고 있다. 허위 정보가 확산된다면 대중이 객관적인 정보를 통해 올바른 판단을 내리기가 쉽지 않다. 이에 따라 정보의 출처 확인하기, 여러 언론 기관을 통해 관련 정보 비교하기, 과도한 불안이나 공포를 조성하는 뉴스 경계하기 등 여러 가지 대처법이 소개되고 있다. 이러한 요령의 숙지와

더불어 뉴스에 대해 비판적 시각을 키우는 뉴스 리터러시 교육이 체계적으로 이뤄져야 이용자들이 가짜 뉴스의 유혹에 빠지지 않고 신뢰할 만한 정보를 접할 수 있다.

사회의 건강한 담론을 만들기 위한 언론사의 자정 노력 중 하나가 자율적으로 제정한 다양한 분야의 윤리 강령이다. 현재 '자살보도 윤리 강령', '재난보도준칙', '선거여론조사 보도준칙' 등 다양한 보도 가이드라인이 있다. 이와 같은 보도 준칙을 잘 준수한다면 언론이 대중의 신뢰를 얻을 수 있을 것이다.

탐구 활동

▶ **코로나19 사태 보도**

2020년 대한민국은 전국적으로 광범위하게 퍼진 코로나19 바이러스로 어려운 시기를 보냈다. 언론이 이 사건을 어떻게 보도하였는지 분석해 보자.

1. 이 사건은 어떤 뉴스 가치가 있기에 이처럼 주요 뉴스가 되었는지 논의해 보자.

2. 중국의 우한 지역에서 코로나 바이러스가 발생하였다고 해서 '우한 폐렴'이라는 말을 한때 언론이 사용하였다. '대구 폐렴'이라는 말 또한 일부 언론이 사용한 적이 있는데 이러한 용어의 문제점이 무엇인지 논의해 보자.

3. 국가 위기 상황에서도 대구 지역을 돕는 온정의 손길이 넘쳐났다. 이처럼 우리에게 훈훈한 소식을 줬던 뉴스를 찾아 그 뉴스에 담긴 가치와 의미를 논의해 보자.

4. 본인이 생각하기에 진보적이라고 느끼는 매체와 보수적이라고 느끼는 매체를 하나씩 골라 이 두 매체가 코로나19 사태와 관련한 이슈를 어떻게 다뤘는지 비교해 보자.

5. 코로나19 위기 속에서 여러 가지 가짜 뉴스가 생겨나고 확산되기 시작하였다. 이 시기 확산된 가짜 뉴스로 어떤 것이 있는지 찾아보자.

탐구 활동

▶ 학급 신문 제작

학급 신문은 반 학생들의 소식을 전달하는 뉴스 매체이다. 학급 신문을 만들 때 고민해야 할 내용은 무엇인지 논의해 보자.

1. 학급 신문의 독자는 누구인가?

2. 학급 신문에서는 어떤 것이 뉴스가 될 수 있는가? 몇 가지 사례를 들어 보자.

3. 학급 신문에 사용할 광고는 어떤 것이 있을까?

4. 학급 신문이 만들어지면 어떤 매체를 통해 학급 아이들에게 배포하고 싶은가?

   • 온라인을 통해 배포하고 싶다면, 그 이유는?
   • 인쇄물로 배포하고 싶다면, 그 이유는?

5. 학급 뉴스를 취재할 때 지켜야 할 보도 원칙은 어떤 것이 있을 수 있는가?

6. 학급 신문은 중앙 일간지와 어떤 면에서 다른가?

7. 학급 신문은 반 학생들에게 어떤 기능을 할 수 있는가?

탐구 활동

▶ 뉴스 이용 습관

평소 뉴스를 어떻게 이용하고 있는지 아래의 질문을 통해 스스로 점검해 보자.

1. 나는 하루에 몇 시간 뉴스를 이용하는가?

2. 나는 어떤 매체(신문, 방송, 포털, SNS, 유튜브, 팟캐스트 등)를 통해 뉴스를 접하는가?

3. 나는 어떤 주제의 뉴스에 관심이 있는가?

4. 나는 어떤 이슈가 발생할 때 여러 언론사의 뉴스를 비교해 보면서 관련 기사를 읽는가?

5. 나는 뉴스를 얼마나 신뢰하고 있는가?

참고문헌

서울대 언론정보연구소 팩트체크센터 홈페이지. http://factcheck.snu.ac.kr/(검색일:
　　2020.7.10).
양정애·최숙·김경보. 2015.『뉴스리터러시교육 I 커리큘럼 및 지원체계』. 한국언론
　　진흥재단.
이은택·이창호. 2013.『저널리즘의 이해』. 한국방송통신대출판문화원.
한국신문윤리위원회 홈페이지. http://www.ikpec.or.kr/(검색일: 2020.7.10).
황치성. 2018.『미디어리터러시와 비판적 사고』. 교육과학사.

3단원

SNS 매체

최진호

학습 목표

1. SNS가 무엇인지 이해할 수 있다.

2. SNS를 통한 관계의 특성을 이해하여 올바른 관계를 형성할 수 있다.

3. SNS에서 정체성을 형성하는 과정을 이해할 수 있다.

4. SNS에서 자기 정보를 보호하기 위한 능력을 기를 수 있다.

5. SNS가 우리 사회에 기여한 사례를 발굴할 수 있다.

6. SNS에서 유포되는 가짜 뉴스의 위험성을 이해하고 주의할 수 있다.

Introduction to Media for Teens

1. SNS란 무엇인가

사람은 누구나 태어나는 순간부터 다른 사람들과의 관계 속에 놓이게 된다. 가족이나 친척과 같이 내가 선택할 수 없는 관계부터 시작하여 친구를 사귀면서 그 관계를 차차 넓혀 간다. 우리는 다른 사람들과 좋은 관계를 형성하고 유지하기 위해 부단히 소통하려고 노력한다. 그래서 인간을 흔히 '사회적 동물(social animal)'이라고 부른다. 홀로 살아가기는 어렵기 때문에 여러 단위의 집단과 사회를 형성하고 서로 도움을 주고받으며 살아가는 것이다. 이처럼 사회적 존재로서의 인간을 조금 어려운 말로 '호모 소시올로지쿠스(homo sociologicus)'라고 하는데, 그러한 우리에게 소통은 하나의 본능이라고 할 수밖에 없다.

미디어 기술의 발전은 우리의 소통 본능을 마음껏 발휘할 수 있도록 해 주었다. 소셜 미디어(social media)는 자신의 생각이나 의견을 다른 사람들과 교환하고, 정보나 아이디어의 생산과 공유를 손쉽게 만드는 모든 상호 작용 미디어를 말한다. 우리가 흔히 SNS라고 부르는 사회 관계망 서비스(social network service)는 이러한 소셜 미디어의 한 종류로, 자신과 대체로 비슷한 사람들과 실시간으로 관계를 맺고 교류할 수 있도록 연결해 주는 온라인 플랫폼 서비스이다.

'소셜 미디어'라는 용어는 1997년 티나 샤키(Tina Sharkey)가 온라인 커뮤니티 중심의 인터넷 양식을 지칭하는 말로 처음 사용하였다. 그 후 2004년 크리스 시플리(Chris Shipley)가 콘퍼런스 '블로그온 2004(BlogOn 2004)'에서 '블로그, 위키(불특정 다수가 참여하여 직접 내용과 구조를 수정할 수 있는 웹 사이트), 사회 관계망과 관련된 기술이 결합해 새로운 모습의 참여 미디어로서 소셜 미디어가 등장할 것'이라고 강조하면서 지금 우리가 흔히 말하는 의미로 사용하였다.

사람들이 자신의 관심사에 따라 자유롭게 글을 올릴 수 있는 웹 사이트인 웹로그(weblog) 서비스는 1998년 시작되었다. 2003년에 마이스페이스(MySpace), 2004년에 페이스북(Facebook)이라는 SNS가 만들어지고 인기를 누리면서 본격적인 SNS 시대가 열렸다. 2006년에 등장한 트위터(Twitter)가 대중에게 널리 알려지면서 SNS가 전성기를 누리게 되었고, 이제는 우리의 일상 가운데 하나가 되었다. 우리나라에서는 1999년에 서비스를 시작한 싸이월드(cyworld)가 디카(디지털 카메라)와 폰카(휴대 전화 카메라)의 보급 및 이용이 확산되면서 2003년부터 폭발적인 인기를 얻기도 하였다. 무엇보다도 우리나라 특유의 인맥 문화에서 아이디어를 얻은 '1촌'이라는 관계 맺기 방식을 도입한 것이 인기몰이에 큰 역할을 하였다는 평가를 받았다.

과거에는 컴퓨터와 디카, 폰카의 보급과 확산이 SNS의 인기를 이끌었지만, 지금은 스마트폰과 무선 통신망(Wi-Fi, 4G, 5G 등)이 빠르게 확산되면서 SNS가 우리의 일상에 들어오게 되었다. 누구나 편리하게 실시간으로 다른 사람들과 다양한 방식으로 소통하게 된 것이다. 사람들은 SNS를 통해 시간과 공간의 제약 없이 더 많이 표현하고 공유하면서 더 많은 사람과 관계를 맺고 소통한다.

SNS의 종류는 여러 가지가 있다. 페이스북, 트위터, 인스타그램(Instagram), 카카오스토리(Kakaostory) 등은 자신의 일상이나 생각, 의견을 담은 글, 사진, 동영상 등을 게시하면 이 게시물에 다른 사람들이 '좋아요'로 관심을 보이거나, 자신의 생각과 의견을 댓글로 표현하는 형태의 서비스이다. 다른 사람들과 실시간으로 메시지를 주고받는 방식으로 대화하는 카카오톡(KakaoTalk), 라인(Line), 텔레그램(Telegram) 등 메신저 형태의 서비스도 있다. 과거에는 틱톡(TikTok), 유튜브와 같은 동영상 공유 서비스는 SNS로 분류하지 않았으나, 최근 스마트폰이 일

상화되고 대부분의 서비스가 스마트 미디어 환경에 맞추어 그 모습이
바뀌면서 서비스 기능이 서로 비슷해 SNS로 분류하는 경향이 있다. 이
처럼 SNS를 분류하는 기준과 경계는 모호해지고 있으며, 사람들 간의
연결성을 강화하는 방향으로 진화하고 있다.

2. SNS를 통한 관계는 어떤 특성이 있는가

1) 관계와 도움 주고받기

친구를 사귄다는 것은 어떤 의미가 있을까? 친구와 함께 있을 때 우
리는 즐거움을 느낀다. 외로움이나 심심함을 덜 수 있다. 기쁜 일이 있
을 때 함께 기뻐하고, 슬프고 어려운 일이 있을 때 위로와 격려를 받게
된다. 나와 내 친구 사이에 맺은 네트워크는 서로에 대한 신뢰를 바탕
으로 도움을 주고받는다. 학교나 학원과 같은 작은 집단은 물론이거니
와 내가 사는 동네, 지역이나 국가와 같이 더 넓은 차원으로 확장해서
생각할 때도 마찬가지이다.

여러 학자가 이를 '사회 자본(social capital)'이라는 개념으로 설명한
다. 로버트 퍼트넘(Robert D. Putnam)은 사회의 구성원들이 서로의 이
익을 위해 조정하고 협동을 촉진하는 규범, 신뢰, 네트워크를 사회 자
본이라고 하였다. 쉽게 말해 내가 학교에 준비물을 가지고 가지 않았
을 때 시간과 비용을 들여 준비물을 사러 나가지 않고 친구가 빌려주
는 경우이다. 휴대전화가 방전되었을 때 편의점에 가서 돈을 내고 충
전하지 않고 친구의 충전기를 빌려 해결하기도 한다는 것이다. 즉 나
의 사회적 네트워크라고 할 수 있는 친구를 통해 어떤 일을 해결하는

것을 말한다. 더 넓은 범위로 확장하여 생각해 보자. 2007년 충청남도 태안 앞바다에서 유조선 삼성-허베이스피릿(Hebei Spirit)호와 해상 크레인이 충돌해 기름이 대규모로 유출되는 사고가 있었다. 어업을 생계로 하던 태안 주민들에게 상당한 물질적·정신적 피해가 발생한 것이다. 이러한 사태를 해결하기 위해 123만 명의 국민이 자발적으로 기름 제거 작업에 동참하기도 하였다.

SNS에서는 시간과 공간의 제약을 뛰어넘어 서로 도움을 주고받을 수 있다. 예를 들어 운동하다가 다리를 다쳐 다음 날 등교할 때 가방을 들기 어려운 상황인 데다 부모는 마침 출장 중이라고 가정해 보자. 가족의 도움을 받기 어려운 상황에서 SNS를 통해 도움을 요청한다면 몇몇 친구가 어떤 방식으로든 도움을 주겠다고 할 것이다.

다른 상황을 생각해 보자. 내가 평소에 관심 있는 주제로 과제를 수행하다가 궁금하거나 잘 풀리지 않는 내용이 있는데 인터넷에서 해결책을 찾기 어렵다고 가정해 보자. SNS에 내가 궁금한 것을 올리면 오프라인에서 직접 만난 적 없는 SNS 친구들이 곧장 댓글이나 다이렉트 메시지(DM)로 알려 주기도 할 것이다.

사회적 차원으로 넓혀서 생각해 보자. 2020년 코로나19 사태로 대구와 경상북도에 의료 및 봉사 인력이 부족하였다. 사람들이 자발적으로 SNS를 통해 '#힘내라대구경북' 캠페인을 전개하고, 직접 대구·경북 지역으로 가 자원봉사를 한다는 뉴스를 심심치 않게 보았을 것이다. 소소하게는 사회적 약자를 위해 자발적으로 마스크를 양보하는 캠페인을 전개하고 인증한다든지, 구호 물품을 구매하여 전달하기도 하였다.

이처럼 나와 내 주변, 그리고 사회 구성원들과 SNS로 소통하는 모습을 통해 친밀감과 신뢰감을 형성하는 행위가 곧 사회 자본을 축적하는 것이라고 할 수 있을 것이다. 내가 어려움을 겪을 때 SNS를 통해 누군가에게 조언을 구하거나 도움을 요청해 본 경험은 누구나 한 번쯤 있을 것이다. 우리가 SNS로 맺은 관계를 통해 누군가에게 도움을 주거나, 누군가에게서 도움을 받을 수 있다.

2) 네트워크에서의 힘

평소 친구들 사이에서 내가 어떤 위치에 있는지 생각해 본 적이 있는가? 대체로 사람들은 친구를 많이 사귀기를 원한다. 친구가 많다는 것은 곧 자신이 인기가 많다는 것을 뜻하기 때문이다. 물론 소수의 친구를 깊이 사귀고 싶어 하는 사람도 많다. 친구의 수, 즉 사회적 네트워크의 크기도 중요하지만 자신의 위치가 어디인지가 더욱 중요하다.

하나의 예로 살펴보자. A, B, C는 서로 친구이다. A는 B가 누구를 좋아하는지 알고 있다. 동시에 C와 그 부모님 사이에서 최근에 일어났던 갈등에 대해서도 알고 있다. 그런데 B는 C의 일을, C는 B의 일을 서로 모르고 있다. 이 셋의 관계에서 누가 중심에 있다고 생각하는가? 당연히 A일 것이다. 단순히 이 상황만을 놓고 봤을 때 A가 B, C와 모두 친하기 때문이다. 또 A가 이 셋의 관계에서 가장 많은 정보를 가지고 있다. 다시 말해 다른 사람들과의 관계에서 중심에 있는 경우, 정보가 그에게 집중된다는 것이다.

SNS에서는 이러한 정보의 흐름이 더욱 선명하게 보인다. 내가 관계 맺는 사람들의 게시물을 뉴스 피드(news feed)를 통해 실시간으로 확인할 수 있기 때문이다. 내가 다른 사람들의 게시물에 관심을 표시하거나 댓글을 다는 것, 누군가의 게시 글을 공유하는 것 등 모든 커뮤니케이션 과정이 정보가 된다. 사람들 간의 관계에서 내가 중심에 있다면 정보가 나에게 집중되기 때문에 정보의 흐름을 통제할 수 있게 되는 것이다. '관계의 주도권'을 가질 수 있다는 뜻이다.

앞의 사례로 이야기해 보면 A가 관계의 주도권을 쥐고 있기 때문에 B에게 일어난 일을 (그것이 B가 비밀로 한 것이라면) C에게 거짓으로 전달해도 확인하기 어려울 것이다. 아예 C에게 전달하지 않아도 된다. 정보를 통제할 수 있는 힘이 생기는 것이다. 지금은 이 셋의 관계를 단순화해서 설명하였지만, 좀 더 복잡하게 10명 이상이라고 생각한다면 SNS상의 네트워크에서 얼마나 중심에 가까이 있는지는 매우 중요하다.

SNS상의 친구들과의 관계에서 중심에 있다는 것은 곧 정보를 통제할 수 있는 힘이 있다는 것이다. SNS상에서 가질 수 있는 이러한 힘을 내가 소속된 네트워크 환경이라 할 수 있는 또래 집단이나 우리 사회에 좋은 방향으로 활용할 필요가 있다. 적절한 조언이 필요한 곳에 조언해 주고 동원이 필요한 곳에 동원하는 등 도움이 필요한 곳에 사회적 관계를 활용할 수 있어야 한다.

그러나 이를 잘못 활용하면 흔히 '왕따'라고 하는 집단 괴롭힘(cyber-bullying)을 부추길 우려도 있다. 자신이 원하는 방향으로 특정인을 몰아세우고, 몰아세우기 위한 근거로 거짓 정보를 만들어 친구들이 괴롭힘에 가담하도록 만들 수도 있다. SNS는 시간과 공간에 구애받지 않고 소통할 수 있기 때문에 오프라인보다 상시적이고 지속적인 괴롭힘이 발생할 가능성이 있기도 하다. 특정인의 SNS 게시물에 모욕적인 댓글을 달거나 해시태그를 통해 모욕을 주기도 하며, DM을 통해 지속적인 욕설을 보내는 일도 발생하고 있다. 카카오톡 채팅방에서 특정인에게 지속적으로 욕설하고 모욕감을 주고 따돌리고, 채팅방을 나가도 지속적으로 초대해서 괴롭히는 이른바 '카톡 왕따', '카톡 감옥'도 마찬가지다. SNS상에서의 집단 괴롭힘은 24시간 상시적인 노출과 불특정 다수의 (반)공개된 공간에서 실시간으로 일어난다는 점에서 매우 심각한 문제라고 할 수 있다.

3. SNS에서의 정체성은 어떻게 만들어지는가

사람들은 다른 사람들과의 관계에서 자신이 그들에게 어떻게 비칠지 의식하며 살아간다. 외출할 때 어떤 옷을 입을까, 헤어스타일은 어떻게 하는 것이 좋을까 등을 고민하고 결정할 때도 다른 사람에게 보였으면 하는 모습대로 꾸미고 말하고 행동한다. 나를 어떻게 바라보는지 살피기 위해 수시로 반응을 확인한다. 다른 사람들과 함께 있을 때 더욱 그러하다. 우리는 사회적 존재이기 때문에 자신의 생각과 의견이 다를 때 다른 사람에게 자신을 맞춰 가는 모습을 보이기도 한다. 자신의 온전한 모습이 아닐지라도 남에게 보이는 모습이 곧 자신의 정체성이 되는 것이다.

SNS에서는 자신이 원하는 정체성을 만들어 가기가 수월하다. 직접 만나서 커뮤니케이션 한다면 말, 표정, 손짓, 몸동작 하나하나까지 신경 쓸 것이 많다. 그리고 스스로 알지 못하는 사이에 언어 습관이나 행동이 드러나기도 한다. 그런데 SNS에서는 기본적으로 표정이나 제스처와 같은 비언어적 요소들이 배제된다. 오로지 내가 기록한 글과 사진, 영상만 드러난다. 자신이 원하는 정보만 드러내면 되기 때문에 자신이 바라는 정체성을 훨씬 쉽게 만들 수 있는 것이다. SNS가 실시간 소통을 담보하지만 오프라인에 비해 실시간성이 떨어지기도 한다. 오프라인에서는 자신이 사용한 언어, 즉 말을 주워 담기 어렵지만 SNS에서는 충분히 고민하고 글을 써서 올릴 수 있다.

인터넷 공간은 기본적으로 익명성이 보장된다는 점에서 SNS도 마찬가지이다. SNS 계정 주인이 누구인지 알 수도 있고 모를 수도 있지만 피드에 올라오는 콘텐츠를 보고 그 사람의 일상이나 취향 등을 판단하게 된다. SNS의 프로필에 자신을 드러낼 수 있는 정보를 입력하기도 한다. 익명성이 있기 때문에 실제 자신의 프로필과 다른 내용을 입력할 수도 있다. 익명과 실명의 영역이 묘하게 교차되면서 자신의 정체성을 형성하게 된다.

SNS를 통해 자신의 정체성을 만들어 가는 과정은 일종의 평판(reputation)을 쌓는 과정이기도 하다. 내가 알던 친구가 SNS에 매일 밤마다 감상에 젖어 자신이 쓴 시를 게시한다고 할 때, 내가 평소 모르던 모습이더라도 SNS를 통해 그 친구가 감수성이 풍부하고 문학적 소질이 뛰어난 친구라고 평가할 수 있을 것이다. 그 친구를 달리 보는 계기가 될 것이다.

내가 영화를 좋아하고 SNS를 통해 영화와 관련된 정보들을 자주 접한다고 하자. 해시태그로 영화에 대한 정보를 검색할 때마다 어떤 SNS 계정이 자주 등장한다면 팔로우를 하게 되고, 내 뉴스 피드에 계속 올라오게 될 것이다. 영화와 관련된 정보나 감상평의 내용이 괜찮다면 그를 영화 마니아나 준전문가로 평가하게 될 것이다. 그러한 평가가 팔로워들의 호감 표시와 댓글을 통해 점점 쌓여 간다. 이러한 과정을 통해 그 계정의 주인이 어떠하다는 평판이 만들어지고, 그것이 SNS상 그의 정체성이 된다. 알고 보면 그 계정의 주인이 한 동네에 있는 마트 사장일 수도 있다.

우리는 SNS상에서 관심받고 싶어 한다. 그러기 위해 많은 팔로워를 확보하려고 부단히 노력한다. 내가 먼저 팔로우를 해서 '맞팔' 할 수 있도록 유도하기도 한다. 팔로워의 수로 그 사람의 인간관계나 인기를 가늠하게 만들기 때문이다. 그리고 양질의 콘텐츠가 꾸준히 게시되는 계정이라고 기대하게 만드는 효과도 있다. 팔로워를 많이 만들고 나면 내가 올리는 게시물이 많은 사람에게 도달하게 된다. 더 많은 사람의 '좋아요'와 댓글을 받을 가능성이 높아지는 것이다. 흔히 "무플보다 악플이 낫다"라고 한다. 이는 SNS상에서 많은 팔로워를 확보하는 것이 우선이라는 말과도 밀접하게 연관되는 것이다. 팔로워가 없으면 내 SNS에 반응하는 사람도 그만큼 적을 가능성이 높기 때문이다.

한편 다른 사람에게 관심받고 부러움을 사기 위해 자기 과시적인 글을 올리는 경우가 많다. 맛집에서 찍은 음식 사진을 자주 올리거나, 여행 다녀온 사진을 자주 올리거나, 아이패드나 닌텐도 스위치 등 고가의 선물을 받았다고 자랑하기도 한다. 이러한 이미지들을 시쳇말로 '허세샷'이라고 한다. 이런 행위가 지나친 사람들을 '관종(관심 종자)'이라는 표현으로 비꼬기도 한다. 또 자기 자신에 대한 애착이 강한 경우도 있다. 자신의 신체적 특성(얼굴, 몸매 등)을 지속적으로 드러내는 경우이다. 이를 흔히 '나르시시즘(narcissism)'이라고 한다. 이렇듯 사람들은 어떤 방식으로든 자기 자신을 표현하기 위해, 즉 SNS에서의 정체성을 만들기 위해 노력한다.

SNS를 통해 정체성을 만들어 가는 것은 누구에게나 해당되고 자연스러운 과정이지만, 과도하면 문제가 될 수 있다. 우리가 사는 현실 세계를 보조하기 위한 수단으로 SNS를 활용하는 것이 아니라, SNS라는 실제와 가상이 묘하게 결합된 세계에 과도하게 몰입하면서 현실과 구별하지 못하는 경우가 더러 있다. 땅에 발을 디디며 사는 세계와 그렇지 않은 세계에서의 정체성을 제대로 구별하지 못하게 되는 것이다. 정체성의 혼란을 겪고 있지만 스스로 이를 인지하지 못하거나, 인지하더라도 문제가 되지 않는다고 생각할 수 있다. 10대, 20대가 게임에 너무 몰입하여 가상과 현실을 구별하지 못해 현실 세계에서 범죄를 저지

'흰긴수염고래(blue whale, Синий кит) 챌린지'는 2013년부터 몇 년에 걸쳐 전 세계적으로 문제를 일으켰다. SNS상에서 수행된 이 챌린지는 당시 청소년들 사이에서 급속도로 퍼진 놀이다. SNS상에서 관리자가 과제와 같이 수행할 미션을 내 주면 청소년들이 이를 수행하고 SNS에 인증하는 방식이다.

초반에는 지정곡 듣기, 공포 영화 보기와 같은 간단한 미션을 수행하도록 하였다. 그런데 단계가 올라갈수록 자해, 자살과 같이 잔인한 미션을 주었다. 이해할 수 없는, 해서는 안 되는 미션이지만, 그대로 수행하고 인증하면 SNS를 통해 다른 사람들의 호응을 얻을 수 있기 때문에 이를 수행하는 일이 발생하였다. 일종의 영웅 심리를 느낄 수 있도록 한 것이다.

가상과 현실을 구별하지 못해 결국 자살을 선택하는 안타까운 상황까지 발생하였다. 자신의 정체성에 혼란을 겪어 심리적 장애를 겪는 사례도 있었다. 이 사건은 2013년 러시아에서 시작되어 이탈리아, 인도, 중국, 이집트, 이란 등 전 세계 20여 개국 청소년 130명을 자살하게 만들었다.

르는 사건들을 뉴스를 통해 심심치 않게 접한다. SNS에 과도하게 몰입하였을 때도 비슷한 문제가 발생할 우려가 있다.

4. SNS상의 나의 정보는 왜 조심히 관리해야 할까

페이스북이나 인스타그램과 같은 SNS에는 프로필을 설정하는 기능이 있다. 자신이 나온 학교, 살고 있는 지역, 가족, 연락처, 심지어 혈액형이나 연애 상태까지 낱낱이 입력할 수 있다. 자신을 다른 사람에게 소개하는 것처럼 프로필을 설정하는 것이다. 이를 통해 자신의 정체성을 만들어 가는 것이다. 이러한 정보를 바탕으로 해서 SNS가 '알 수도 있는 사람'을 추천해 주기도 한다. SNS를 스마트폰에 연동하면 스마트폰에 저장된 친구들의 연락처 정보(이름, 전화번호, 전자 우편 등)를 바탕으로 더 많은 사람을 자동으로 추천해 준다. 그러면서 한 개인이 더 많은 네트워크를 만들어 소통하면서 재미를 느끼게끔 만드는 것이다. 나의 개인 정보를 SNS에 더 많이 노출할수록 내 주변의 지인이나 나와 취향이 유사한 사람들을 추천받아 친구 맺기를 통해 더 많은 사람과 소통할 수 있게 되는 것이다. 여기에 하나 덧붙인다면 이러한 프로필 정보를 바탕으로 광고가 노출되기도 한다.

SNS는 기본적으로 개인적인 공간이다. 그러나 동시에 공개된 공간이기도 하다. 누군가 마음만 먹으면 특정 이용자가 입력한 프로필 정보를 토대로 그 사람의 신상을 알 수도 있다. 프로필 정보뿐 아니라 게시하는 모든 글, 사진, 영상, 태그, 멘션, 해시태그, 위치 정보 등의 콘텐츠도 개인 정보인 경우가 많다. 언제 어디에 있었는지, 누구와 어디에 갔는지, 무엇을 하였는지 낱낱이 드러나게 되는 것이다.

이러한 개인 정보는 범죄에 이용될 수 있기 때문에 조심할 필요가 있다. 예를 들어 어떤 도둑이 공개된 프로필과 게시물을 잘 조합하여 특정 이용자의 집이 어딘지 알아냈다고 하자. 이 도둑이 이 계정 이용자의 여름휴가 기간을 이용하여 빈집을 털고자 한다면, 라이브 방송이나 게시물을 유심히 관찰하여 언제 집이 비는지 알아내서 마음 놓고 도둑질을 할 것이다. 실제로 여름휴가철에 SNS를 활용한 범죄가 지속적으로 증가하고 있다.

따라서 SNS상의 개인 정보를 보호하여 스스로 잘 지켜야 할 것이다. 우선 프로필과 게시물의 기본 공개 설정을 잘 점검할 필요가 있다. 또 지나치게 많은 개인 정보를 노출하지 않도록 유의해야 할 것이다. 앞서 언급하였던 흰긴수염고래 챌린지 사건에서 청소년들이 자살에 이른 이유 가운데 하나는 개인 정보 노출 때문이기도 하다. 이 챌린지에

《아시아경제》, 2019년 2월 4일

빈집털이범, SNS 염탐하고 열린 창문으로

…… 최근엔 소셜네트워크서비스(SNS)에 올린 외출 계획을 보고 계획적으로 침입 범죄를 저지르는 경우도 있어 SNS상 외출 여부를 나타내는 사진이나 글 등을 주의해야 한다.

실제로 지난 2016년 SNS를 보고 친구 부부가 휴가를 떠났다는 사실을 알아채고 집 방충망을 뜯고 침입해 귀금속을 훔치는 사건이 발생하기도 했다. ……

자료: 이승진(2019.2.4).

참여하려면 자신의 개인 정보를 입력해야 하였다. 그런데 미션을 중도에 포기하면 직접 찾아가 죽이겠다고 협박하는 등 결국 피해자가 자살을 선택하게 만든 것이다.

누군가의 SNS를 유심히 관찰해 본 경험이 있는가? 사랑하는 누군가와 이별한 뒤에 팔로우 관계를 끊어도 상대방의 근황이 궁금해서 SNS를 수시로 들락날락하게 되는 경우도 있다. 아니면 내가 관심을 가지고 있는 친구의 글을 샅샅이 살펴보기도 한다. 설령 특정 몇 사람의 SNS를 유심히 보지 않더라도 SNS를 하다 보면 피드에 올라오는 다른 사람들의 정보를 거의 자동으로 접할 수 있다.

어떤 사람들은 SNS에서 소통하는 플레이어가 되지 않고 팔짱 끼고 뒤에서 지켜보기만 한다. '눈팅족'이라고 하는 사람들이다. 이러한 행위를 'SNS 관음증(voyeurism)'이라고 표현하기도 한다. 물론 SNS상에서는 소통에 참여하는 행위의 자유를 절대적으로 보장받는다. 그러나 다른 사람들의 SNS를 은밀히 엿보는 관중이 또 다른 문제를 만들어 낼 수 있다. 나의 일상이 하나의 정보로 기능한다는 점을 다시 생각해 보

자. 학교나 학원 선생님이 학생의 SNS를, 직장 상사가 직원의 SNS를 샅샅이 살펴보는 경우도 있다. 마치 초대하지 않은 사람들이 우리 집에 들어와 손님 행세를 하고 이것저것 훈수 두는 느낌이 들지 않을까? 그들이 그렇게 알아낸 정보를 어떤 교묘한 방식으로 이용할지는 아무도 모를 일이다. 이것이 SNS에서 개인 정보를 조심스럽게 다루어야 하는 이유이다.

SNS 이용 시 개인 정보 지키는 꿀팁!

① 최소한의 개인 정보만 올리기

SNS에 올린 정보는 불특정 다수에게 공개될 수 있습니다. 그러므로 SNS 프로필이나 게시 글에 개인 정보를 올릴 경우 서비스 이용에 필요한 최소한의 정보만 올려야 합니다. 올라간 정보는 마케팅에 이용될 수 있으므로 연락처를 올릴 경우 특히 주의해야 합니다.

② 개인 정보 처리 방침 확인하기

SNS에 가입할 경우 개인 정보 보호를 위한 적절한 조치가 취해지고 있는지 확인해야 합니다. 이를 위해서는 개인 정보 처리 방침이 존재하는지, 공개되어 있는지, 그리고 필수 항목(처리 목적, 처리 및 보유 기간, 제3자 제공 사항, 개인 정보 처리 위탁, 이용자의 권리/의무 및 행사)을 갖추고 있는지 확인하고 가입해야 합니다.

③ 개인 정보 공개 범위 설정하기

대부분의 SNS 사이트에서는 게시 글을 올릴 때 공개 범위를 설정할 수 있습니다. 전화번호나 이메일 주소 같은 개인 정보가 들어간 게시 글을 올릴 때는 공개 범위를 좁게 설정해서 개인 정보 유출을 막는 것이 안전합니다.

④ 업데이트 자주 하기

기술이 발달하면서 나날이 해킹 기술도 다양해지고 있으므로 SNS를 안전하게 사용하고 해커들의 다양한 공격에 대응하기 위해서는 스마트폰 앱과 백신 프로그램을 항상 최신 버전으로 업데이트하는 것이 좋습니다.

⑤ 개인 정보에 대한 권리 알고 이용하기

SNS 이용자는 SNS 제공자가 자신에 대해 어떤 정보를 가지고 있는지, 어떻게 활용하고 있는지, 가지고 있는 개인 정보가 정확한지 확인할 권리가 있습니다. 제공자가 가진 정보를 삭제해 달라고 요청할 권리도 있습니다. 만 14세 미만의 경우에는 법정대리인이 이 권리를 가지고 있습니다.

⑥ 정보는 신중하게 공유하기

다른 사람의 SNS에 올라온 글을 공유할 때는 글의 성격, 공유되었을 때의 파급 효과 등을 고려한 다음에 공유해야 합니다. 특히 민감한 정보나 사진이 들어있을 경우에는 함부로 공유하지 말아야 합니다.

⑦ 권리가 침해되었을 때 신고하기

개인 정보가 유출되는 것을 막기 위해서는 정기적으로 SNS에 올린 개인 정보를 확인하고, 공개되기를 원치 않는 개인 정보를 삭제해야 합니다. 개인 정보가 유출되거나 악용된 경우 개인 정보 침해 신고센터(☎118)에 신고하시기 바랍니다.

⑧ 탈퇴할 때 정보 삭제하기

SNS 서비스를 탈퇴해야 한다면 기존에 올린 자료를 삭제한 뒤 탈퇴해야 합니다. 탈퇴한 후 자료를 삭제하려고 하면 삭제 권한이 없어서 자료를 삭제하지 못하는 곤란한 상황이 발생할 수 있습니다.

자료: 방송통신위원회 블로그.

5. SNS 이용은 우리 사회와 어떻게 맞닿아 있을까

SNS는 사적인 공간이다. 자신의 일상과 감정을 자유롭게 표현하는 곳이다. 소소하게 맛집에 가서 식사하거나 여유롭게 가족과 함께 여행하는 모습을 공유하기도 한다. 현재 자신의 감정 상태가 어떤지 공유하거나 정치적 의견을 올리기도 한다.

그러나 동시에 SNS는 공적인 공간이기도 하다. 순전히 스스로 만족하기 위해 게시물을 올리기도 하지만, 대체로 다른 사람에게 무언가 드러내 보이기 위한 목적이 있다. 개인의 일상을 드러내기도 하지만, 우리가 살아가는 사회와 관련된 이슈를 다루기도 한다. 개인적으로 작성한 게시물이라 할지라도 실시간으로 네트워크를 통해 메시지가 확산되어 파급력이 매우 크다는 특성이 있기 때문에 내가 작성한 게시물이 언제 어떻게 전파될지는 아무도 모를 일이다.

이러한 특성 때문에 SNS가 사회적으로 바람직한 방향으로 활용되는 경우도 있다. 민주주의의 꽃이라 불리는 선거에 참여한 모습을 인증하기 위해 해시태그를 활용한 이른바 '인증샷'을 올림으로써 투표를 독려하기도 한다. 정치적·사회적 이슈에 대한 정보를 전달하기도 한다. 촛불 집회 등에 함께 가자고 독려하거나 멘션(@)으로 태그하여 특정 지인을 직접 동원하기도 한다. 청와대 국민 청원 게시판에 억울한 일을 당한 피해자가 이를 알리고 정식으로 수사해 줄 것을 요청하기도 하고, 사회적으로 부조리한 일에 맞서기 위해 법·제도를 개선해 달라는 요구가 올라올 때 이를 SNS에 공유하고 온라인 서명하기에 동참하는 모습을 쉽게 볼 수 있다. 성범죄 피해자가 SNS에 '미투 해시태그(#metoo)'를 통해 자신의 피해를 호소하면서 가해자를 고발하는 운동이 지속되기도 하였다. 사람들은 이들의 용기를 응원하고 이들이 받은 피해에 대해 함께 분노하고 격려하였다.

이러한 정치사회적 참여가 캠페인 형태로 전개되기도 하였다. 2014년 여름, 아이스 버킷 챌린지(ice bucket challenge)가 미국에서 시작되어 SNS를 타고 전 세계로 확산된 적이 있다. 이 챌린지는 루게릭병(근위축성 측삭 경화증, ALS) 환자들에 대한 관심을 불러일으키고 기부금을 모으

≪한겨레≫, 2020년 3월 10일

'더 급한 이웃이 먼저'… 마스크 나눔 운동 곳곳으로 확산

코로나19 여파로 마스크 품귀 현상이 심해지자 곳곳에서 '더 급한 이웃이 먼저'라는 마스크 나눔 운동이 펼쳐지고 있다. 이 운동은 공적 마스크 안사기와 직접 만들어 나누기 등 여러 형태로 확산 중이다.

부산 해운대구는 9일 페이스북에 '마스크 안사기 운동. 마스크 양보 캠페인. 나는 됐어(OK), 당신 먼저'라는 제목의 글을 올렸다. 최전선에서 코로나19와 사투를 벌이고 있는 의료진과 마스크가 절실한 취약 계층한테 마스크를 양보하자는 내용이었다. 홍순헌 해운대구청장은 "호흡기 질환이 있거나 구매가 어려운 바이러스 취약 계층에게 먼저 마스크를 제공하자. 이를 통해 2·3차 지역사회 감염을 막을 수 있으니 조금만 더 배려하고 양보하자"고 호소했다. 사회관계망서비스(SNS)에는 '#마스크안사기운동'이나 '#마스크양보하기' 등 해시태그가 줄을 잇고 있다. ……

자료: 안관옥·김광수·박경만·정대하(2020.3.10).

기 위해 시작되었다. 참가자가 세 명을 지목해 24시간 안에 이 도전을 받아들여 얼음물을 뒤집어쓰거나 100달러를 ALS 단체에 기부하라는 내용이다. 당시 조지 W. 부시(George W. Bush) 전 미국 대통령을 비롯한 정치인, 연예인, 운동선수 등 유명인들이 참여하면서 하나의 볼거리를 제공함과 동시에 기부가 급속도로 확산되기도 하였다.

코로나19 사태에서 사람들이 해시태그를 이용하여 대구 경북 시민과 의료진을 격려하고, 마스크 양보 운동, 착한 임대인 운동, 농특산물 팔아 주기, 품앗이 완판 운동 등 여러 캠페인을 전개하고 여기에 동참하는 인증샷을 찍어 올리는 방식으로 참여하여 서로 연대하고 소통하며 어려움을 극복해 나가기도 하였다.

6. SNS에서 가짜 뉴스는 왜 위험한가

우리 주변에서 일어나는 수많은 일이 뉴스가 되기 위해서는 여러 과정을 거친다. 1차적으로 기자가 뉴스 가치가 있다고 판단한 이슈를 선택한다. 그리고 데스크라고 하는 경험 많은 기자가 해당 기사가 보도되어도 좋을지 결정한다. 최종적으로 언론사 조직의 차원에서 한 번더 확인하고 내보낼 때 뉴스가 되는 것이다. 이슈가 뉴스로 가는 길에 여러 문(gate)을 거치는 것과 같기 때문에 이를 '게이트키핑(gatekeeping)'이라고 한다. 그래서 뉴스는 다른 정보들에 비해 상대적으로 믿을 만하다.

그러나 SNS상의 정보는 편집자나 기자의 판단을 거치지 않기 때문에 이용자 개인이 믿을 만한 정보인지 아닌지를 스스로 판단해야 한다. 해당 정보를 처음으로 생산한 사람뿐만 아니라 중간에서 전달하는 사람과의 관계 등 자신을 둘러싼 네트워크 환경을 살펴 정보의 신뢰도를 평가하게 되는 것이다. 그렇다 보니 실제 믿을 만한 정보인지 그렇지 않은지 분별하기 어려울 때가 많다.

SNS 환경은 우리가 발을 디디며 사는 세상보다 정보가 퍼져 나가는속도가 훨씬 빠르다. "발 없는 말이 천 리 간다"라는 속담이 있다. 말이 순식간에 퍼지기 때문에 함부로 하지 말라는 의미이다. 학교에서 누가누구와 사귄다는 소문이 있다고 하자. 그 소문을 들은 친구가 다른 친구에게 전달하고, 또 그 친구가 또 다른 친구에게 전달하면서 소문이 금방 퍼지게 되는 것을 보았을 것이다. 그런데 SNS상에서는 일일이 만나서 소문을 퍼뜨릴 필요가 없다. 해당 내용을 뉴스 피드에 게시하기만 하면 나와 관계 맺는 친구들에게 실시간으로 동시에 전달된다.

게다가 SNS의 네트워크는 범위가 넓다. 만약 어떤 학교에서 다른

가짜 뉴스 SNS 전파 속도 '진짜'보다 최고 20배 빨라

미국 매사추세츠공대(MIT) 연구진은 가짜 뉴스가 전파되는 속도가 진짜보다 평균적으로 6배, 그리고 최대 20배 정도 빠르다는 것을 밝혔다. 사람들은 새로운 것을 좋아하는 심리를 가지고 있는데, 가짜 뉴스가 진짜보다 더 새롭게 보이기 때문으로 분석되었다. 특히 가짜 뉴스에서는 두려움, 혐오감, 놀람 등의 감정을 느끼게 되기 때문에 확산이 더 빨라지는 것이다. 가짜 뉴스에는 어떤 의도가 담겨 있는데, 그 의도를 성공적으로 달성하기 위해서는 그러한 감정을 일으키고 자극해야 더욱 수월하기 때문이다.

참조: 김기범(2018.3.9).

학교로 전학하거나 해외에 체류하고 있다면 소문을 전하기가 쉽지 않다. 직접 만나서 전하는 것과 유사하게 전화나 메신저로 직접 알려야 한다. 그러나 SNS에서는 그럴 필요가 없다. SNS는 지리적인 범위를 넘어서서 전 세계 어디에 있든지 대부분의 정보가 원활히 전달되기 때문이다.

정보가 전달되는 속도가 빠른 것은 SNS 환경에서 비롯된 것이지만 가짜 뉴스의 확산 속도가 진짜 뉴스보다 훨씬 빠른 것은 사람의 심리적 특성 때문이기도 하다. 이 두 가지가 결합되다 보니 가짜 뉴스가 매우 심각한 사회적 문제가 되는 것이다.

정치적으로 반대편에 있는 사람들을 공격하기 위해 가짜 뉴스를 유포해서 자신들의 생각을 주입하려는 경우도 있다 최근에는 코로나19와 관련된 가짜 뉴스들이 확산되어 사회 문제가 되었다. 뜨거운 물을 자주 마시거나 외출 후 입은 옷을 헤어드라이어로 말리면 코로나19가 예방된다는 글이라든지, 한 대형 마트 쓰레기통에서 중국 국기가 새겨진 피 묻은 마스크가 발견되었다고 사진과 위치 정보를 함께 올린다든지 하는 것 등이다. 코로나19 확진자의 거주 지역이나 동선을 조작하여 공포심을 조장하는 경우도 있었다. 사람들의 부정적 감정을 자극하는 것이다. 따라서 우리에게는 SNS에 게시된 정보들을 올바로 분별할 줄 아는 안목을 기르기 위한 연습이 필요하다.

　사람은 누구나 태어나는 순간부터 다른 사람들과의 관계 속에 놓이게 되며, 그들과 소통하며 지낸다. SNS는 사회적 존재로서의 사람이 가지고 있는 소통의 본능을 온라인으로 확장하여 충족시켜 주는 매체이다. 다시 말해 SNS는 자신의 생각이나 의견을 다른 사람과 교환하고 정보나 아이디어의 생산과 공유를 손쉽게 할 수 있는 매체 중 하나로, 실시간으로 관계 맺고 교류할 수 있도록 연결해 주는 온라인 플랫폼 서비스이다.

　SNS를 통해 기존에 알고 있던 사람들과의 관계를 유지하기도 하고, 새로운 사람들과 관계를 맺으면서 자신의 인적 네트워크를 넓히기도 한다. 그들과 좋은 관계를 유지하기 위해 '좋아요'나 댓글 등을 통해 상호 작용 하며 사회자본을 축적한다. 이를 통해 형성한 친밀감과 신뢰감을 활용하여 도움을 주고받기도 한다.

　SNS상의 관계에서 내가 어떤 위치에 있는지는 중요하다. 인적 네트워크상에서 중심에 가까이 있을수록 정보의 흐름을 통제할 수 있는 힘을 갖게 되기 때문이다. 적절한 조언이나 동원 등의 도움이 필요한 곳에 활용될 때 그 힘을 올바로 발휘하게 되는 것이다. 또 SNS를 다양한 정치사회적 캠페인을 전개하고 동참하는 데 활용하기도 한다.

　그러나 SNS를 올바로 활용하지 못해 나타나는 사회 문제들도 있다. 자신이 SNS에서 획득한 힘을 다른 사람을 괴롭히는 데 사용하기도 한다. 자신의 프로필이나 게시 글을 통해 개인 정보를 노출함으로써 범죄의 대상이 되기도 한다. SNS에 과도하게 몰입하면서 현실 세계에서의 정체성과 SNS상에서의 정체성을 혼동하여 스스로 일탈할 수도 있다. 따라서 SNS를 올바르게 활용할 수 있도록 스스로 연습해야 한다.

최근 SNS에서 가짜 뉴스가 빠르게 확산되고 있다. SNS 환경은 수많은 정보가 네트워크를 따라 빠르고 널리 확산될 수 있는 데다가 사람들은 새롭고 자극적인 가짜 뉴스에 관심을 갖는 경향이 있다는 점에서 이런 현상은 우려스럽다. SNS의 특성을 올바로 이해하고, 비판적 시각으로 정보를 제대로 판별하는 능력을 기를 필요가 있다.

탐구 활동

1. 나는 다른 사람에게 어떤 사람으로 보이기를 원하는지 생각해 보자. 그리고 그렇게 되기 위해 SNS에서 무엇을 할 수 있는지 써 보자. 이는 오프라인에서 할 수 있는 노력과 어떻게 다른지 비교해 보자.

2. 자신이 주로 이용하는 SNS상의 친구 네트워크를 생각해 보자.

   ① 자신과 가장 교류가 활발한 친구 10명의 네트워크를 그려 보자. 나를 중심으로 하여 친구들의 이름을 적고 이들을 선으로 연결해 보자. 그리고 10명의 친구들이 서로 어떻게 연결되어 있는지 추측하여 그려 보자.

   ② 위에서 작성한 SNS 네트워크에서 친구들과 나는 인구사회학적 배경(성별, 나이, 경제 수준 등)이 얼마나 유사하다고 생각하는가? 그리고 취향이 얼마나 비슷하다고 생각하는가? 10점 만점으로 하여 점수를 매겨 보자.

   ③ 자신이 위에서 작성한 SNS 네트워크는 오른쪽에 있는 그림과 얼마나 비슷한가? 자신이 작성한 그림과 비교해 보고 SNS상 친구들 간의 관계에서 나는 중심에 얼마나 가까이 있는지 숫자로 표현해 보자.10점 만점에 몇 점이라고 생각하는지 표현하고 그 이유를 써 보자.

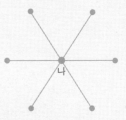

탐구 활동

3. 자신이 주로 이용하는 SNS의 프로필은 무엇인지 써 보자. 내 프로필은 누구나 볼 수 있게 공개하였는가, 아니면 친구들만 볼 수 있게 공개하였는가? 그리고 내가 그렇게 공개 범위를 설정한 이유를 생각하여 써 보자.

4. 자신이 주로 이용하는 SNS(페이스북, 인스타그램 등)의 친구는 몇 명인지 기억해서 써 보자. 자신이 생각하기에 SNS상의 친구들 가운데 오프라인에서도 아는 친구와 그렇지 않은 친구의 비율을 써 보자.
   실제 SNS에 접속해서 자신의 친구는 몇 명인지 써 보자. 오프라인에서 아는 친구와 그렇지 않은 친구의 비율을 살펴보자. 그리고 앞서 추측한 것과 실제가 얼마나 같거나 다른지 살펴보고, 왜 그런 결과가 나타났다고 생각하는지 써 보자.

5. 자신이 주로 이용하는 SNS에 최근에 게시한 게시물을 20개 정도 살펴본 뒤, 자신의 SNS 콘텐츠의 특징이 무엇인지 분석해 보자.

6. 영화 〈서치 아웃〉(2020년 개봉)의 줄거리를 찾아 읽고, SNS의 장점과 단점이 무엇인지 생각하여 작성해 보자.

7. 청소년을 위한 바람직한 SNS 가이드라인을 만들어 보자. 자신이 만든 이 가이드라인을 얼마나 준수하고 있는지 항목별로 10점 만점에 몇 점인지 평가해 보자.

김기범. 2018.3. 9. "가짜뉴스 SNS 전파 속도 '진짜'보다 최고 20배 빨라". ≪경향신문≫, A14면.

방송통신위원회 블로그, https://m.blog.naver.com/PostView.nhn?blogId=kcc1335& logNo= 221402094614&proxyReferer=https:%2F%2Fwww.google.com%2F

안관옥· 김광수· 박경만· 정대하. 2020.3.10. "'더 급한 이웃이 먼저'…마스크 나눔 운동 곳곳으로 확산". ≪한겨레≫, 13면.

이승진. 2019.2.4. "빈집털이범, SNS 염탐하고 열린 창문으로", ≪아시아경제≫, http://view.asiae.co.kr/news/view.htm?idxno=2019020319501301623

4단원

유튜브 매체

봉미선

학습 목표

1. 유튜브 매체가 무엇인지 이해할 수 있다.

2. 유튜브 주체(사용자, 크리에이터, 광고주)를 설명할 수 있다.

3. 유튜브 영상 생산과 소비의 의미를 논의할 수 있다.

4. 유튜브 수익 구조를 설명할 수 있다.

5. 유튜브 추천 알고리즘을 이해하고, 비판적 사고를 통해 자신에게 맞는 영상을
   선택하여 시청할 수 있다.

6. 유튜브 리터러시를 이해하고 실천할 수 있다.

Introduction to Media for Teens

1. 유튜브는 어떠한 공간일까

우리는 텔레비전을 보고, 라디오를 듣는다. 유튜브를 이용할 때도 마찬가지다. 우리는 유튜브로 영상을 보고 뮤직비디오를 감상한다. 그러나 유튜브는 여기에서 더 나아간다. 내가 채널을 개설하고, 동영상을 올리고, 동영상을 다른 사람과 공유할 수도 있다. 단순한 시청자에 머무르지 않고, 때로는 제작자(크리에이터), 때로는 시청자(사용자), 때로는 향유자(팬)의 한 사람으로서 유튜브라는 공간에서 콘텐츠를 생산하고 소비할 수 있다.

최근 우리는 TV와 라디오를 보고 듣는 시간보다 스마트폰 애플리케이션을 켜고 유튜브를 보는 시간이 훨씬 많다. 만일 유튜브 크리에이터로 활동하고 있다면 그 시간을 계산할 수 없을 만큼 적극적인 유튜버가 된 셈이다. 유튜브는 새로운 스타를 만들고, 창의적인 크리에이터들이 활동하는 동영상 공간으로 자리 잡았다. '유튜브의 시대'라고 불러도 될 만큼 많은 사람들이 유튜브를 이용하고 있다.

유튜브(YouTube)는 영어 단어 'you'와 텔레비전을 의미하는 'tube'를 합쳐서 만든 용어이다. 누구나 동영상을 만들어 올릴 수 있고, 다른 사람이 만든 동영상을 볼 수 있다. 인터넷에 연결되어 있다면 언제, 어디에서나 유튜브를 이용할 수 있다. 유튜브는 인터넷 기반의 개인용 컴퓨터(PC)뿐만 아니라 스마트폰으로도 시청할 수 있다. 콘텐츠를 검색하여 다른 사람과 공유하고, '좋아요'와 댓글로 자신의 생각과 감정을 표현할 수 있다. 유튜브는 동영상 플랫폼이자, 소셜 미디어 플랫폼이며, 인터넷 정보 검색의 관문으로 자리매김하고 있다. 2005년 서비스를 시작한 유튜브는 2006년 미국 주간지 ≪타임≫이 선정한 올해의 발명품으로 꼽혔다. 유튜브는 금세 동영상 플랫폼의 대표 주자로 우뚝

섰으며 이른바 '유튜브 전성시대'를 열었다.

카림이 올린
최초의 유튜브 동영상
'Me at the zoo'의 한 장면

자료: https://www.youtube.com/ watch?v=
jNQXAC9IVRw

유튜브에 올라온 최초의 동영상은 'Me at the Zoo(동물원에서)'이다. 스티브 첸(Steve Chen), 채드 헐리(Chad Hurley)와 함께 유튜브를 만든 자베드 카림(Jawed Karim)이 2005년 4월에 올린 동영상이다. 당시로서는 자신의 경험을 동영상으로 촬영하여 다른 사람에게 보여 주고, 소통하려는 획기적인 발상이었다.

유튜브는 초기부터 이용자가 로그인하지 않아도 동영상을 볼 수 있도록 설계하였다. 이런 개방성을 확보하기 위해 초기 시설 투자비를 많이 투입해야 하였지만, 나중에는 사용자를 획기적으로 늘릴 수 있는 요인이 되었다. 2006년 구글(Google)이 유튜브를 인수하면서 더욱 편리한 동영상 서비스로 발전하였다. 이를 기반으로 콘텐츠 크리에이터, 유튜브에서 광고하려는 기업, 유튜브 시청자 간 교류가 활발해졌다. 우리나라에서는 2008년 유튜브 서비스가 시작되었다.

누구에게나 열린 공간이 된 유튜브는 마음껏 시사 정보 채널을 개설하고, 뉴스 정보를 올릴 수 있는 뉴스 생산자 환경을 제공하였다. 시사 전문가는 물론이고, 다수 크리에이터들이 저널리즘 채널을 만들어 자신의 주장과 의견을 펼쳤다. 유튜브의 개방성, 디지털 기술의 발달, 그리고 미디어 환경 변화는 개인이 텔레비전이나 신문과 같은 전통 매체의 권위에 도전할 수 있는 길을 열었다. 그에 따라 기존 매체들 중심의 정보 제공력은 약해졌으며, 개인의 목소리는 오히려 커졌다. 유튜브는 언론사와 언론인을 중심으로 한 뉴스 생산의 중심축을 '대중'으로 옮겨 놓았다. 유튜브는 일종의 소셜 미디어(social media)이면서 모바일 미디어이다. 매스 미디어(mass media)가 기자나 방송인의 전문적인 취재를 통해 지정된 시간과 특정 매체로 정보를 전달하는 개념이라면, 소셜 미디어는 자유롭게 생산된 개인의 생각과 경험을 공유한다. 뉴스 생산과 유통 방식도 바뀌었다. 뉴스에 대한 전통 매체의 게이트키퍼로서의 역할은 축소되고, 유튜브와 같은 대표적인 동영상 플랫폼이 뉴스를 만나는 관문이 되었다. 유튜브 시청자들은 전통적인 뉴스의 신뢰성, 전문성과 같은 가치보다 주로 흥미성, 편리성, 다양성 등에 비중을 두어 유튜브 영상을 시청하고 있다.

2. 유튜브, 왜 많이 이용할까

페이스북, 인스타그램 등 다양한 인터넷 동영상 서비스가 있는데도 사람들은 왜 유독 유튜브를 많이 이용할까? 무엇보다 다른 서비스들보다 이용하기가 편리하기 때문이다. 특별한 장비나 기술이 없어도 유튜브는 스마트폰으로 동영상을 촬영하고 편집하여 바로 올릴 수 있다. 게다가 다양한 언어로 자막 서비스를 제공하고 있어 영상의 글로벌화도 가능하다. 유튜브에 접속만 할 수 있으면 이용자들은 시간과 장소에 구애받지 않고 필요한 정보와 재미있는 동영상을 시청하고 소통할 수 있다.

유튜브가 이용자를 끌어모으는 이유로 크게 네 가지를 꼽을 수 있다. 첫째, 콘텐츠가 풍부하다. 특히 '~하는 방법', 즉 '하우 투(how to)' 영상이다. 시청자들이 궁금해할 법한 내용인 스스로 요리하기, 얼굴이 작아 보이는 화장법, 스마트폰과 게임기 조작법 등을 올리고 공유한다. 둘째, 검색 기능으로 이용자가 원하는 콘텐츠를 쉽게 찾을 수 있고, 유튜브 알고리즘을 통해 개인 맞춤형 콘텐츠를 추천받는다. 유튜브는 다양한 종류의 콘텐츠를 남들의 기준에 따라 잘 배열해 놓은 기존의 포털 서비스와는 달리, 시청자들이 찾아본 검색어에 따라 관련 콘텐츠를 추가로 나열해 보여 준다. 셋째, 누구나 개인 채널을 만들 수 있고, 동영상을 올릴 수 있다. 이용자가 쉽게 콘텐츠를 만들고 유통할 수 있는 참여의 문이 활짝 열려 있는 것이다. 넷째, 크리에이터가 돈을 벌어들이는 수익 모델을 갖추고 있다. 단순 이용자를 콘텐츠 크리에이터로 발전시키고, 이를 통해 한결 풍부한 콘텐츠를 적극적으로 제공한다.

우리에게 잘 알려져 있는 유튜브 크리에이터 '대도서관'(대도서관 TV)은 청소년에게 "유튜브는 '리모컨'과 같다"라고 이야기한 바 있다. 대도서관은 이용자들이 유튜브를 찾는 이유로 '접근성', '신뢰성', '심층성'을 든다. 먼저 유튜브는 정보를 영상으로 제공하여 글자와 같은 텍스트에 비해 이해하기 쉬워 접근성이 높다는 것이다. 특히 인터넷 페이지마다 넘쳐나는 글이나 사진보다는 일련의 과정을 영상으로 보여 주기 때문에 이용자가 이해하기 쉽다. 더불어 유튜브는 접근성이 높으면서, 기존의 신문이나 TV 및 우리가 많이 활용하는 포털에서 제공하는 정보만큼이나 흥미롭고 신뢰성 높은 영상을 제공한다는 점이다. 대도서관은 기존의 그림이나 텍스트들은 조작하기가 편하지만 영상은 기획에서 제작에 이르기까지 만들기가 어렵다고 강조한다. 마지막으로 유튜브 이용자들은 보다 세부적이며 심층적인 정보를 선호한다는 것이다. 즉 유튜브 이용자들은 사진 한 장을 보았을 때 얻는 정보에 비해 유튜브 동영상을 통해 그곳이 어떻게 생겼으며, 어떠한 서비스 등을 하는지 더 심층적이며 입체적인 정보를 제공 받을 수 있다.

유튜브는 세상에서 가장 큰 동영상 플랫폼인 만큼 이용자마다 유튜브를 찾는 이유가 다양하다. 특히 청소년들은 글보다 영상을 선호하고, 궁금한 사항이 생기면 가장 먼저 유튜브를 검색한다. 유튜브 동영상이 몇 가지 범주로 묶일 수 없는 것과 같이 이용자마다 유튜브 영상을 선호하는 이유가 다르다. 따라서 이용자들은 유튜브 영상을 선택하거나 구독을 취소하거나 댓글을 남기거나 추천 영상을 클릭하는 등의 참여를 할 때, 스스로 기준을 마련하는 습관을 길러야 한다.

3. 유튜브 영상 올리기와 시청의 의미

유튜브를 이루는 중요한 요소는 '크리에이터', '사용자', '광고주'이다. 크리에이터는 우리가 잘 알고 있는 '보람'(보람튜브 브이로그, 보람튜브 토이리뷰), '대도서관'(대도서관 TV), '양띵'(양띵 YouTube), '도티'(도티 TV), '보겸'(보겸 TV) 등 동영상을 제작하여 유튜브에 올리는 사람을 말한다. 크리에이터는 유튜브 동영상의 생산자이면서, 자신들의 팬과 소통하는 주체가 된다. 사용자는 유튜브에서 동영상을 이용하는 사람을 말한다. 유튜브 동영상을 매개로 다양한 사회 활동을 펼치는 주체로 동영상을 보고 즐길 뿐만 아니라 자신의 의견을 댓글로 달고 커뮤니티에서 공유하기도 한다. 광고주는 유튜브 환경에 수익 구조를 형성해 주는 주체이다. 광고주는 구독자가 많고 시청률이 높은 유튜브 동영상에 광고를 삽입하고 광고비를 지불한다.

이용자들이 단지 소비자에 머물지 않고 생산자로 나서면서 '프로슈머(prosumer)'로 새롭게 규정되고 있다. 프로슈머는 능동적인 참여형 소비자를 일컫는 말로, 동영상을 단순히 시청하는 데에서 더 나아가 기획하고 제작에 참여하는 이용자를 뜻한다. 인플루언서는 '타인에게 영향력을 끼치는 사람(influence+er)'이라는 뜻으로, 유튜브 크리에이터 중에서 구독자가 많거나 SNS상에서 수십만 명의 구독자나 팔로워를 확보하여 트렌드를 선도하거나 다른 사람에게 크게 영향을 미치는 사람을 말한다.

누구나 콘텐츠 생산자가 될 수 있다는 장점이 때로는 부작용을 불러오는 경우도 있다. 예를 들면, 미국의 한 고등학생이 자신의 홈페이지에 교육용 유아 어린이 프로그램 〈세서미 스트리트〉에 등장하는 캐릭터와 테러리스트 조직의 우두머리를 재미 삼아 합성해 올렸다. 유아 프로그램에 등장하는 캐릭터라는 것을 모른 방글라데시 출판업자가 이 사진을 반미 운동 피켓 사진으로 이용하면서 파문이 일었다. 유아 캐릭터와 테러리스트가 함께 담긴 피켓을 들고 시위하는 모습이 미국 시사 보도 채널을 통해 방송되었고, 유아 캐릭터가 정치 시위에 악용되는 모습을 본 〈세서미 스트리트〉 프로그램 제작자들이 격분한 것이다.

유튜브에 올라온 다양한 동영상 중에는 일반인이 만든 일상 속 재미있는 콘텐츠도 많다. 가까운 이웃들이 만든 콘텐츠에서부터 먼 나라 친구들이 만든 콘텐츠들이 흥미를 더한다. 교육, 정보, 오락을 아울러 다양한 콘텐츠가 이용자를 반겨 준다. 대다수 콘텐츠는 나와 비슷하고 평범한 사람들의 참여로 탄생한다. '참여'는 텔레비전을 보는 것과 확연히 다르다. 단지 시청자에 머물지 않고 콘텐츠 생산자이면서 동시에 소비자로서 동영상 플랫폼을 이용한다. 참여에는 직접 콘텐츠를 기획하고 제작하여 올리는 적극적인 참여에서부터 콘텐츠를 다른 사람과 공유하거나, 콘텐츠를 보고 난 다음 '좋아요'를 누른다거나, 댓글을 통해 본인의 느낌을 간단히 표시하는 방법까지 다양하다. 참여에 관한 명확한 규칙은 없지만 이용자들은 자연스럽게 상호 작용을 이어 간다. 또 추천 영상을 통해 다른 세계와 연결되기도 한다. 유튜브에서의 상호 작용, 영상 추천 등의 과정을 통해 눈에 보이지 않는, 멀리 있는 세계가 랜선 하나로 연결된다.

내가 만든 콘텐츠를 올리고, 이용자들과 소통하다 보면 자신이 미처 알지 못하였던 사실을 발견한다. 내가 당초 기획하였던 의도대로 시청자들에게 읽히는지, 아니면 의도하지 않은 방향으로 반응하는지 알 수 있다. 또 미디어를 통해 다른 사람과 소통할 때 내게 어떤 강점이 있는지 파악할 수 있다. 자신감을 가질 수 있으며, 새로운 관심 분야를 발견할 수도 있다. 신문과 방송을 지속적으로 보면서 세상을 읽는 눈을 키우듯이 유튜브 동영상을 올리고, 다른 사람들의 콘텐츠를 보면서 좋은 콘텐츠와 나쁜 콘텐츠를 구별할 수 있는 능력을 키우는 것이 무엇보다 중요하다.

개인은 물론이고 지상파 방송, 케이블TV 채널들도 유튜브를 통해 방송을 내보낸다. 유튜브로 뉴스를 재방송하거나 다시 보기 서비스를 제공한다. TV 시청률 못지않게 유튜브 등 동영상 플랫폼에 접속해 보는 사람이 얼마나 되는지에도 관심이 많다. 유튜브 전용 채널을 별도로 만들어 유튜브 이용자가 좋아하는 콘텐츠 형태로 다시 제작하기도 한다. 이렇듯 이용자가 많은 영상 플랫폼 유튜브에 기성 언론들이 참여하는 현상은 당연한 일이다. 최근에는 유명 정치인들이 채널을 만들어 활동하면서 유튜브가 새로운 공론의 장이 되고 있다. 반면 유튜브가 정치적인 양극화와 이용자들의 편중을 심화하고, 사회 갈등을 증폭시킨다는 비판도 나온다.

과거에는 텔레비전이나 신문의 영향력에 따라 사회적으로 중요한 이슈가 정해졌지만 이제는 다르다. 이전에는 언론사가 힘을 갖고 이슈를 설정하고 관심을 유발시켰다면, 요즘에는 이용자들이 SNS나 유튜브를 통해 이슈를 키워 나간다. 그래서 언론 권력이 공급자에서 소비자에게 넘어갔다는 진단이 나오고 있다. 사회적으로나 정치적으로 어떤 이슈가 중요한지를 결정하는 몫도 언론에서 이용자에게 넘어갔다. 대표적인 동영상 플랫폼 유튜브는 무게중심이 소비자에게 넘어간 지금 상황에서, 더욱더 영향력이 큰 소비자들의 활동 무대가 되었다. 자연스럽게 유튜브는 우리 사회의 주목할 만한 이슈를 가르는 이슈 문지기(게이트키퍼)로 작동한다. 그러나 유튜브 공간에 옳고 바르고 선한 콘텐츠만 있는 것은 아니다. 유튜브에는 이용자들이 혹하거나 몰려들기 쉬운 자극적인 콘텐츠를 주로 제공하는 채널이 넘쳐 난다. 선정적이거나 폭력적인 채널과 콘텐츠를 별도로 구분지어 표시하는 책임은 1차적으로 유튜브에 있다. 유튜브는 '노란 딱지 시스템'이라는, 이용자들에게 해로울 수 있는 영상은 덜 추천하는 시스템을 운영 중이다. 유튜브

유튜브의 '노란 딱지'

유튜브가 선정성, 폭력성, 혐오 조장, 정치적 편향성 등의 운영 기준에 위배되는 콘텐츠에 붙이는 달러 기호의 노란색 아이콘으로, 광고 부적합을 의미한다.

자료: 네이버 지식백과

가 선한 영향력으로 사회를 통합하기보다는 선정성, 폭력성, 정치적 편향성과 같은 편협한 시각을 갖게 하거나 한쪽으로 치우치게 할 수 있다는 지적에 따라 도입한 기능이다.

4. 유튜브 영상은 어떻게 만들어질까

유튜브의 초기 슬로건은 "스스로를 방송하라(Broadcast Yourself)"였다. 즉 유튜브는 누구나 채널을 만들고 영상을 올릴 수 있다는 것이 장점이다. 연예인이 아니어도, 유명인이 아니어도, 특정 분야에서 인정받는 전문가가 아니어도 무방하다. 콘텐츠를 만들 수 있고, 기획할 수 있다면 시도해 볼 만하다. 본인의 관심사, 재능, 장기 등을 갖추고 있다면 시작할 수 있다. 개인의 생각과 경험을 동영상으로 표현하여 다른 사람과 공유함으로써 소통할 수 있고, 관계를 확장할 수 있다. 과거 텔레비전이나 신문과 같은 대중 매체에서는 하찮아 보이던 내용도 유튜브에서는 세상 사람들을 웃고 울릴 수 있는 콘텐츠로 되살아날 수 있다. 차별화된 기획력으로 품질 높은 영상물을 만들고, 진정성을 가지고 소통할 수 있다면 세상과 연결하는 자신만의 관문으로 활용할 수 있다. 이와 같이 유튜브 콘텐츠가 갖추어야 할 조건은 정확한 정보, 신뢰성, 도덕성, 창의성을 들 수 있다. 즉 콘텐츠는 솔직해야 하며, 정보는 정확하고, 내용은 윤리적이어야 한다. 더불어 다른 영상물과는 차별되는 창의적 요소가 있어야 한다. 이는 콘텐츠를 다른 사람과 나눔으로써 사회적으로 긍정적인 영향력을 발휘하기 위한 필수 요건이라 할 수 있다.

스마트폰이 보편화되기 전인 2000년대 초반만 해도 동영상을 촬영할 수 있는 캠코더가 흔하지 않았다. 설령 촬영을 하더라도 본인의 기획 의도에 따라 동영상을 재구성하기 위한 편집 프로그램을 다루기 쉽지 않았다. 영상 편집 프로그램을 다루는 일은 훈련된 전문가의 영역으로 간주되었다. 2010년 전후에 스마트폰이 보급됨으로써 누구나 동영상을 쉽게 촬영하고, 편집할 수 있을 뿐만 아니라 동영상 플랫폼에 올려 다른 사람과 공유할 수 있게 되었다. 과거에는 미디어 기업 중심으로 콘텐츠 제작이 이뤄졌으나 이제는 개인이 만든 콘텐츠가 훨씬 많아졌다. 또 SNS가 등장하면서 누구나 콘텐츠를 만들고, 그에 '좋아요'를 눌러 반응하고, 주위 사람들과 공유하는 문화에 익숙해졌다. 과거 미디어 기업이 제작한 콘텐츠를 수동적으로 받아들이는 시청자에서, 개개인의 목적에 맞춰 콘텐츠를 직접 제작하는 생산자이면서 소비자로 자리매김하였다.

유튜브 채널을 만들고 콘텐츠를 올리는 일은 누구나 할 수 있다. 하지만 영향력을 얻기 위해서는 구독자를 일정 규모 이상 확보해야 한다. 자신이 개설한 채널이 성공하기 위해서는 입체적인 시각으로 콘텐츠를 기획할 수 있어야 한다. 입체적 시각이란 시청자와 제작자의 시각을 모두 갖춘 상태를 말한다. 시청자 관점에서 어떤 콘텐츠가 유익한지, 흥미 있는지, 동영상의 어떤 점이 관심을 끄는지 파악해야 한다. 여기에서 그치지 않고 제작자 관점에서 콘텐츠를 볼 수 있어야 한다.

"유튜브는 글로벌 플랫폼입니다. ○○ 미디어 콘텐츠 클릭 수 중 47%가 해외에서 발생하고 있습니다. 업로드 시 유의할 점은 저작권이 확보된 콘텐츠만 올려야 한다는 것입니다. 유튜브는 자신의 저작물도 보호하지만 동시에 다른 사람들의 저작물도 보호하고 있다는 사실을 명심해야 합니다."

○○ 미디어

"업로드하는 모든 영상은 결국 내 콘텐츠 브랜드가 된다는 것입니다. 콘텐츠 업로드 과정에서 자칫 의도치 않게 타인의 저작권을 침해하는 경우가 생길 수도 있습니다. 저작권에 대한 기초적인 지식을 항상 염두에 두고 영상을 촬영하거나 편집해야 합니다."

○○ TV

자료: 유튜브연구회(2015).

본인조차 무슨 의도로, 왜 이렇게 만들었는지 모른다면 그 영상을 보는 일반 시청자는 더 이해하기 어려울 것이다.

이용자들의 관심을 이끌어 낼 수 있는 콘텐츠를 크게 세 가지로 구분할 수 있다. 첫째로 공부, 학습법, 정보, 기술, 지식을 제공하는 콘텐츠이다. 둘째, 부담 없는 분위기 조성용 혹은 분위기 전환용 콘텐츠이다. 셋째, 인생의 영감과 깨달음을 주는 진지한 장르의 콘텐츠이다.

제작자는 콘텐츠 카테고리를 결정한 다음, 어떻게 콘텐츠를 지속적으로 제작하여 올릴지를 결정해야 한다.

어떤 장르를 선택하여 자신의 일상이나 정보 등을 콘텐츠로 만들어 올릴 것인가? 흥미를 살려 예능 위주로 갈 것인가, 아니면 기록하고 정리하며 차곡차곡 쌓아 가는 형태로 갈 것인가. 또는 예술의 경지에 이를 만큼 고품질로 제작할 것인지 방향을 결정하는 게 좋다. 성공적인 유튜브 채널로 키우기 위해서는 콘텐츠를 항상 시청자 관점과 제작자 관점에서 입체적으로 바라보아야 한다.

5. 유튜브 운영과 수익 구조

미디어가 발전하면서 누구나 동영상 콘텐츠를 제작하고 유통할 수 있게 되었다. 유튜브는 대표적인 플랫폼으로 자리 잡았다. 유튜브에서 많은 구독자를 확보한 채널은 영향력을 발휘할 뿐 아니라 경제적으로도 보상받는다. 유튜브 공간에서는 동영상을 제작하여 유튜브에 올리는 크리에이터와 유튜브가 각각 돈을 벌 수 있다. 2007년부터 유튜브는 크리에이터와 광고주가 원하면 동영상에 '광고'를 붙이고 여기에서 발생하는 수익을 크리에이터에게 지급하기 시작하였다. 이와 같은 광고 외에도 유튜브는 '구독'(유료 서비스), '채널 멤버십', '슈퍼챗(Super Chat)', '슈퍼스티커(Super Sticker)', '상품 판매'를 실시하며 수익을 크리에이터에게 분배한다. 슈퍼챗은 유튜브 생방송 중 채팅창을 통해 이용자가 크리에이터에게 일정 금액을 송금할 수 있는 일종의 후원 기능이다. 이용자는 하루 최대 슈퍼챗과 슈퍼스티커를 합쳐 500달러(약 60만 원) 또는 일주일에 최대 2000달러(약 240만 원)까지 구매할 수 있다. 이용자가 유튜브 실시간 방송 중 채팅창에서 슈퍼챗으로 금액을 송금하고 메시지를 입력하면, 이용자의 메시지는 색상을 입혀 강조할 수 있고 일정 시간 채팅창 상단에 고정될 수 있다. 그러나 결제한 금액은 환불받을 수 없으므로 서비스를 이용하기 전 유튜브에서 공지하는 사항을 꼼꼼히 숙지해야 한다.

보통 '내가 유튜브를 시작한들 되겠어? 이미 다른 사람이 다 하고 있

미디어 시장 내 광고의 변화

1. 신문: 지면 할당 방식의 광고 모델이다. 지면의 크기와 중요성을 고려해서 광고 가격을 책정한다. 예컨대 1면은 독자의 주목도가 높고 중요한 만큼 이 면의 광고 단가를 높게 책정한다.

2. 방송: 시간을 판매하는 광고 모델이다. 방송 프로그램을 무료로 볼 수 있게 하는 대신 방송 프로그램의 앞뒤, 혹은 중간 시간에 광고를 배치하는 방식이다.

3. 인터넷(웹)과 모바일(앱): 인터넷이 시작된 초반에는 신문과 방송 광고 모델을 차용하여 발전하였으며, 점차 '검색 광고', '프리롤 광고'(동영상 앞뒤에 짧게 붙는 광고), '브랜디드 콘텐츠'(광고성 메시지를 우선으로 하지 않고 콘텐츠 속에 광고물을 적절하게 녹여 내는 방식) 등으로 발전하였다. 이용자는 광고와 비광고 콘텐츠를 가려낼 수 있는 시각을 갖추어야 한다.

자료: 김경달·씨로켓리서치랩(2019).

는데……'라는 생각 때문에 선뜻 채널을 만들지 못한다. 다른 유튜버를 경쟁자로 본다는 뜻이다. 그러나 동영상 플랫폼에서는 다른 창작자를 경쟁자보다는 협력자로 볼 필요가 있다. 이용자들이 동영상 한 개만 보고 그치는 경우보다 유튜브가 추천하는 관련 영상을 보는 경우가 많기 때문이다. 내가 다른 채널 동영상을 보듯이, 다른 채널 운영자 또한 나의 동영상을 보는 이용자라고 생각할 수 있다. 새롭게 유튜브를 시작한 제작자 10명 가운데 9명이 6개월을 넘기지 못하는 이유가 유튜브를 치열한 경쟁의 장으로 생각하기 때문이다. 다른 채널, 다른 콘텐츠를 협력 상대가 아닌 경쟁 대상으로만 보거나, 구독자를 확보하여 수익을 거두겠다는 생각, 유행처럼 유튜브 채널이 개설되고 있으니 '나도 한번 해 보자'는 인식은 말 그대로 한 번 해 보는 데 그칠 수 있다. 좀 더 긴 호흡으로 세상에 유익한 콘텐츠를 만든다는 생각으로 접근할 필요가 있다.

유튜브 채널을 성공시키고 수익을 낼 수 있는 방법은 무엇보다 독창적이고 창의력 넘치는 콘텐츠를 만드는 것이다. 동영상 소비 행태에 맞춘 길이와 세련된 화면 구성도 중요한 요소이다. 또 한두 편만 올리고 말거나, 이용자들과 지속적으로 소통하지 않는다면 수명은 짧을 수밖에 없다. 자신의 기획 의도와 경험, 전문성을 녹인 품질 높은 콘텐츠를 바탕으로 진정성 있게 이용자들과 소통할 때 신뢰 관계가 형성된다. 서로 믿을 수 있는 관계가 형성되고 열린 상호 작용이 가능하다면 영향력을 발휘하고 수익을 거둘 기회를 만들 수 있다.

여러 동영상 플랫폼 가운데 유튜브 이용자가 유독 많은 이유는 전세계 어디에서나 누구나 볼 수 있고, 볼 수 있는 콘텐츠의 장르와 내용이 다양하며, 무료로 이용할 수 있기 때문이다. 유튜브는 재생 시간이 짧은 동영상을 무료로 시청할 수 있게 마케팅하여 이용자들을 끌어들여서 동영상이 어느 정도 인기를 얻으면 영상에 광고를 넣어 수익을 만드는 방식이다. 이 외에도 월간 구독료 마케팅 방식인 유료 회원이 별도로 존재한다. 청소년들은 특별히 돈을 지불하지 않고 무료로 동영상을 시청하는 데 익숙하며, 앞으로도 무료 서비스를 자주 소비할 가능성이 높다.

6. 유튜브 추천 알고리즘은 무엇일까

유튜브는 동영상 시청과 공유 기능 외에도 정보 검색 도구로 활용되고 있다. 2017년 부산대학교의 한 교수가 영국 BBC 뉴스 출연 중에 어린 자녀가 갑자기 화면에 나타남으로써 흥미를 끌었던 영상이 있었다. 이 영상은 유튜브를 통해 공개되었고 전 세계적으로 주목받았다. 그 교수의 이름은 무엇일까? 유튜브 검색창에 '방송 사고'와 '부산대 BBC'를 입력하는 것만으로 '로버트 켈리(Robert Kelly)'라는 교수 이름을 알아낼 수 있다. 유튜브는 텍스트 위주의 기본 검색 외에도 동영상 시청 시간, 재생 시점 등을 반영하여 결과를 알려 준다. 최근 재생되었고 시청 시간이 많은 동영상을 검색 결과 상위에 보여 주는 검색 알고리즘이 작동하고 있다. 유튜브에 올린 동영상과 채널 순위를 매길 때도 '시청 시간'이 중요한 요인으로 작동한다.

개인화 서비스는 인터넷 서비스의 중요한 특징이다. 유튜브의 추천 기능은 대표적인 개인화 서비스이다. 이용자의 개인 프로필 정보와 이용 패턴을 분석하여 그에게 적합한 콘텐츠를 추천한다. 무선 인터넷 발달로 등장한 스마트폰은 이용자가 동의한다면 위치 정보까지 파악할 수 있다. 유튜브는 이용자가 언제, 어디에서, 어떤 콘텐츠를 주로 찾는지 파악하고 그에 맞는 최신 콘텐츠 또는 인기 콘텐츠를 추천한다.

이용자가 유튜브에 로그인하면 홈 화면에서 맞춤 동영상과 구독 중인 채널에 올라온 최신 동영상을 확인할 수 있다. 이전에 봤던 동영상과 인기를 얻고 있는 동영상이 추천 동영상으로 뜬다. 유튜브가 정한 인기 동영상도 약 15분마다 업데이트된다. 이용자는 관심 있는 채널을 구독하고, 유튜브는 구독 채널의 최신 동영상을 알려 준다.

유튜브는 이용자의 콘텐츠 이용 행태를 반영한 알고리즘에 따라 새로운 콘텐츠를 추천한다. 오락, 정보, 교육 콘텐츠 등 모든 콘텐츠를 개개인에게 최적화하여 볼만한 영상을 제안한다. 유튜브 홈페이지에 접속하거나 앱을 이용할 때 맨 처음 나열되어 있는 영상 목록 또는 하나의 영상을 다 보고 난 뒤 뜨는 '다음 동영상' 목록이 유튜브 알고리즘으로 추천된 콘텐츠들이다. 유튜브 이용자 10명 가운데 7명이 추천 영상을 본다는 조사 결과도 있다. 이용자들이 어떤 동영상을 볼 것인지 결정하는 데 추천 알고리즘이 크게 영향을 미친다는 것을 알 수 있다.

유튜브는 이용자 성향에 맞춰 콘텐츠를 거르고, 이용자는 알고리즘에 따라 추천받은 영상을 시청한다. 이런 '필터 버블(filter bubble)'은 이용자가 자신과 다른 관점에서 제작된 동영상을 시청할 기회를 빼앗을 수도 있다. 이렇게 되면 자신과 비슷한 시각이 담긴 콘텐츠만 소비하게 되고, 다른 의견은 점점 접하기 어려워진다. 다른 의견을 접할 기회가 줄어들면서 사람들의 의견 차이는 더욱 커지고 만다.

> **필터 버블(filter bubble)**
>
> 자신과 성향이 비슷한 사람들이 추천하거나 공유한 정보만 이용자에게 도달하는 현상을 말한다. 시민단체 '무브온' 이사장 엘리 프레이저(Eli Pariser)가 2011년 대중화한 개념이다.

유튜브에는 이용자가 하나의 영상을 시청하고 나면 즉시 다른 영상을 추천하여 자동 재생하는 기능이 있다. 이용자 성향이나 취향을 반영한 추천 알고리즘에 따른 결과다. 여기에 익숙해지면 자신의 의향과 달리 콘텐츠를 편식할 우려가 있다. 생각이 비슷한 사람들끼리만 소통함으로써 점점 더 한쪽으로 치우친 생각을 하게 되는 경향을 '에코 체임버(echo chamber)'라고 한다. 에코 체임버는 음반 제작을 위해 음악을 녹음하는 스튜디오를 일컫는 말이다. 스튜디오에서 노래를 하면 잔향이 더해져 메아리가 되어 돌아오듯이 자신의 취향에 맞는 정보만을 소비하고, 자신의 생각이 진리라고 믿는 경향을 비판적으로 표현한 용어이다.

이처럼 유튜브 알고리즘은 다양한 의견이 오고 가면서 합리적으로 토론하고 의견을 모아 가는 과정과는 거리가 멀다. 무엇보다 이용자 스스로 정보를 제어할 힘을 약화하고, 여론 다양성을 저해함으로써 민주주의를 위협할 수 있다. 그러므로 유튜브 시대의 이용자들은 콘텐츠를 자기 주도적으로 현명하게 소비해야 한다.

유튜브의 추천 알고리즘에 따라 편 가르기를 심화할 우려가 가장 큰 영역은 시사 정보 관련 콘텐츠이다. 신문이나 방송은 저널리즘 전문가인 기자가 사실 확인 과정을 거치고, 전통적으로는 언론사 내부의 게이트키핑 과정을 거쳐야만 뉴스가 나올 수 있었지만, 요즘은 개인의 생각에 따라 뉴스를 생산하고, 유튜브나 SNS 플랫폼을 거쳐 전달하며, 알고리즘에 따라 추천받는다. 유튜브 이용자들은 유튜브의 알고리즘 추천 영상을 보는 데 전체 소비 시간의 70%를 쓰고 있을 정도이다. 이런 변화는 언론의 가장 중요한 역할로 꼽히는, 사람들에게 신속하고 정확한 정보를 제공함으로써 사회를 올바르게 이해하도록 돕고, 사회적인 의제를 만들어 가는 활동을 위축시킨다. 추천 알고리즘에 따라 이용자가 좋아할 만한 정보만 제공하기 때문에 개인은 자신의 고정관념과 편견을 뛰어넘기 어려워진다. 정치 관련 유튜브 콘텐츠들이 나쁜 선례를 보여 주고 있다. 진보와 보수로 나뉘어 극단으로 치닫고, 가짜 뉴스 또는 허위 조작 정보의 발원지가 되기도 한다.

7. 유튜브 영상 홍수 속에서 무엇을 봐야 할까

유튜브에서는 누구나 정보와 콘텐츠를 생산하고 채널을 만들어 유통할 수 있다. 이용자도 단순히 시청만 하는 데 그치지 않는다. 자신의 감정이나 의견을 댓글로 남기고, 좋다는 공감을 표시할 수 있다. 이 같은 매체 환경의 변화는 이용자들이 가짜 뉴스와 허위 정보에 쉽게 노출되고, 자신도 모른 채 확산시키는 결과를 불러온다. 최근 연구 결과에 따르면 가짜·허위 정보로 가장 우려되는 온라인 플랫폼에 대한 설문 조사에서 한국의 경우 유튜브가 1위로 나타났다. 우리는 선정적이고 폭력적인 동영상 외에도 가짜 뉴스 영상이 수백만 건의 조회 수를 기록하며 널리 알려진 사례를 빈번히 접하고 있다.

어린아이들에게 백신이 필요하지 않다는 주장의 영상, 2018년에 미국 캘리포니아주에서 발생한 산불이 테러 공격에 의한 것이라는 일부 뉴스 동영상, 특정 식품을 먹고 키가 컸다거나 암이 완치되었다는 동영상 등이 가짜 뉴스 동영상의 주류를 이룬다. 허위 조작 정보 문제는 유튜브 저널리즘 측면에서 접근해야 한다. 저널리즘이란 뉴스를 취재하고 제작해서 매체를 통해 보도하고, 논평하고, 해설하는 일련의 활동이다. 최근 저널리즘이 신뢰를 회복하는 방법으로 가짜 뉴스에 대한 검증과 같은 팩트 체크가 주목받고 있다. 유튜브 저널리즘을 구현하기 위해 유튜브에 제공된 뉴스 및 시사 동영상을 비롯한 다양한 콘텐츠가 가짜 또는 조작된 영상은 아닌지 살펴보는 역량은 매우 중요하다.

유튜브가 추천하는 동영상을 계속 보다 보면 점점 더 자극적인 콘텐츠와 만나게 된다. 이른바 가짜 뉴스로 불리는 허위 조작 정보와 검증되지 않은 자극적인 콘텐츠를 접한 젊은 세대는 사회에 대한 균형 잡힌 시각이 아닌 유튜브에서 추천해 주는 한쪽의 주장에 동조하고 빠져들기 쉽다. 마찬가지로 새로운 미디어에 익숙하지 않은 50대 이상 또한 유튜브 정보를 검증하지 않은 채 사실처럼 받아들이는 경우가 많다.

유튜브 동영상은 활자로 표현된 시사 정보에 비해 더욱 자극적이다. 또 사람들의 시선을 끄는 데 유리하다. 여기에다 선정적인 제목을 달고 자신에게 필요한 정보만을 모아 짜깁기한 경우, 특히 허위 조작 정보를 퍼뜨리면 사람들의 관심은 폭발적으로 늘어난다. 시사 정보를 다루는 유튜브 채널들은 기존 언론 매체와 다르게 취재원이나 출처를 밝히는 데에도 소극적이다.

상황이 이렇다 보니 유튜브는 가짜 뉴스를 넘어 허위 조작 정보의 진원지이며 확산의 길목으로 지목되고 있다. 정치 성향을 띤 유튜브 채널 상당수가 사실 보도보다는 특정 이슈나 이미 관심거리로 떠오른 사회적 논란에 대해 주관적인 논평이나 의견을 방송한다. 5·18민주화운동에 북한군이 개입하였다거나, 문재인 정부가 고려연방제를 추진한다는 등의 허위 조작 정보가 대표적인 사례이다. 최근 들어 유튜브나 일부 언론 보도 내용의 사실 여부를 검증하는 별도의 장치들이 만들어지고 있다. 유튜브는 유튜브 커뮤니티 가이드를 통해 '조작된 미디어'(혼동을 야기하는 방식으로 기술적으로 조작하거나 변조하여 사용자에게 큰 해를 입힐 위험이 심각한 콘텐츠), '사기' 등의 의도가 있는 콘텐츠는 허용되지 않으며, 이러한 정책을 위반한 콘텐츠에 대해서는 상시 신고할 수 있도록 안내하고 있다. 그러나 결국 수천만 개의 동영상 속에서 진실과 허위를 분간하는 일은 이용자들의 몫이다. 이것이 바로 유튜브를 비롯한 미디어를 바르게 볼 수 있는 역량을 갖추어야 하는 이유이다.

8. 유튜브 리터러시

민주주의는 시민들의 참여와 활발한 토론을 바탕으로 실현된다. 미디어는 시민들의 사회 참여를 위한 통로가 되고, 토론을 위한 공론의 장을 제공한다. 다양한 집단과 다수의 시민이 논의에 참여할 때 사회적 의견이 만들어지고, 올바른 여론이 형성될 수 있다. 또한 자유롭게 정보가 제공되고 유통될 때 민주주의가 성숙·발전할 수 있다.

유튜브는 다수의 소셜 미디어 플랫폼 가운데 하나일 뿐이지만 많은 사람이 모여드는 공론의 장이 되고 있다. 유튜브가 진정한 공론장으로 자리 잡기 위해서는 국가라는 거대한 공동체 안에서 시민의 의견이 소외되지 않도록 소중하게 다뤄야 한다.

유튜브 공간을 바로 보기 위해서는 무엇보다 유튜브가 어떻게 구성되어 있는지, 유튜브 생태계를 이루는 주체가 누구인지, 유튜브의 검색과 추천 알고리즘 그리고 유튜브 동영상이 어떻게 수익과 연결되는지 등 유튜브의 전반에 대하여 비판적으로 볼 필요가 있다.

미디어 리터러시란 다양한 미디어를 통해 필요한 콘텐츠에 접근하고, 미디어에 대한 이해를 바탕으로 미디어 콘텐츠를 비판적으로 해석하며, 자신의 생각을 표현하기 위해 미디어 콘텐츠를 창의적으로 생산하되 그 결과에 책임을 지고, 미디어를 활용해 사회적 소통에 참여할 수 있는 능력을 말한다. 즉 미디어 리터러시는 미디어를 바로 읽고, 미디어가 담고 있는 내용을 분석할 줄 알며, 이를 평가하고 다른 사람들과 관련 정보를 공유할 수 있는 능력을 포함한다.

유튜브 리터러시는 유튜브 동영상의 기획부터 제작, 올리기, 댓글 등 관련된 내용을 분석할 수 있고, 유튜브 동영상 정보의 진위를 판별할 수 있는 자질이라고 할 수 있다. 우리는 유튜버들이 올린 '홈트(홈트레이닝)' 영상을 보며 집에서 운동하거나, '스터디윗미(Study with me)'를 시청하며 유튜버들이 공부하는 모습을 따라 하거나, 그 모습을 보며 자극받기도 한다. 우리는 유튜브가 이용자들의 적극적인 참여로 움직이는 미디어라는 점을 잊지 말아야 한다. 유튜브 동영상을 제작하고 채널을 운영하는 기술이나 능력, 크리에이터의 성공과 이용자들의 개인적인 취향 및 만족도 중요하지만, 사회에 어떤 영향을 미치는지를 항상 고려해야 한다. 유튜브 동영상들은 단순히 오락과 정보만 제공하는 것이 아니라 이용자 개개인에게 영향을 미치고 사회를 바꿀 수 있다는 것이다.

유튜브는 우리가 잘 알고 있는 기존 방송사와 같은 거대 조직에서 만들어진 콘텐츠가 아니다. 유튜브는 배경과 성향이 다양한 사람들이 자유롭게 콘텐츠를 기획하고 올리며, 이를 통해 소통하며 커뮤니티를 이룸으로써 구현된다. 다른 미디어들보다 표현의 자유가 보장되는 만큼 유튜브 크리에이터와 이용자들이 타인에게 미칠 수 있는 영향 등을 먼저 고려할 수 있는 자질을 필수적으로 길러야 한다.

최근 우리는 유튜브를 통해 많은 정보를 습득하고 있다. 유튜브는 시의적인 정보를 빠르게 제공하고, 하루하루 새로운 스타를 만들며, 창의적인 크리에이터들이 활동하는 동영상 공간으로 자리 잡았다. '유튜브의 시대'라고 불러도 될 만큼 많은 사람들이 유튜브를 이용하고 있다.

유튜브가 세상에서 가장 큰 동영상 플랫폼인 만큼, 각 이용자마다 유튜브를 찾는 이유도 다양하다. 특히, 청소년들은 글보다 영상을 선호하고, 궁금한 사항이 생기면 가장 먼저 유튜브에서 검색한다. 그러나 유튜브에서 제공하는 동영상이 몇 가지 범주로 묶일 수 없는 것과 같이 이용자마다 유튜브 영상을 선호하는 이유도 각기 다르다. 따라서 유튜브 영상을 선택하거나 구독을 취소하거나 댓글을 남기거나 추천 영상을 클릭하는 등의 '참여'를 할 때, 이용자 스스로 기준을 마련해 보는 습관을 기르는 것이 중요하다.

미디어가 발전하여 더 적극적인 '참여'가 가능해지면서, 이용자들이 단지 소비자에 머물지 않고 크리에이터, 생산자로 나서면서 '프로슈머(prosumer)'로 새롭게 규정되고 있다. 프로슈머는 능동적인 참여형 소비자로서 단순히 시청하는 것에서 나아가 동영상을 기획하고 제작에 참여하는 이용자를 뜻한다. 인플루언서는 '타인에게 영향력을 끼치는 사람(influence+er)'이라는 뜻으로, 유튜브 크리에이터 중에서 구독자가 많거나 SNS상에서 수십만 명의 구독자나 팔로워를 확보하여 트렌드를 선도하거나 다른 사람에게 크게 영향을 미치는 사람을 말한다.

이처럼 유튜브 공간에서의 '참여'는 기존의 텔레비전을 보는 것과 확연히 다르다. 우리는 유튜브가 이용자들의 적극적인 참여로 움직이는 미디어라는 점을 잊지 말아야 한다. 유튜브는 다양한 배경과 성향의 사람들이 자유롭게 콘텐츠를 기획하고 업로드하며, 이를 통해 서로 소통하고 커뮤니티를 이루며 구현된다.

따라서 유튜브 공간이 언제나 옳고 바르고 선한 콘텐츠만으로 채워 있는 것은 아니다. 유튜브에는 이용자들이 혹하거나 몰려들기 쉬운, 자극적인 콘텐츠를 주로 제공하는 채널이 넘쳐난다. 우리가 신문과 방송을 지속적으로 보면서 세상을 읽는 눈을 키우듯이, 유튜브 동영상을 업로드하거나 다른 사람들의 콘텐츠를 보면서 좋은 콘텐츠와 나쁜 콘텐츠를 구별할 수 있는 능력을 키우는 것이 무엇보다 중요하다.

더불어, 디지털 미디어는 다양한 개인화 서비스를 구현하고 있다. 유튜브의 추천 기능은 대표적인 개인화 서비스이다. 유튜브는 이용자 성향에 맞춰 콘텐츠를 필터링하고, 이용자는 알고리즘에 따라 추천받은 영상을 시청한다. 이러한 '필터 버블(filter bubble)'은 이용자가 다른 의견을 접할 기회를 줄어들게 만들어 결국 사람들 사이에 의견 차이를 더욱 크게 만든다.

유튜브에는 하나의 영상을 시청하고 나면 즉시 다른 영상을 추천하여 자동 재생하는 기능이 있다. 이용자 성향이나 취향을 반영한 추천 알고리즘에 따른 결과다. 여기에 익숙해지면 자신의 의향과 달리 콘텐츠를 편식할 가능성이 높다. 비슷한 생각을 가진 사람들끼리만 소통함으로써 점점 더 한쪽으로 치우친 생각을 하는 경향을 '에코 체임버(echo chamber)'라고 부른다. 유튜브 알고리즘은 다양한 의견이 오고 가면서 합리적으로 토론하고 의견을 모아 가는 과정과는 거리가 멀다. 무엇보다 이용자 스스로 정보를 제어할 힘을 약화시킬 수 있어, 이용자들이 콘텐츠를 자기 주도적으로 현명하게 소비해야 할 중요성이 커지고 있다.

우리가 유튜브 공간을 바로 보기 위해서는 무엇보다 유튜브가 어떻게 구성되어 있는지 파악하고, 유튜브 생태계를 이루는 주체를 이해하며, 유튜브 검색과 추천 알고리즘, 유튜브 동영상이 어떻게 수익과 연결되는지 유튜브의 전반적인 작동을 탐구하고 비판적으로 사고할 수 있어야 한다. 유튜브 리터러시는 유튜브 동영상의 기획부터 제작, 업로드, 댓글 등 관련된 내용을 분석할 수 있고, 유튜브 동영상 정보의 진위를 판별할 수 있는 소양이라 할 수 있다. 유튜브에서 만들어진 동영상들은 단순히 오락과 정보만 제공하는 것이 아니라 유튜브 이용자 개개인에게 영향을 미치고, 사회를 바꿀 수 있다는 것이다. 유튜브는 다른 미디어들보다 표현의 자유가 보장되는 만큼, 유튜브의 크리에이터도 이용자도 타인에게 미칠 영향 등을 먼저 고려할 수 있는 기본 소양을 반드시 길러야 한다.

탐구 활동

▶ 유튜브의 이용

여러 동영상 플랫폼 가운데 유튜브 이용자가 가장 많다. 각자가 유튜브를 왜 이용하는지 생각해 보고, 유튜브 동영상 제작자가 되었을 때 고려해야 할 사항 등을 정리해 보자. 또 유튜브에 올라온 많은 동영상 중 가짜 뉴스를 판별할 수 있는 방법에 대해서도 생각해 보자.

1. 유튜브와 비슷한 성격의 동영상 플랫폼에는 어떤 것들이 있으며, 각각 어떤 특징이 있는지 조사해 보자.

2. 유튜브의 장점과 단점을 분석해 보자. 연령대를 불문하고 많은 사람이 이용하는 이유를 알아보자.

3. 여러분은 어떤 목적으로 유튜브를 이용하는지, 일주일 동안 대략적인 유튜브 시청 시간은 얼마나 되는지, 각자의 유튜브 이용 행태를 정리해 보자.

4. 동영상 콘텐츠를 만들기 위해서는 어떤 점을 우선 고려해야 하는지 검토해 보자.

5. 유튜브에 업로드되어 사회적 논란을 일으킨 가짜 뉴스, 또는 허위 조작 정보의 유통 사례를 조사하고, 그 부작용을 알아보자.

6. 유튜브 추천 알고리즘의 특징을 조사하고, 유튜브 콘텐츠의 올바른 이용에 대해 알아보자.

탐구 활동

▶ **동영상 콘텐츠 제작 및 공유**

소셜 미디어 활동이 활자 중심에서 동영상 중심으로 옮겨 가고 있다. 동영상의 영향력은 활자에 비해 크다는 게 정설이다. 유튜브 동영상 서비스의 특징과 유튜버가 갖춰야 할 자세를 알아보자.

1. 요즘에, 사람들은 왜 동영상으로 자신의 목소리를 내는지 알아보자.

2. 유튜브에 동영상 채널을 개설하고 관리하며, 구독자들과 소통함으로써 얻을 수 있는 효과에 대해 얘기해 보자.

3. 만약 여러분이 개설하고 싶은 채널이 있다면 어떠한 채널이며 그 이유는 무엇인지, 그 채널이 이용자에게 어떠한 의미를 전달해 주었으면 하는지 논의해 보자.

4. '신문'과 '방송' 같은 매체와 유튜브 플랫폼의 차이를 저널리즘 관점에서 비교해 보자.

5. '필터 버블'과 '에코 체임버'의 의미를 되새겨 보고, 어떤 자세로 유튜브 콘텐츠를 이용하는 게 바람직한지 논의해 보자.

6. 성공적인 유튜브 채널 개설·운영을 위해서는 어떤 점에 유의해야 하는지, 어떤 방식으로 접근하는 게 유리한지 생각해 보자.

참고문헌

경기도교육청. 2015. 『더불어 사는 민주시민』. 경기도교육청.

김경달·씨로켓리서치랩. 2019. 『유튜브 트렌드 2020』. 이은북.

네이버 지식백과. https://terms.naver.com/entry.nhn?docId=5874117&cid=43667& categoryId=43667(검색일: 2020.11.6)

마리야오·권상희. 2020. 「개인화 서비스요인이 사용자의 지속적인 이용의도 영향에 미치는 연구: 유튜브의 기술수용모델을 중심으로」. ≪한국언론정보학보≫, 제99호, 65~95쪽.

마정미. 2020. 「유튜브 저널리즘과 공론장(public sphere)에 관한 연구」. ≪한국소통학보≫, 제19권 1호, 217~246쪽.

매클루언, 마셜(Herbert Marshall McLuhan) . 2011. 『미디어의 이해: 인간의 확장』. 김상호 옮김. 커뮤니케이션북스.

밴 앨스타인, 마셜 W.(Marshall W. Van Alstyne)·상지트 폴 초더리(Sangeet Paul Choudary)·제프리 파커(Geoffrey Parker). 2017. 『플랫폼 레볼루션』. 이현경 옮김. 부키.

변현지. 2019. 「생산자-조직가의 매개체로서 유튜브 플랫폼 분석」. ≪문화연구≫, 제7권 2호, 96~127쪽.

변현진. 2018. 「유튜브 콘텐츠의 제작·이용 환경 특성과 인기 채널 분석 및 함의점 고찰」. ≪조형미디어학≫, 제21권 4호, 227~239쪽.

안호진. 2019. 「유튜브 커버영상의 저작권법적 검토 및 현실적 해결방안」. ≪KHU 글로벌 기업법무 리뷰≫, 제12권 1호, 161~181쪽.

양선희. 2020. 「유튜브 저널리즘의 시대, 전통적 저널리즘의 대응현황과 과제」. ≪사회과학연구≫, 제31권 1호, 245~262쪽.

유용민. 2019. 「유튜브 저널리즘 현상 논쟁하기 행동주의의 부상과 저널리즘의 새로운 탈경계화」. ≪한국방송학보≫, 제33권 6호, 5~38쪽.

유튜브연구회. 2015. 『콘텐츠로 스타 되고 광고로 수익 얻는 유튜브』. 길벗.

이은선·김중인·김미경. 2020. 「유튜브 이용 동기 및 친밀도가 이용자 활동에 미치는 영향」. ≪한국콘텐츠학회논문지≫, 제20권 2호, 114~126쪽.

이희은. 2019. 「유튜브의 기술문화적 의미에 대한 탐색 '흐름'과 알고리즘 개념의 재구성을 중심으로」. ≪언론과사회≫, 제27권 2호, 5~46쪽.

정정주·김민정·박한우. 2019. 「유튜브 상의 허위정보 소비 실태 및 확산 메커니즘 생태계 연구 빅데이터 분석 및 모델링을 중심으로」. ≪사회과학 담론과 정책≫, 제12권 2호, 105~138쪽.

첸, 스티브(陳士駿)·장리밍(姜黎明). 2012. 『유튜브 이야기』. 한민영 옮김. 올림.

한국언론재단. 2005. 『미디어와 인간』. 한국언론재단.

함민정·이상우. 2020. 「유튜브 정보 규제에 대한 이용자들의 인식 연구」. ≪한국콘텐츠학회논문지≫, 제20권 2호, 36~50쪽.

CBS 라디오. 2018.4.10. 〈시사자키 정관용입니다〉.

5단원

게임 매체

장근영

학습 목표

1. 게임이 무엇인지 이해할 수 있다.

2. 게임을 구성하는 핵심 요소를 설명할 수 있다.

3. 게임의 재미가 어떤 요소에서 시작되는지 예를 들어 설명할 수 있다.

4. 게임의 기능에 대해 다른 사람과 이야기할 수 있다.

5. 게임을 적절히 이용하는 기준을 스스로 정할 수 있다.

6. 게임에 관한 다양한 사건에 대해 다른 사람들과 이야기할 수 있다.

Introduction to Media for Teens

1. 우리 삶 속의 게임

2013년에 출시된 디지털 게임 GTA5는 2억 6500만 달러(한화 약 312억 원)의 제작비와 5년의 개발 기간을 투자해서 2019년까지 총매출액 60억 달러(약 7조 680억 원) 이상을 올려 영화, 음반을 비롯한 모든 엔터테인먼트 산업 사상 최고의 수익을 거두었다. 디지털 게임은 1970년대에 탄생한 후 50년 만인 2020년에 전 세계적으로 1,312억달러(약 154조 5000억 원) 규모의 시장이자 미디어 분야에서 가장 거대한 영역으로 성장하였다. 2000년대를 전후로 디지털 게임은 인터넷과 융합되면서 확고부동하게 매체의 일부가 되었다. 그러나 우리는 아직까지 디지털 게임을 충분히 알지 못한다. 디지털 게임의 영향력이나 산업 규모는 실제보다 늘 과소평가되었고, 그 부작용은 늘 과대평가되어 왔다.

2020년대 들어서도 디지털 게임의 속성이나 기능에 대한 잘못된 우려와 기대가 여전하다. 디지털 게임은 부모와 자녀 간의 갈등, 세대 간의 몰이해가 가장 많이 불거지는 분야이기도 하다. 그 와중에도 디지털 게임은 정보 기술(IT)의 급속한 발전을 가장 먼저 체험할 수 있는 경험을 제공하면서 꾸준히 진화하고 있다. 디지털 게임을 이해하는 것은 21세기를 이해하고 미래 세상을 미리 준비하기 위해 반드시 필요한 일일지도 모른다.

'디지털 게임'은 디지털 기기 혹은 정보 통신 기술을 이용하는 모든 게임을 포괄하는 명칭이다. 디지털 게임은 '컴퓨터 게임', 기반 통신망에 따라 '온라인 게임'이나 '모바일 게임' 등으로도 불리고, 사용 기기에 따라 'PC 게임', '스마트폰 게임', '콘솔 게임' 등으로도 불린다. 미국이나 유럽에서는 '비디오 게임(video games)'으로 통칭되기도 한다. 현재는 '게임' 하면 당연히 디지털 게임을 떠올리기도 하지만, 사실 게임은 인류의 역사와 함께해 온 가장 인간적인 활동 중 하나이며, 인간성의 일부이다.

2. 게임이란 무엇인가

게임은 놀이의 일종이다. 모든 놀이가 게임은 아니지만 모든 게임은 놀이에서 시작한다. 호모루덴스(homo ludens, 놀이하는 인간)라는 단어를 처음 만들어 낸 네덜란드의 역사학자 요한 하위징아(Johan Huizinga)는 "놀이는 인간의 본성이며 인간이 만들어 낸 문화는 결국 놀이의 일부"라고 말하였다.

우리는 아주 어린 시절부터 놀이를 해 왔다. 그리고 그런 놀이를 통해 뭔가를 배우고 기술을 단련하였다. 그렇게 배운 지식과 기술을 나중에 다른 곳에서 매우 유용하게 사용하기도 한다. 예를 들어 숨바꼭질을 잘하려면 술래의 관점에서 찾기 어려운 곳을 생각해 봐야 한다. '처지를 바꿔 생각하는 능력'을 키우는 것이다. 이 능력은 사회생활에 반드시 필요한 사회적 지능이다. 처지를 바꿔 생각할 줄 모르는 사람이 주변에 있다면 이게 얼마나 중요한 능력인지 이해할 수 있을 것이다. 마찬가지로 소꿉놀이를 통해 어른의 역할을 배우게 된다. 어떤 상황에서 어떤 말이나 행동이 필요한지를 미리 상상하고 연습하는 것이다.

놀이는 성장을 위해 반드시 필요한 활동이다. 인간은 놀이를 하면서 중추신경계에 자극을 얻고 운동 신경을 성장시킨다. 또 놀이에 필요한 민첩성, 근력, 지구력은 신체 건강과 정신 건강의 기초가 된다. 놀이는 남들과 소통하는 방법을 배우는 기회이기도 하다. 강아지나 고양이 같은 고등 동물들도 다양한 놀이를 즐기는데, 동물들이 어린 시절에 충

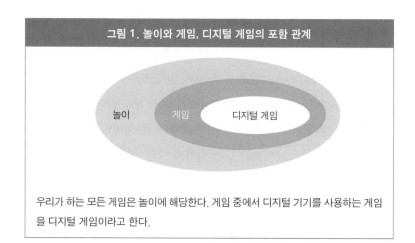

그림 1. 놀이와 게임, 디지털 게임의 포함 관계

놀이   게임   디지털 게임

우리가 하는 모든 게임은 놀이에 해당한다. 게임 중에서 디지털 기기를 사용하는 게임을 디지털 게임이라고 한다.

분히 놀이를 하지 못하면 운동 능력이나 지적 능력, 혹은 정서에 문제가 생길 수 있다. 이런 동물들보다 더 복잡한 사람은 더욱 그렇다. 더구나 사람은 어른이 되어서도 계속 놀이를 즐길 수 있다는 점이 동물과 다르다. 우리가 놀이를 하는 이유는 그게 즐겁고 재미있기 때문이다. 그러니까 놀이는 즐거움이나 재미를 느끼는 활동이다. 우리는 즐거움을 느끼는 활동을 더 하려는 본능이 있다. 앞서 이야기한 놀이의 기능을 생각해 본다면 이 본능이 우리를 성장시키는 역할을 한다고 이해할 수 있을 것이다.

그렇다면 게임은 무엇일까? 놀이 중에서 특별히 정해진 조건을 갖춘 활동이 게임이다. 예를 들어 A라는 사람이 그냥 혼자 공을 던지며 즐거움을 느낀다면 이건 A만의 놀이라고 할 수 있다. 그러나 이 활동을 게임이라고 하기는 어렵다. 하지만 A가 공을 던져서 뭔가를 맞히려고 한다면 게임에 조금 가까워진 것이다. 얼마나 멀리 있는 목표를, 혹은 얼마나 작거나 빨리 움직이는 목표를 맞히는지에 따라서 점수를 부여한다면 좀 더 게임에 가까워진다. 여기에 누군가가 던진 공을 방망이로 맞혀서 날리고, 그렇게 날린 공을 잡아서 어떻게 하느냐에 따라서 점수를 부여한다면 우리가 잘 아는 게임인 야구가 된다.

우리가 즐기는 게임은 정말 다양하다. 홀짝 게임부터 바둑이나 체스처럼 집에 앉아서 할 수 있는 게임, 달리기 경주 같은 육상 경기, 권투나 이종격투기, 축구·야구·탁구·농구 같은 구기 종목, PC나 스마트폰 같은 디지털 기기에서 하는 디지털 게임까지 모든 것이 게임이다.

그림 2.
아타리사의 '퐁'(1972) 게임 화면

디지털 게임은 완전히 새로운 존재가 아니다. 최첨단 디지털 게임들 역시 지금까지 인류가 만들어 내고 즐겨 온 게임의 연장선에 있다. 대부분의 디지털 게임은 예전부터 존재하던 게임을 디지털 환경으로 옮겨 놓는 것에서 시작하였다. 예를 들어 상업적으로 성공한 최초의 디지털 게임 중 하나인 아타리사(社)의 1972년 작 '퐁(Pong)'은 일종의 테이블 테니스 게임이다. 오락실에서 잘 미끄러지는 원판을 테이블 위에 놓고 양쪽에서 서로 상대방 골대에 집어넣는 게임을 해 본 적이 있을 것이다. 이 테이블 테니스를 컴퓨터로 구현한 것이 '퐁'이다. 물론 최근에는 스스로 계산하고 답을 출력할 수 있는 디지털 기기의 특성을 활용해서 이전에 없던 게임들이 훨씬 많아졌다. 디지털 게임이 흔히 말하는 게임의 대명사처럼 사용되는 것도 이런 이유일 것이다.

3. 게임의 핵심 요소는 무엇일까

앞서 설명하였듯이 모든 게임은 놀이다. 하지만 놀이 중에서 일정한 조건을 갖추어야 한다. 그렇다면 그 조건은 뭘까? 디지털 게임 제작사의 최고경영자(CEO) 제시 셸(Jesse Schell)은 자신의 책『게임 디자인 기법(The Art of Game Design)』에서 게임이 되기 위해 갖추어야 할 4대 요소를 제시하였다. 셸의 주장은 최근에 게임을 연구하는 사람들이 가장 많이 인용하고 동의하는 것이다. 셸은 ① 메커니즘, ② 이야기, ③ 미적 요소, ④ 기술이 게임의 기본 조건이라고 하였다.

1) 메커니즘

첫 번째 요소인 메커니즘(mechanics)은 게임의 작동 원리다. 게임의 규칙이나 절차가 메커니즘이다. 스마트폰 게임인 '애니팡'을 예로 들면 '같은 동물 아이콘을 셋 이상 일직선으로 배열하면 사라진다' 등이 메커니즘에 해당한다. 메커니즘은 '그 게임이 뭐 하는 게임이냐?'라는 질문에 대한 답이라고 할 수 있다. 모든 게임에는 메커니즘이 있다. 야구에서 타자는 투수가 던진 공이 세 번 스트라이크가 되기 전까지 공을 칠 수 있다든지, 타자가 맞혀서 날린 공을 땅에 떨어지기 전에 수비수가 받으면 타자의 공격 기회가 끝난다든지 하는 것들이다. 게임이 작동하려면 반드시 규칙이 필요하다. 규칙을 바꾸면 게임 자체가 바뀐다. 같은 바둑판 위에서 바둑돌로 하더라도 게임 규칙에 따라 '바둑'이 되기도 하고 '오목'이나 '알 까기'가 되기도 한다. 규칙은 유지되어야 한다. 가위바위보 게임에서 가위가 보자기를 이기기로 해 놓고는 누군가가 갑자기 보자기가 가위를 이길 수 있다고 주장하는 상황을 상상해 보라. 게임은 규칙이 깨지는 순간 끝난다. 규칙은 게임을 지탱하는 기둥이다.

그런데 규칙에는 양면성이 있다. 반드시 지켜야 하지만 꼭 안 지키려는 사람들이 나온다. 우선 남들이 다 규칙을 지킬 때 규칙을 어기는 사람이 유리해지는 수가 있다. 또 놀이의 본능은 자기 마음대로 하고 싶은 욕구에서 시작되는데 규칙을 어기는 것도 그런 욕구를 충족시킨다. 즉, 이익 혹은 재미 때문에 반칙의 욕구가 생긴다. 하지만 앞서 말하였듯이 모든 플레이어가 반칙을 하면 그 게임은 유지될 수 없다. 그래서 게임에서는 반칙을 하는 플레이어에게 반칙을 통해 얻을 수 있는 이익보다 훨씬 크게 처벌하는 규칙을 만들어 놓는다. 이것이 '벌칙'이다.

규칙, 반칙, 벌칙은 모두 서로 밀접하게 연결되어 있다. 규칙과 반칙은 상대적이다. 반칙으로 규정되지 않았지만 반칙처럼 보이는 플레이도 있고, 규칙을 악용한 반칙도 있다. 어떤 경우에는 반칙이던 플레이가 규칙의 일부가 되기도 한다. 반칙은 그 게임 규칙에 빈틈이 있음을 알려 주기도 하고, 게임을 하는 사람들이 공통적으로 느끼는 욕구를 드러내기도 한다. 규칙은 게임에 꼭 필요하지만 그 규칙에서 벗어날 때 새로운 게임이 만들어지기도 한다. 초기 디지털 게임도 반칙에서 시작되었다. 1961년 미국 매사추세츠 공과대학(MIT) 학생들이 학교에 도입된 통계 계산용 대형 컴퓨터 PDP-1에 코딩을 해서 우주선을 격추하는 게임 '스페이스워!'를 만들어 낸 것이다. 학교의 관점에서 보면 반칙이었다. 통계 분석을 하라고 값비싼 컴퓨터를 들여왔더니 그 컴퓨터의 '메커니즘'을 코딩으로 변형해서 게임을 만들었으니 말이다. 지금도 제작사의 의도와 달리 파생되어 대세가 된 디지털 게임을 우리가 즐기고 있다. e스포츠의 대표 종목인 '리그 오브 레전드(LOL)'는 '워크래프트3'을 즐기던 한 대학생이 만든 유즈맵 도타(DOTA)에서 시작된 게임

그림 3. 초창기 컴퓨터 게임 '스페이스워!'의 게임 화면

'스페이스워!' 이전에도 체스나 말판 놀이를 컴퓨터로 구현한 게임들이 있었다. 그러나 '스페이스워!'는 당시로서는 고성능 CPU를 이용해 실시간 그래픽을 구현하였다는 점, 이 프로그램이 비슷한 대형 컴퓨터를 보유한 다른 대학이나 연구소 등으로 확산되어 이용자가 상당하였다는 점에서 특별히 많이 인용되곤 한다. 단, 당시 이 게임의 원작자들은 돈을 받고 게임을 팔지는 않았다. 앞에서도 밝혔지만 상업적으로 대량 생산된 최초의 디지털 게임은 아타리사의 '퐁'이다.

이며, 집단 총싸움 게임의 원조라 할 수 있는 '카운터스트라이크' 역시 명작 '하프라이프'의 변형(MOD)에서 시작된 것이다.

2) 이야기

두 번째 요소인 이야기(story)는 게임을 하는 사람이 경험하는 것들이다. 규칙에 따라 게임을 하면서 우리는 단순히 게임에서 승패 이상의 경험을 한다. 게임의 시작에서부터 결말까지 이어지는 과정은 그냥 사건들이 아니라 어떤 이야기(narrative, 내러티브)로 기억된다. 이야기를 통해 플레이어들은 그 게임에 의미를 부여하고, 단지 성공이나 실패를 넘어선 복잡 미묘한 감정을 경험한다. 게임 자체가 아니라 게임을 통해 우리가 만들어 낸 이야기들이 게임의 매력이 되기도 하고, 게임에 환멸을 느끼게도 한다. 최근의 디지털 게임들은 자체 스토리를 제공하기도 한다. 물론 그 스토리를 모두가 같은 방식으로 받아들이지는 않는다. 이야기는 매우 주관적인 요소이기 때문이다. 여럿이 함께 같은 게임을 하였어도 서로 다른 이야기를 경험할 수 있다. 물론 가끔은 많은 사람이 경험한 이야기가 공유되기도 한다.

예를 들어 2002년 서울에서 개최된 월드컵 축구 경기는 축구라는 점에서는 그 이전과 이후에 벌어졌던 수많은 축구 경기(게임)와 다름없었다. 하지만 당시 우리나라 축구팬들에게 이는 단순한 축구 경기가 아니었다. 불가능하다고 여겼던 목표를 뛰어난 지도자와 헌신적인 선수들의 노력과 집념으로 달성해 낸 놀라운 승리의 '이야기'였다. 그 이야기 속에서 각자 나름의 자부심이나 행복감을 느끼기도 하였다. 이렇게 모두가 공유하는 이야기는 이른바 레전드(전설) 경기가 되어 많은 이의 기억에 남는다. 그리고 그런 레전드들이 모여서 역사를 이룬다. 스타크래프트나 LOL 같은 게임이 잘 알려지고 인기가 있는 이유는 결국 그 게임 속에서 지금까지 벌어진 수많은 스토리가 쌓인 결과다.

어떤 게임이 성공하고 실패하는 과정에는 반드시 이야기가 따라온다. 운영자와 게이머들 사이의 관계도 이야기에 의해서 결정된다. 어떤 이야기는 서로의 신뢰를 쌓아 올리고, 어떤 이야기는 배신과 환멸을 불러온다. 따라서 이야기는 눈에 보이지 않지만 실제로는 게임 자체의 성패를 결정하는 중요한 요소이다. 성공한 게임들 중에 소설을 배경으로 한 경우가 많은 것도 스토리의 중요성을 보여 준다. 한국 최초의 다중 사용자 온라인 게임(MMORPG)인 '바람의 나라'나 '리니지'는 모두 원작 만화의 세계관을 바탕으로 하며, 최근 넷플릭스 드라마로 방영된 〈위처〉는 게임 '위처'에서 시작된 것인데 이 게임의 세계관은 폴란드의 판타지 소설 「더 위처」를 기반으로 한다.

3) 미적 요소

가장 쉽게 떠올릴 수 있는 미적 요소(aesthetics)는 게임의 디자인이다. 디지털 게임 속 세상에 존재하는 사물과 환경의 디자인, 게임을 할때 들리는 음악이나 효과 음향들, 게임 캐릭터 디자인이 미적 요소에해당한다.

미적 요소는 디지털 게임뿐만 아니라 모든 게임에 존재한다. 미적요소는 우리가 멋지다거나 아름답다고 느끼게 하는 요소일 뿐만 아니라 세련됨이나 예술성 수준에서 격차를 드러내는 요소이기도 하다. 트럼프(카드), 바둑돌이나 장기짝, 체스의 말에도 미적 요소가 있다. 이는 특별히 더 아름다운 트럼프 카드, 더 세련된 바둑돌이나 장기짝이 존재한다는 뜻이다.

그뿐만 아니라 게임의 기술에도 미적 요소가 있다. 실력이 뛰어난게이머들의 움직임은 사람들을 매혹한다. 우리가 마이클 조던(Michael Jordan)이나 리오넬 메시(Lionel Messi) 같은 프로 선수들의 경기 장면에감탄하는 이유가 바로 그런 미적 요소들 때문이다. 미적 요소는 우리를 매혹하고, 나도 한번 저렇게 해 보고 싶다는 욕구를 건드린다. 미적요소는 그래서 게임의 매력을 담당한다고 할 수도 있다. 디지털 게임에서 미적 요소는 누구나 쉽게 발견할 수 있다. 게임이 묘사하는 세계와 등장하는 캐릭터, 아이템들의 디자인이나 표현 내용은 모두 그 게임에 참여한 아티스트들의 작품이다. 게임 속에서 우리가 접하는 색상, 음향, 표현 기법, 세계관 등은 모두 문학, 미술, 음악 등의 예술과관련된 것이다. 얼마나 쉽고 직관적으로 게임을 조작할 수 있는지를결정하는 유저 인터페이스(UI)의 구성도 게이머들의 미적 경험으로 이어진다.

4) 기술

디지털 게임에서는 중앙처리장치(CPU)나 그래픽카드(GPU) 같은 하드웨어 기술, 프로그래밍과 같은 소프트웨어 기술이 여기에 해당한다. 기술(technology)은 게임의 기반이다. 기술은 게임 경험의 질에 큰 영향을 미친다. PC 게임을 해 본 사람이라면 좋은 모니터와 컴퓨터, 좋은 키보드, 좋은 마우스의 중요성을 다들 알고 있을 것이다.

기술 요소는 디지털 게임뿐만 아니라 모든 게임에 존재한다. 기술은 게임에 사용되는 모든 도구에 적용된다. 예를 들어 여러 게임에 사용되는 '주사위'도 기술 요소다. 좋은 주사위는 완전한 정육면체여야 하고 여섯 면에 새겨진 점의 깊이도 비슷해야 한다. 야구를 예로 들자면 배트, 공, 글러브, 경기용 운동화, 유니폼, 보호 장구 등이 기술적 요소다. 반발력이 큰 공이나 배트를 쓰면 홈런이 많이 나온다. 기술적 요소가 게임에 영향을 미치는 것이다. 축구에서도 공의 재질이나 구성에 따라 골이 많이 나오기도 하고 적게 나오기도 한다. 역시 기술적 요소다. 그래픽 카드의 통신 속도가 게임 체험에 얼마나 큰 차이를 불러오는지는 여러분이 더 잘 알 것이다.

지금까지 게임의 4대 요소를 살펴보았다. 셸에 따르면 모든 게임에는 이 네 가지 요소가 있다. 잊지 말아야 할 것은 이 주장이 확고부동한 정답은 아니라는 점이다. 지금도 게임의 조건에 대한 다른 의견들을 인터넷에서 찾아볼 수 있다. 언젠가는 게임을 더 잘 설명하는 핵심요소 이론이 새로 나올 수도 있다. 그러니 여러분도 자기만의 게임 조건을 찾거나 정해 보면 어떨까?

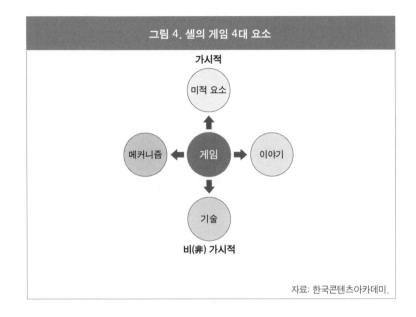

그림 4. 셸의 게임 4대 요소

가시적

미적 요소

메커니즘 ← 게임 → 이야기

기술

비(非) 가시적

자료: 한국콘텐츠아카데미.

4. 게임의 재미는 어디에서 오나

게임은 재미있는 활동이다. 그런데 그 재미의 근원은 무엇일까?

역시 많은 학자가 이 질문을 하였고 그들 나름대로 답을 찾아냈다. 그들의 답 중에서 상당히 오래되었지만, 지금도 여전히 많은 사람의 동의를 얻고 있는 것이 프랑스의 철학자 로제 카이와(Roger Caillois)가 1958년 『놀이와 인간(Les jeux et les hommes)』이라는 책에서 제시한 재미의 4대 요소다.

카이와는 게임의 재미를 이루는 핵심 요소를 ① 경쟁(agon), ② 의외성(alea), ③ 모방(mimicry), ④ 짜릿함(illinx)이라고 이름 붙였다.

1) 경쟁

첫 번째 요소인 경쟁은 '아곤(agon)'이라고 부른다. 간단히 말하자면 어떤 능력을 견주는 것이다. 어떤 게임이든 그 게임에서 제일 중요한 능력이 있다. 모든 구기 스포츠는 공을 다루는 능력으로 경쟁한다. 거기에 팀 스포츠에서는 팀원끼리 협력하는 능력까지 경쟁에 추가된다. 슈팅 게임은 마우스나 컨트롤러로 표적의 위치를 정확히 잡아내는 능력으로 경쟁한다. 바둑이나 체스는 상대방의 수를 미리 읽고 선제 대응하는 능력인 전략적 사고력으로 경쟁한다. 경쟁 그 자체가 재미의 원천이다. 인간은 경쟁하게 되면 주의력이나 집중력, 그 경쟁에 필요한 사고력이나 신체적인 능력을 최고로 끌어 올리려는 본능이 있다. 맥박이 빨라지고, 동공이 확장되며, 오로지 목표 달성과 승리에 집중하게 된다. 이를 통해 흥분되고 짜릿한 느낌을 경험한다. 경쟁에서 승리하면 쾌감은 더 커진다. 이 짜릿한 재미에 게임을 하는 사람이 많을 것이다.

물론 모든 게임이 플레이어 간의 경쟁은 아니다. 자기 자신과 경쟁하는 게임도 많다. 이전의 나에 비해 얼마나 더 향상되었는지를 놓고 스스로 경쟁하는 것이다. 혼자 퍼즐을 푸는 게임을 한다면 이전에 비해 얼마나 더 빨리 효과적으로 퍼즐을 풀었는지를 스스로 가늠하는 재미를 느끼게 된다. 이런 내적 경쟁은 다른 사람과의 경쟁만큼 짜릿하지는 않지만 조용히 오래 계속되는 재미의 원천이다. 혼자 공부하는 재미에 빠진 사람은 공부를 자신의 지적 능력을 향상하는 게임으로 여기는 셈이다.

2) 의외성

두 번째 요소인 의외성은 '알레아(Alea)'라고 부른다. 모든 게임의 결과는 끝나기 전까지는 확신할 수 없다. 의외성 없이는 재미도 없다. 게임을 시작하기도 전에 그 결과를 예측할 수 있다면 그 게임에서 우리는 아무 재미도 느끼지 못할 것이다. 대부분의 게임에서는 능력이 뛰어난 플레이어가 이기지만, 늘 그런 것은 아니다. 약자가 강자를 이기기도 하고, 종료 5분 전까지 앞서던 플레이어가 뜻밖의 역전을 당하기도 한다. 그렇기 때문에 우리는 어떤 게임이든 끝날 때까지 손에 땀을 쥐며 관람하고, 끝까지 집중할 수 있다.

의외성은 개인 통제력(아곤)의 한계를 의미하는 요소이기도 하다. 아무리 실력이 뛰어난 양궁 선수라도 모든 화살을 과녁의 정중앙에 맞히지는 못한다. 최고의 야구 선수라도 모든 타석에서 안타를 치지는 못한다. 세상은 우리가 노력하면 보상하지만, 그 노력의 결과가 반드시 우리 기대대로 이루어지는 것은 아니다. 하지만 그 덕분에 우리는 게임을 하며 지루해하지 않고, 늘 놀랍고 신기해하며, 흥미와 호기심을 보이고, 조금이라도 더 통제력을 키우려는 욕구를 느낀다.

이렇듯 모든 게임에는 의외성이 있기는 하지만, 어떤 게임은 순전히 의외성에 의존하기도 한다. 도박이 그렇다. 대부분의 도박은 확률의 원칙을 따른다. 확률은 자연법칙이고 내가 아무리 노력해도 바꿀 수 없는 영역이다. 그런데 어떤 사람들은 도박 결과를 자기가 통제할 수 있다고 착각한다. 특히 도박 중독자들에게 그런 경향이 있다. 이와 같은 통제력에 대한 착각은 스스로를 파멸시킨다. 현명한 게이머들은 자기가 통제할 수 있는 것(아곤)과 통제할 수 없는 것(알레아)을 정확히 이해하여 구별한 뒤, 통제할 수 있는 영역에 노력을 집중한다. 실력(아곤)

이 출중할수록 알레아의 영역이 줄어드는 게임이 많으므로, 많은 플레이어들은 실력을 키운다. "게임을 지배한다"라는 말은 알레아의 영역을 아곤으로 점령하겠다는 뜻이라고 할 수 있다. 물론 그런 태도를 가진 사람일수록 자신이 통제할 수 없는 영역이 있음을 인정하고 겸손한 태도를 보인다. 즉, 의외성은 우리에게 겸손을 가르쳐 주기도 한다.

3) 모방

세 번째 요소는 모방, 그것도 역할의 모방으로 카이와의 책에서는 '미미크리(Mimicry)'라고 불렀다. 게임을 할 때 우리는 평소의 내가 아닌 다른 존재다. 게임 속의 역할을 내 것으로 받아들이기 때문이다. 디지털 게임에서 이 미미크리는 아주 명백히 드러난다. 슈팅 게임에서 우리는 전쟁터에서 싸우는 군인이 되고, 타워 디펜스 게임에서는 건축가이자 전략가가 되며, 롤플레잉 게임에서는 현실에 존재하지 않는 드래곤을 타고 날아다닐 수도 있다. 이런 미미크리를 통해 우리는 내면의 소망을 충족한다. 미미크리를 하면서 우리는 앞으로 하게 될 어떤 역할에 필요한 지식이나 기술을 배우기도 한다. 어린아이들의 소꿉놀이를 생각해 보라. 소꿉놀이 속에서 어떤 아이는 아버지가 되고, 어떤 아이는 어머니가 된다. 그리고 각자의 역할에 맞는 말이나 행동을 하면서 어른의 역할을 배운다. 미미크리는 그 게임에 참여하는 사람들, 혹은 게임의 시스템과 합의한 역할일 수밖에 없다. 게임에서 누가 탱커가 되면 누군가는 버프를 해 줘야 한다. 모두가 저격수를 하겠다고 들면 그 게임에서 이길 수 없다. 즉, 미미크리는 게임에서 벌어지는 협동과 분담에 해당한다.

미미크리는 게임을 통해 새로운 현실을 만들어 내는 근거이기도 하다. 어떤 역할이 현실에 없는 가상에 불과할지라도 그 역할을 수많은 사람이 인정하고 공유한다면 나중에는 그 역할이 현실이 되는 경우가 있다. A라는 사람이 리니지 같은 롤플레잉 게임 속 판타지 세계에서 엘프, 기사, 마법사 같은 역할을 하는데 그 역할을 아주 오래 해 왔고 A의 그 역할을 수천, 수만 명이 인정한다면 A의 역할은 단순한 흉내 내기가 아니라 새로운 실체가 된다. 고전 게임인 '스타크래프트'의 스타플레이어 임요환이 주요 경기에서 '테란' 종족을 플레이해서 테란의 황제라는 별명을 얻은 것도 비슷한 예라 할 수 있다. 이는 인류 역사에서 계속 일어나는 일이다. 전에 없던 사업체가 만들어지는 것도, 전에 없던 직업이 탄생하는 과정도 비슷하다. 왕조 시대의 '왕'이라는 지위도 누군가가 만들어 낸 것이다. '대통령제'라는 정치적 역할도 1787년에 미국에서 처음 실현되기 전까지는 상상 속의 역할이었다. 미미크리는 우리 주변에서 늘 일어나는 일이기도 하다. 야구 게임의 에이스 투수도 친한 사람들 앞에서는 친구가 되고, 집에 가서는 남편이나 아내, 혹은 부모나 자녀가 된다. 마치 학교에서는 엄격한 선생님이 집에 가서는 실없는 농담을 흘리는 사람이 되는 것처럼.

4) 짜릿함

네 번째 요소인 짜릿함, 즉 '일링크스(Illinx)'는 프랑스어로 현기증을 뜻한다. 요즘 많이 쓰는 단어로는 '짜릿함', '스릴'에 해당한다.

인간은 스릴을 추구하는 동물이다. 높은 곳에서 뛰어내리거나, 매우 위험한 장소를 탐험하는 등 목숨을 잃을 수도 있는 위험한 상황을 스스로 찾아다니는 것이 인간이다. 그런 상황이 두렵지만, 동시에 쾌감을 주기 때문이다. 일링크스는 이런 종류의 재미를 말한다.

주로 격렬한 움직임이 많은 게임에서 일링크스의 요소가 드러난다. 속도를 겨루는 각종 레이싱 게임이 그렇다. 공포 게임들도 일링크스를 유발한다. 미로의 어두운 귀퉁이에서 뜻밖의 괴물이 튀어나올 때 우리는 기겁하면서도 재미를 느낀다. 슈퍼마리오같이 달려가며 적의 공격과 장애물을 피하는 게임에서 간발의 차로 스테이지를 클리어할 때 느끼는 재미 역시 일링크스이다.

조용하고 움직임이 없는 게임에도 일링크스는 존재한다. 나와 실력이 비슷한 상대방과 게임을 하다가 아슬아슬한 격차로 승패가 결정되던 순간을 기억해 보라. 그것이 바둑같이 차분한 게임이라 할지라도 엄청난 긴장감과 짜릿함을 경험할 수 있다. 게임의 난이도 조절이 중요한 이유도 일링크스 때문이다. 우리는 쉬운 게임보다 내 실력에 비해 어려운 게임에서 이기거나 끝을 볼 때 더 재미를 느끼기 때문이다.

일링크스는 '몰입(flow)'이라는 상태와도 연결된다. 여기서 하나라도 실수하면 완전히 끝장날 수 있다고 느낄 때, 극도의 긴장감과 함께 마음속에 아무런 잡념 없이 오로지 그 순간의 경험만이 가득 찬 상태에 빠진다. 그 게임 말고는 아무것도 보이지도 들리지도 않는, 누가 말을 걸어도 들리지 않으며, 자의식도 사라지고 게임 속에 온전히 빠져 버리는 상태다. 몰입이 게임에서만 일어나는 건 아니다. 어떤 기술을 충분히 수련한 다음에 주의력을 집중한 상태에서 그 기술을 사용하는 상황에서 몰입이 일어난다. 심리학자들은 몰입이야말로 우리가 살면서 느낄 수 있는 최고의 경험이라고 말한다.

5. 게임의 기능은 무엇인가

여러분은 2016년 바둑 기사 이세돌이 인공 지능 알파고와 벌였던 대국을 기억할 것이다. 사람들은 이 대국의 결과를 보고 인공 지능이 인간의 지적 능력을 능가할 수 있음을 공식적으로 인정하기 시작하였다. 그런데 궁금하지 않은가? 인공 지능과 인간의 지적 능력을 겨루는 플랫폼이 어째서 바둑이었을까? 이 대국의 배경에 깔린 전제를 표현하자면 이렇다. "바둑을 더 잘 두는 쪽이 지적 능력이 더 뛰어난 존재다." 바둑은 인류 역사상 가장 오래된 게임 중 하나다. 바둑의 발상지 중국에서는 바둑의 역사가 2만 년이 되었다고 주장하는데 그 말을 믿지 않더라도 바둑은 게임의 모든 요소를 갖춘, 테이블 게임의 원형 중 하나다. 사람들은 바둑이라는 게임이 지적 능력의 우열을 드러내는 기준이 된다는 전제를 당연하게 받아들인 것이다. 앞서 모든 고등 동물은 놀이를 한다고 하였다. 특히 어린 동물들은 놀이를 통해 신체적·정신적 능력을 키운다. 놀이는 일종의 성장 훈련이다. 게임도 특수한 형태의 놀이이므로 역시 같은 기능을 한다. 그렇다면 어떤 기능이 있을까?

예를 들어 전략적 사고력을 훈련하는 게임들이 있다. 바둑이 대표적인데, 이 게임은 원래 흑돌과 백돌의 전쟁을 구현한 것이다. 장기 역시 중국의 초나라와 한나라 사이에서 벌어진 전쟁을 모티브로 하며, 체스 역시 아랍 문화권에서 왕족들이 자녀에게 전쟁 기술을 훈련하기 위해 만들었다고 한다. 이런 게임들을 통해 훈련하는 전략적 사고력의 핵심은 상대방의 마음을 읽는 것이다. 상대방이 둘 다음 수를 미리 예측하는 것이 마음 읽기다. 상대방의 수를 몇 수 앞까지 정확하게 예측할수록, 그리고 상대방으로 하여금 내가 다음에 둘 수를 예측하지 못하게 할수록 게임에서 이길 가능성은 높아진다. 이런 게임에서 훈련한 마음 읽기 기술은 후에 사회생활을 할 때 반드시 필요하다. 대인 관계에는 상대방의 생각을 예측하고 이해하고 적절히 대응하는 기술이 반드시 필요하기 때문이다. 마음 읽기 기술이나 전략적 사고력은 단지 바둑이나 체스에만 해당하지는 않는다. 전략을 사용하지 않는 게임은 거의 없기 때문이다. 단, 이런 게임들은 게임 상대로 사람이 반드시 필요하다. 사람을 상대로 플레이해야 마음 읽기 훈련이 되고, 전략적 사고력의 기초를 닦을 수 있기 때문이다. 이세돌이 왜 뛰어난 바둑 기사인지, 리그 오브 레전드(LOL)의 페이커(이상혁)의 승리 비결이 무엇인지를 돌이켜 보면, 상대방의 의도를 예측하고 미리 대응하는 이 전략적 사고력이 얼마나 중요한지 알 수 있을 것이다.

게임은 또 사회화 과정의 일부가 될 수 있다. 앞서 설명하였듯이 규칙은 게임의 핵심 요소다. 규칙을 어기면 게임도 어그러진다. 게임을 하다 보면 왜 규칙을 지켜야 하며, 왜 반칙이 문제가 되는지 저절로 이해하게 된다. 예전부터 스포츠 경기는 단지 운동 능력만이 아니라 규칙과 명예의 가치를 배우는 '스포츠맨십' 수련의 장이기도 하였다. 물론 적절한 도움을 받는다면 규칙을 두고 벌이는 반칙과 벌칙의 숨바꼭질 과정을 깊이 이해할 기회도 생긴다. 이 문제는 우리가 어른이 되어 접하는 사회의 모든 곳에서 거의 비슷하게 일어난다. 인간은 규칙을 정하는 동시에 그 규칙을 어기고 싶어 하지만, 그럼에도 규칙을 유지하고 발전시키며 살아가는 존재이기 때문이다.

논리적 사고력을 훈련하는 게임도 있다. 특히 혼자 하는 게임은 대부분 일종의 복잡한 논리 퍼즐이다. 디지털 게임은 모두 프로그램에 의해 작동되는데, 그 프로그램은 논리적인 알고리즘으로 구성되어 있다. 따라서 게이머가 게임 속에서 어떤 행동을 하면, 그 행동의 논리적인 결과를 얻게 된다. 게임을 하면서 어떤 결과가 왜 나왔는지를 이해하려고 노력하다 보면 그 게임 속의 논리를 이해하게 된다. 이는 마치 수학을 배우면서 왜 2 곱하기 2가 4가 되는지를 이해하는 과정과 비슷하다. 적절한 준비만 되어 있다면 우리는 '심시티'를 하면서 도시 교통 체계와 주거지 및 상업 지구의 관계를 이해할 수 있고, '문명'을 하면서 공동체의 성장에 미치는 과학·정치·종교의 역할을 이해할 수 있다.

민첩성을 훈련하는 게임도 많다. 슈팅 게임이나 레이싱 게임 등은 특히 얼마나 빨리 상대방의 움직임에 반응하고 얼마나 적절한 순간에 기기를 조작하는지를 겨룬다. 체험형 게임은 운동이 되기도 하고, 리듬 게임은 실제로 박자에 맞춰 몸을 움직이는 훈련이 될 수도 있다. 또 디지털 게임은 디지털 기술의 기초를 배우는 계기가 되기도 한다. 대부분의 신작 게임은 그 시대에 가장 진보한 정보 통신 기술을 사용하기 때문이다. 학생들이 컴퓨터 이용법을 배우고 인터넷에서 자료 찾는 법을 배우는 이유는 게임을 하기 위해서인 경우가 많다. 즉, 게임을 하다 보면 게임을 둘러싼 기술에 익숙해지고, 그 기술의 작동 원리를 직관적으로 이해하게 된다. 물론 이 기술을 좀 더 깊이 이해하고 활용하기 위해서는 단지 게임만 해서는 안 된다. 게임 리터러시(literacy)가 필요하다.

6. 게임의 함정

글을 잘 읽고, 잘 이해하고, 잘 쓰는 능력을 '리터러시(literacy, 문해력)'라고 부른다. 그렇다면 게임 리터러시는 뭘까? 간단히 말해서 게임을 잘하는 능력이다. 게임을 잘한다는 것은 우선 그 게임에서 높은 점수나 높은 승률을 얻는다는 뜻일 것이다. 하지만 그것만이 전부는 아니다. 우리가 게임을 하는 이유가 무엇인가. 능력을 키우고 경쟁을 통해 짜릿함과 재미를 경험하면서 즐기기 위해서다. 즉, 게임을 잘한다는 건 게임을 즐긴다는 뜻이다. 하지만 주변을 살펴보면 그렇지 못한 경우가 많다. 게임을 할수록 더 화가 나는 사람, 게임하다가 친구와 싸워 인간관계가 망가지는 사람, 게임 때문에 진짜 중요한 일을 하지 못하는 사람, 게임 속에서 어떤 잘못을 저질러서 벌을 받는 사람, 게임을 오랫동안 즐겼지만 그 게임에서 아무것도 얻거나 배우지 못한 사람…… . 이런 사람들은 게임 속에서 아무리 대단한 실적을 올렸더라도 결국 게임을 잘하지 못한 셈이다. 그리고 여러 연구에 따르면 이런 사람들일수록 게임 속에서도 한심한 행동을 한다.

그렇다면 게임을 정말로 잘하기 위해서는 무엇이 필요한가? 이를 이해하기 위해서는 디지털 게임에서 우리가 빠지기 쉬운 함정부터 살펴볼 필요가 있다. 함정에 빠지지 않는 것이 게임을 잘하기 위한 첫 번째 조건이기 때문이다.

1) 디지털 게임은 안전하다

이 문장을 읽고 의문이 생길 것이다. 첫 번째는 '디지털 게임이 정말 안전하다고? 게임 중독 때문에 위험한 거 아닌가?' 하는 의문이다. 두 번째 의문은 아마 이것이리라. '안전한 게 왜 함정이지?'

디지털 게임은 '대부분' 안전하다. 현실에서는 자전거를 타다가 조금만 실수해도 넘어지거나 다쳐서 고통을 느껴야 한다. 게임은 그렇지 않다. 게임 속에서 벌어지는 일들이 실제 내 몸과는 아무런 상관이 없기 때문이다. 게임 속에서 폭탄 파편이나 총알에 맞고, 몬스터의 공격을 받고, 내가 조종하는 전투기가 추락하고, 절벽에서 떨어지거나 엄청난

'포켓몬고' 때문에… 美 연구진 "사망 256명, 교통사고 14만 건"

…… 미국의 한 연구에 따르면 2016년 미국에서 발생한 교통사고 중 14만 5000여 건이 포켓몬고와 관련된 것으로 추정되며 부상자 2만 9000여 명, 사망자 256명이 발생한 것으로 추산되었다. ……

자료: 서동민(2017.11.29).

디지털 게임이 '대부분' 안전하다고 한 이유는 최근 스마트폰으로 증강 현실을 이용하여 하는 게임들은 위험할 수도 있기 때문이다. 대표적인 스마트폰 기반 증강 현실 게임인 '포켓몬고'는 지금까지 가장 많은 사망과 부상 사고를 유발한 것으로 알려져 있다. 이는 게임 자체가 위험해서가 아니라 그 게임을 하기 위해 위험한 오프라인 세상에서 이리저리 돌아다니거나 운전 중에 게임을 하기 때문에 발생한 것이다.

사고를 당해도 나는 안전하다. 물론 게임 중독 같은 문제를 겪을 수는 있지만 그 게임 중독의 위험조차도 길거리에서 당할 수 있는 교통사고나 여러 가지 안전사고, 범죄 피해의 위험보다는 낮다. 게임은 그냥 안전할 뿐만 아니라, 안전하면서도 짜릿한 경험을 제공할 수 있다. 다치거나 죽을 염려도 하지 않고, 자동차 수리비도 걱정하지 않으며 시속 수백 km 속도로 카레이싱을 즐길 수 있는 곳은 디지털 게임뿐이다.

문제는 이런 안전성이 게임 속에만 있다는 점이다. 실수에도 너그럽고 물리적 위험도 전혀 없는 게임만 하다 보면, 게임 밖의 위험한 세상이 점점 더 무서워진다. 게임을 하는 자신을 돌이켜 보라. 게임을 하는 이유가 게임이 너무 만만하고 안심이 되기 때문은 아닐까? 더구나 게임 속에서의 안전함에 익숙해지다 보면 현실 세계의 위험을 망각할 수도 있다. 그 순간 여러분은 진짜로 뼈가 부러지고, 피를 흘리고, 남에게 해를 입히고, 심지어 경찰에 체포될 수도 있다.

2) 디지털 게임은 시간 대비 효율성이 높다

디지털 게임은 우리가 즐길 수 있는 활동 중에서 독서 다음으로 시간 대비 효율성이 높은 활동일 것이다. 오프라인 세계에서 축구나 농구를 한 번 하려면 축구장이나 농구장에 오가는 시간, 옷 갈아입고 준비하는 시간, 중간에 여러 이유로 게임이 중단되는 시간을 포함해야 한다. 30분 플레이를 위해 1시간 이상이 필요할 것이다. 하지만 디지털 게임은 로그인한 순간부터 3분 이내에 시작할 수 있으며, 온전히 그 게임에만 시간을 투입할 수 있고, 심지어 게임에 불필요한 부분은 건너뛸 수도 있다. 게임의 핵심 요소만 최대한 압축적으로 경험할 수 있는 것이다. 한 FPS 게임(블랙옵스) 유저의 전적 화면을 예로 들어 보자〈그림 5〉. 이 유저는 이 게임을 총 1만 1,112시간 하였으며, 그동안 총 1,691판의

그림 5. 한 플레이어의 게임 전적 화면

Commander	
TIME PLAYED	7d 17h 12m 19s
TOTAL WINS	1366
TOTAL LOSSES	325
RATIO	4.20
BEST STREAK	30

게임을 경험하였다. 게임 한 판의 전투에 소요되는 시간을 나눠 보면 평균 6분 30초 정도인데, 그 6분 30초 동안 상대방을 쏘아 쓰러뜨리거나 상대방의 손에 죽는 경험을 22.1회 한 셈이다. 6분 30초라는 짧은 시간 동안 생사를 넘나드는 경험을 22번씩 할 수 있는 곳이 디지털 게임 외에 어디 있을까.

이렇게 압축적으로 시간을 사용할 수 있는 디지털 게임의 특성이 왜 함정이 될까? 평소에는 이런 특성 때문에 짬짬이 나는 시간을 디지털 게임에 사용하기 쉽다. 수업과 수업 사이, 대중교통을 이용하거나 갈

아타는 사이 등에 생기는 10분 내외의 틈새 시간은 예전에는 뇌를 쉴 수 있는 휴식 시간이었다. 지금은 많은 사람이 그 시간에 스마트폰 게임을 한다. 주의력이나 집중력이 유지되기 위해서는 휴식이 필요한데 그 휴식의 기회를 게임에 소모하는 문제가 생길 수 있는 것이다.

다른 문제는 게임에서 경험하는 시간의 속도가 게임 밖의 세계와 전혀 다르다는 점이다. 이런 게임의 시간에 익숙한 사람들은 자신의 시간을 과대평가하는 함정에 빠질 수 있다. 오프라인에서 우리가 하는 활동은 대부분 게임에서보다 더 길고 지루한 시간을 견뎌야 한다. 예를 들어 수학 과목의 한 단원을 이해하기 위해 보통 학생은 일주일 이상이 필요하다. 그 시간 동안 반복하여 연습하고 숙달하여야 그 단원에 포함된 지식과 기술을 내 것으로 만들 수 있다. 게임에서 한 스테이지를 넘기는 데 걸리는 시간은 그보다 훨씬 짧다. 따라서 게임 속 시간에 익숙한 사람들은 오프라인의 과업도 실제보다 더 빨리 끝낼 수 있을 것으로 기대한다. 그러다가 기대한 만큼 일이 진행되지 않으면 당황하고, 실패하거나 포기하기도 한다. 이렇듯 게임의 시간과 현실의 시간을 혼동하다 보면 어떤 과업을 완료하기 위해 필요한 시간을 과소평가하거나, 중간중간 자투리 시간을 게임에 소모하는 등 오류에 빠질 수 있는 것이다.

3) 디지털 게임은 체력적 부담이 적다

디지털 게임을 할 때 우리의 신체 활동은 매우 적어진다. 눈과 손가락 정도만 움직일 뿐이다. 그래서 디지털 게임은 다른 놀이보다 피로감이 적고, 훨씬 오래 할 수 있다. 운동장에서 농구나 축구를 1시간 할 체력이라면 디지털 게임을 6시간 혹은 8시간도 충분히 할 수 있을 것이다. 그 결과 몇 가지 편향이 생긴다.

우선 디지털 게임에 많은 시간을 소모할 수 있다. 몸이 피로할 때도 할 수 있고, 밤새워서 할 수도 있다. 또 신체 발달에 필요한 활동 시간이 줄어들 수 있다. 디지털 게임에 많은 시간을 사용할수록 다른 신체 활동에 사용할 수 있는 시간은 그만큼 줄어들 것이 당연하다. 그 결과 중추신경계의 불균형이 일어날 수 있다. 우리의 뇌는 정신 활동과 신체 활동을 함께 처리하며, 이 둘을 병행할 때 최고의 기능을 발휘한다. 공부를 잘하려면 운동을 해야 하는 것도 그 때문이다. 지금까지 인류의 생활 속에서는 신체 활동과 정신 활동이 비교적 균형을 이루고 있었다. 뇌가 신체 활동은 최소화한 채로 정신 활동만 하는 경우는 독서나 영상 시청, 음향 청취 등 극히 예외적인 경우였다. 그런데 최근 20~30년 사이 디지털 게임과 함께 이런 활동의 불균형이 일상이 된 것이다. 이런 상황이 장기화될수록 신체 건강뿐만 아니라 정신 건강에도 큰 위협이 될 것은 확실하다.

4) 디지털 게임은 현실과 가상이 뒤섞여 있다

디지털 게임 속에서 벌어지는 일은 진짜일까 가짜일까? 물리적 실체는 없으므로 내가 조작하는 캐릭터가 죽거나 다치는 일은 그저 게임 속에서만 일어나는 가상이라고 할 수 있다. 하지만 게임 속에서 만나는 상대방이 진짜 사람인 경우에는 게임 속에서 벌어진 일이 현실로 확장될 수 있다. '포켓몬고'나 '애니팡'처럼 혼자 하는 스탠드얼론 게임(stand-alone game)은 대부분의 사건이 나 혼자만 알고 넘어가는 가상의 일이다. 하지만 '카트라이더'나 '오버워치', '배틀그라운드', 'LOL'처럼 사람을 상대로 하는 멀티 플레이 게임(multi play game), 'WOW'나 '리니지'처럼 아예 가상의 새로운 세계 속에서 수많은 다른 유저와 오랜 시간 함께 플레이를 축적해 가는 다중 사용자 온라인 게임에서는 게임 속에서 벌어진 일이 현실의 일부이기도 하다. 이렇게 가상과 현실이 혼재된 세계에서는 가상과 현실을 혼동할 개연성도 크다. 게임 속에서 NPC(non-playable character: 프로그램 된 대로 작동하는 캐릭터)를 공격하거나 괴롭히는 것은 그냥 플레이의 일부이거나 게임 내에서 처벌받고 끝날 일이다. 하지만 PC(playable character: 실제 사람이 조작하는 캐릭터)를 같은 식으로 공격하거나 괴롭히다가는 실제 대인 관계에서 갈등이 생기기도 하고, 심각한 경우에는 사이버 모욕죄나 사기죄 등으로 법적 처벌을 받을 수 있다. 그런데 많은 유저가 마치 NPC에게 하듯 PC에게 행동한다. 그것은 대부분 개인의 도덕성이나 매너의 문제 때문일 것이다. 하지만 가상과 현실을 혼동한 결과일 수도 있다.

7. 함정에 빠지지 않기 위한 게임 이용의 원칙

디지털 게임의 함정에 빠지지 않으려면 어떻게 해야 할까?

우선 효율적인 시간 관리 습관을 들여야 한다. 지금까지 인류에게 놀이 시간의 제한이 별로 없었던 이유는 그런 제한이 불필요하였기 때문이다. 밖에서 뛰어놀며 게임을 하는 아이들은 시간이 좀 지나면 저절로 피로해지고 배가 고파져 때가 되면 집에 돌아오게 마련이었다. 하지만 음식까지 쉽게 주문해 먹을 수 있는 PC방에서 게임을 하는 청소년들은 아주 늦게 피로감을 느낀다. 예전처럼 지쳐서 더 못 할 때까지 디지털 게임을 하다가는 하루 온종일 게임만 하게 될 수도 있다. 따라서 스스로 게임 시간을 조절하는 습관을 키워야 한다. 제일 좋은 시간 조절 원칙은 중요한 것부터 먼저 하는 것이다.• 우리가 살아가는 데 제일 중요한 일이 뭔지 생각해 보라. 수면, 씻기, 식사, 운동 같은 내 건강을 유지하기 위해 반드시 해야 하는 일, 방 청소, 쓰레기 버리기, 빨래나 설거지 등 집에서 가족의 일원으로서 분담해야 하는 일, 숙제나 예습, 복습 등 학생으로서 해야 할 일이 있을 것이다. 이런 일을 먼저 하고, 그다음에 게임을 하는 것이다. 이렇게 함으로써 게임에 지나치게 시간을 많이 쓰거나, 게임만 하느라 신체 활동을 하지 않아 성장 상태가 불균형해지는 함정에 빠지지 않을 수 있다.

두 번째는 게임 속 상대를 존중하는 태도다. 게임 속에서 상대방에게 지나치게 과감해지거나, 상대방을 불필요하게 공격하고 모욕을 주는 등의 한심한 행동을 하는 사람들이 있다. 그런 사람들은 자기 눈에 상대방이 보이지 않는다고 해서 진짜로 없다고 착각하는 것이다. 지적 능력을 충분히 갖춘 사람일수록 게임 속에서도 상대방을 존중할 줄 안다. 멀티플레이 게임을 즐기기 위해서는 반드시 나와 함께 게임을 할 사람이 필요하다. 그 사람의 매너가 내 게임 경험에 중요한 만큼, 나도 그 사람을 존중하는 매너를 보여 줄 필요가 있다. 게임은 이제 사회생활의 일부다. 게임을 하면서 상대방과 나의 처지를 바꿔 생각하고 상대방의 기분이나 마음을 읽어 보려 노력하는 것은 게임을 잘 즐기기 위해서만이 아니라 게임을 통해 더 많은 것을 얻고 배울 수 있는 방법이기도 하다. 이것이 게임 속 가상과 현실의 혼재, 게임 속의 지나친 안전성이라는 함정에서 벗어나는 방법이다.

• 이 원칙의 반대는 급한 것부터 먼저 하는 것이다. 급한 일부터 먼저 하다 보면 계속 급한 일이 생겨서 정작 중요한 일은 못 할 수도 있다. 반대로 중요한 일을 먼저 하면 급한 일들 중에서 덜 중요한 일은 쉽게 해결되기도 한다.

디지털 게임은 1970년대에 처음 시작되었지만, 50년이 지난 지금 세계에서 가장 거대한 엔터테인먼트 산업으로 부상하였다. 21세기 디지털 게임은 최첨단 정보 통신 기술과 융합하면서 가장 활발히 진화하는 매체이자, 미래 세계를 가장 빨리 엿볼 수 있는 창문이 되었다.

인류는 놀이를 통해 생존과 번영에 필요한 지식과 기술을 숙달해 왔다. 놀이가 특정 형태를 갖춘 경우를 게임이라고 부른다. 게임은 ① 메커니즘, ② 이야기, ③ 미적 요소, ④ 기술을 갖춘 놀이라고 할 수 있다. 이 요소들이 약해지거나 바뀌면 그 게임은 무산되거나 변질된다.

게임의 재미는 ① 경쟁, ② 의외성, ③ 모방, ④ 짜릿함에서 시작된다는 의견이 있는데 학자들 대부분이 이에 동의한다. 디지털 게임을 비롯한 모든 게임은 플레이어들의 적극적인 참여와 지적 활동을 자극한다. 우리는 게임을 통해 살아가는 데 필요한 다양한 능력을 습득해 왔으며 이는 지금도 마찬가지이다.

우리는 게임을 하면서 상대방의 마음을 정확히 읽는 능력, 규칙의 중요성과 반칙에 대응하는 능력, 논리적 사고력, 세계에 대한 이해력, 조작 능력을 비롯한 다양한 능력을 연습할 수 있으며, 특히 디지털 게임을 통해 첨단 정보 통신 기술을 적극적으로 체험하고 습득한다.

게임, 특히 디지털 게임은 물리적인 안전성, 시간을 압축적으로 체험하게 해 준다는 점, 몸을 적게 쓰기 때문에 덜 피로하다는 점, 현실과 가상이 뒤섞인 세계라는 점에서 매력이 있으며 동시에 그 매력이 위험 요소로 작용할 수 있다. 디지털 게임의 함정에 빠지지 않고 게임을 잘 이용하려면 시간 관리의 기술, 특히 급한 것을 먼저 하기보다는 중요한 것을 먼저 하는 습관을 키우고, 게임이 가상일지라도 그 속에서 만나는 타인은 진짜 사람임을 늘 잊지 않고 상대방을 존중하는 태도를 배워야 한다.

탐구 활동

1. 여러분이 즐기는 게임 속에서 재미의 4대 요소를 찾아보자.

2. 게임 속에서 반칙을 저지르는 플레이어에게 가장 적절한 대응책이 무엇일지 생각해 보자.

3. 게임의 역사에서 반칙이 규칙으로 바뀐 사례를 찾아보자(디지털 게임 외의 사례도 포함).

4. 게임 자체의 상품성은 비슷한데 그 게임에 관련된 이야기로 성공하거나 실패한 사례를 찾아보자.

5. 자신이 즐기는 게임의 역사를 찾아보고, 처음 그 게임을 개발한 사람들로부터 내가 그 게임을 하게 되기까지의 연결 고리들을 이어 보자. 그 연결 고리 중에는 나에게 그 게임을 알려 준 친구, 그 친구에게 그 게임을 알려 준 사람도 포함될 수 있다.

6. '게임의 함정'에 해당하는 사례들을 찾아보고, 게임의 함정에 부합하지 않는 사례는 없는지 살펴보자.

7. 게임의 기본 요소에서 빠져 있지만 다른 중요한 요소는 없는지 살펴보자.

참고문헌

서동민. 2017.11.29. "포켓몬고 때문에… 미국 연구진 '사망 256명, 교통사고 14만 건'". 한경닷컴 게임톡.

카이와, 로제(Roger Caillois). 2002. 『놀이와 인간』. 이상률 옮김. 문예출판사.

한국콘텐츠아카데미. 2018.03.21. "게임의 네 가지 기본 요소" https://edu.kocca.kr/edu/bbs/B0000023/view.do?nttId=72436&delCode=0&menuNo=500013&pageIndex=38(검색일: 2020.11.5)

헤네시, 조너선(Jonathan Hennessey) 글, 잭 맥고언(Jack McGowan) 그림. 2018. 『만화로 보는 비디오 게임의 역사』. 박중서 옮김. 계단.

영화 매체

노광우

학습 목표

1. '영화를 어디서 보는 것인가'의 의미를 이해할 수 있다.

2. 영화의 제작, 배급, 상영 과정을 이해할 수 있다.

3. 영화의 시각적 요소인 색채, 화면, 조명, 각도를 이해할 수 있다.

4. 영화의 청각적 요소인 대사, 주변음, 음악을 이해할 수 있다.

5. 영화에서 장면과 장면을 연결하는 편집을 이해할 수 있다.

6. 영화의 이야기 진행과 관련된 스토리와 플롯을 이해할 수 있다.

7. 영화의 관습과 구분을 장르라는 개념으로 이해할 수 있다.

8. 영화의 창작 의도, 개성, 스타일을 작가라는 개념으로 이해할 수 있다.

9. 연기하는 배우와, 인기 있는 배우인 스타 개념을 이해할 수 있다.

10. 영화 제작과 감상의 기반인 글쓰기 활동을 이해할 수 있다.

Introduction to Media for Teens

1. 영화를 보고 즐기는 두 가지 방식: 개인적 관람과 공적 관람

지금은 많은 사람들이 영화를 영화관에서 볼 뿐 아니라 텔레비전이나 컴퓨터 또는 스마트폰으로 본다. 그렇지만 이런 기계들이 발명되기 전에는 영화를 보기 위해 영화관에 갈 수밖에 없었다. 텔레비전, 컴퓨터 또는 스마트폰으로 보는 것은 개인적인 관람 행위이고 영화관에서 아예 모르는 사람들과 같은 공간에서 함께 보는 것은 공적인 관람 행위이다. 이렇게 개인적인 관람 행위와 공적인 관람 행위의 차이는 19세기 말에 영화가 세상에 나왔을 때부터 있었다.

그림 1. 오귀스트와 루이 뤼미에르 형제

그림 2. 시네마토그래프 상영회 포스터

자료: Wikipedia.

영화는 공식적으로 1895년 12월 28일에 탄생하였다고 기록되어 있다. 이날 프랑스의 발명가 뤼미에르 형제(오귀스트 뤼미에르와 루이 뤼미에르)가 파리의 한 카페에서 자기들의 발명품인 시네마토그래프(cinematograph)를 대중 앞에서 최초로 상영하였다. 그래서 영화학자들은 이날을 영화가 탄생한 날로 기록하였다. 즉, 영화는 영상을 찍어 보여 주는 기계일 뿐만 아니라 '여러 사람이 한 장소에 모여서 함께 영사기로 상영한 동영상을 관람하는' 행위가 기본적인 것으로 인식된 것이다. 그래서 "영화관에 가자(Go to cinema)"라는 말이 영화를 같이 보자는 의미로 쓰이는 것이다.

한편, 극장에 모여서 동영상을 보는 것이 아니라 혼자서 기계를 통해 동영상을 보는 개인적인 관람 행위는 미국의 발명왕 토머스 에디슨

그림 3. 토머스 에디슨

그림 4. 샌프란시스코의 키네토스코프방

자료: Wikipedia.

(Thomas Edison)의 발상이 었다. 에디슨과 그의 조수 윌리엄 딕슨(William Dickson)은 동영상을 촬영한 필름을 기계에 넣고 렌즈를 통해 볼 수 있는 장치를 발명해 1893년 최초로 공개하였고, 이 기계를 키네토스코프(kinetoscope)라고 불렀다.

그런데 영화가 세상에 알려진 초창기에는 뤼미에르의 시네마토그래 프가 더 빨리 세계에 보급되었다. 시네마토그래프는 공터나 카페, 교실에 프로젝터와 스크린을 설치하고, 여러 사람을 모아서 입장료를 받고 필름을 상영할 수 있었다. 그렇지만 키네토스코프는 전구나 전축과 같은 일종의 가전제품으로 개인이 사서 쓰기에는 기계 자체가 너무 비쌌고, 무거워서 보급하기 어려웠다. 당시의 관객 또는 소비자로서는 영화관에 가서 입장료를 지불하고 영화를 보는 것이 훨씬 경제적이었다. 그래서 영화관-시네마토그래프가 키네토스코프-기계보다 더 먼저, 더널리 퍼지게 되었다.

과학 기술이 더욱 발전하여 플라스틱이나 반도체 같은 소재들이 개발되고 텔레비전·컴퓨터·스마트폰이 등장한 후, 즉 개인이 기계를 사서 쓸 수 있게 되자 사람들은 영화관에 가지 않고 집에서 혹은 자기만의 공간에서 혼자 또는 친한 사람들끼리 영화를 볼 수 있게 되었다. 이는 에디슨식의 개인적 관람 행위 방식이 부활한 셈이다.

시네마토그래프는 '움직임(cinemato)을 기록하는(graph) 장치'이고, 키네토스코프는 '움직임(kineto)을 보여 주는(scope) 장치'이다. 즉, 뤼미에르 형제는 기록하는 데 관심이 더 많았고, 에디슨과 딕슨은 보여 주는 데 관심이 더 많았지만, 기본적으로는 '움직임'을 화면으로 옮겼다는 공통점이 있다. 영화의 혁신은 이 '움직임'을 기록하고 보여 준다는 데 있었다.

영화 이전에는 회화와 사진이 있었다. 회화와 사진 속의 인물들은 모두 고정된 모습으로 등장한다. 그런데 영화는 이 인물들이 움직이는 모습을 보여 준 것이다. 영화 이전에는 태엽이나 손으로 돌려서 그림이 움직이는 것처럼 보이게 하는 광학 장난감들이 있었다. 이 장난감들은 그림을 회전판에 그려 놓고 돌림으로써 그림이 움직이는 것같이 보이게 한 것이다. 이 장치들은 그림이 고정되어 있는 것이 아니라 움직일 수 있다는 발상을 하게 해 주었다. 영화는 사람이나 사물의 움직임을 연속으로 찍은 사진을 틀어서 그 움직임을 볼 수 있게 하였다는 데 차이가 있었다.

영화가 발명된 19세기는 유럽과 미국에서 과학과 기술이 비약적으로 발달하던 시기다. 증기 기관을 이용한 기차와 증기선, 휘발유를 연료로 쓰는 자동차 같은 운송 수단이 발달하였고, 유선 전신, 전화, 무전기와 같은 통신 수단의 발전을 통해 인간이 시간과 공간을 경험하는 방식이 바뀌었다. 사람들은 멀리서 벌어지는 일을 예전보다 더 빨리 알 수 있었고, 더 많은 사람이 더 먼 곳으로 이동할 수 있게 되었다. 영화의 발명도 이런 19세기 과학 기술 발전의 산물이다.

초창기의 영화는 지금 우리가 알고 있는 영화와 전혀 달랐다. 지금 우리가 흔히 보는 영화는 배우들이 허구적인 인물들의 사연을 연기하는 모습이 화면에 나오는 것이다. 이야기가 있다는 점에서 소설과 통하고, 배우가 연기한다는 점에서 연극과 비슷하다. 그렇지만 초창기 영화는 아직 소설의 이야기 구조도 없었고, 전문적인 배우가 나오지도 않았다. 뤼미에르 형제의 영화는 카메라로 주변 풍경과 일상을 기록한 것이었다. 요즘으로 치자면 스마트폰으로 찍은 짧은 동영상과 같았다. 이렇게 카메라를 가지고 일상생활을 찍은 영화를 '액추얼리티 필름(actuality film)'이라고 부른다. 배우가 등장하지 않고, 주변의 삶을 기록한 액추얼리티 필름은 나중에 다큐멘터리 영화로 발전한다.

뤼미에르 형제는 영화의 발명자로 기록되기는 하였지만, 정작 이 발명품으로 무엇을 해야 할지 잘 몰랐던 것으로 보인다. 영화를 획기적으로 활용한 인물은 프랑스의 조르주 멜리에스(Georges Méliès)라는 마술사다. 무대에서 마술을 선보이던 멜리에스는 영화를 일종의 오락이라고 생각하고 재미있는 구경거리로 발전시켰다.

그림 5. 피츠버그에 처음으로 생긴 니켈로디온의 내부

자료: *Moving Picture World*(1907.11.30), p. 629.

1900년대 초반 미국의 동부에 '니켈로디온(nickelodeon)'이라는 200석 규모의 극장이 생겼다. 니켈로디온은 5센트짜리 동전을 의미하는 '니켈(nickel)'과 극장을 뜻하는 '오데온(odeon)'이 결합된 말로 입장료가 5센트라는 데서 유래하였다. 오페라나 연극, 뮤지컬 등 공연 예술에 비해 저렴해 경제적으로 부유하지 못한 사람들이 주로 이용하였다. 그래서 오랫동안 영화는 저급한 오락으로 간주되었다.

그 후에 필름의 길이가 늘어나면서 영화 상영 시간도 늘어났다. 영화사는 연극이나 소설을 각색하고 전문적인 배우를 기용하였으며, 제작 과정이 복잡해지고 각 과정을 담당하는 인력들이 등장하였다. 극장도 객석 수가 늘어나고 공간이 넓어졌다. 오늘날 우리가 아는 영화와 영화관의 모습을 갖추게 된 것이다.

2. 영화의 제작, 배급, 상영

하나의 제품으로서 영화는 크게 제작·배급 과정을 거쳐 최종적으로 상영관이나 텔레비전, 온라인 동영상 서비스(OTT)를 통해 관객이 감상하게 된다. 제작은 영화를 만드는 과정이고, 배급은 제작한 영화를 상영관·텔레비전·OTT 등에 상영하도록 섭외하는 과정이며, 상영은 상영관과 텔레비전, OTT를 통해 관객이 영화를 보는 과정이다.

제작은 사전 제작과 제작, 후반 작업의 3단계로 구분할 수 있다. 사전 제작은 시나리오를 쓰고, 영화를 만들 사람들(연출자, 배우, 촬영 담당, 조명 담당, 녹음 담당, 소품 담당, 미술 담당, 의상 담당 등등)을 기용하고, 영화를 만들 일정과 예산을 짜고 자금을 모으는 과정이다. 경우에 따라서는 시나리오를 쓰는 과정과 예산 확보 과정을 '준비 단계'라고 별도로 구분하기도 한다.

제작 단계에서는 이렇게 확보된 시나리오를 바탕으로 일정에 따라 기용된 사람들과 함께 촬영할 설계도에 따라 촬영장에서 촬영을 진행한다. 촬영 진행과 관련하여 주요한 결정을 내리는 사람이 연출자 혹은 감독이다. 감독은 상황에 맞는 연기, 조명, 의상 디자인, 소품을 각 담당자에게 요구하고, 각 담당자는 그 요구에 맞추어 작업한다.

약 2시간 분량의 영화를 만들기 위해서는 아주 짧게는 2시간만 걸리는 경우도 있었지만, 대개는 몇 주 이상 시간이 걸린다. 후반 작업은 현장에서 촬영한 필름을 편집하고, 녹음해 온 대사와 음향을 재처리하여 필름에 입히고, 배경 음악을 입히고, 영화가 시작하고 끝날 때 출연진과 제작진의 이름이 나오도록 크레디트 영상을 삽입하고, 필요한 경우 자막을 입힌다. 21세기에 들어서는 여기에 컴퓨터 그래픽으로 특수한 시각 효과를 내는 과정이 추가되었다.

규모가 큰 영화에는 거액의 비용이 들어가는데, 그 큰돈을 한꺼번에 마련하기는 어렵다. 그래서 외부의 투자를 받거나 은행에서 자금을 빌리기도 한다. 일정이 지연되어서 촬영 시간이 늘어나면 은행에 물어야 할 이자가 늘어나는 등, 그만큼 제작비가 더 들어간다. 규모가 작더라도 촬영 시간이 지연되면 손해를 보는 것은 마찬가지이다.

배급은 이렇게 만들어진 영화를 상영하기 위해 극장, 텔레비전, OTT 등과 섭외하는 과정이다. 한 회사가 영화의 제작·배급·상영을 다 맡아서 할 수도 있지만, 보통 제작을 전문으로 하는 회사, 배급을 담당하는 회사, 상영을 담당하는 극장 업자가 따로 있다. 영화는 예산 규모에 따라 거대 예산이 들어간 블록버스터, 중간 정도의 예산이 들어간 중간급 영화, 예산이 적게 들어간 소규모 독립 영화로 나눌 수 있다. 투입된 비용을 회수하고 수익을 내기 위해 배급 회사는 극장의 수, 상영 시기를 결정하고 홍보를 진행한다. 거대 예산을 들인 블록버스터 배급 회사는 홍보에 많은 예산을 쓴다. 이에 비해 소규모 독립 영화는 예산이 부족하기 때문에 평론가의 호평이나 관객의 입소문에 주로 의존한다.

상영은 관객이 영화를 보게 하는 행위이다. 관객이 영화를 보는 것은 관람이나 감상이라고 한다. 영화 회사의 수입원은 관객이 영화를 보고 지불한 돈이다. 상영에서 1차적인 공간이 바로 상영관이다. 상영관은 입장료를 받고 관객을 입장시키고, 관객 대상으로 음료수와 팝콘 등을 판매한다. 입장료 수익은 상영관이 보통 45%를 가져가고, 음료수 등 간식 판매 수익은 상영관이 다 가진다.

영화관에서 개봉한 후에는 유선 방송, 인터넷 TV(IPTV), 공중파 텔레비전, DVD 등을 통해 관객에게 제공한다. 최근에는 인터넷과 스마트폰을 통해 영화를 제공하는 넷플릭스나 웨이브 같은 OTT 서비스도 등장하였다. 상영관 상영을 1차 시장이라고 부르며, 나머지는 2차 시장

블록버스터와 중간급 영화, 소규모 독립 영화 상영의 예

보통 관객이 많이 드는 여름방학과 겨울방학에는 블록버스터를 주로 상영한다. 그래서 마블 스튜디오의 '어벤저스' 시리즈는 보통 여름에 개봉하는 경우가 많았고, 2019년 겨울 방학에는 하정우, 이병헌, 마동석이 출연한 〈백두산〉을 개봉하였다. 비수기인 3, 4, 5월에는 중간급 영화를 개봉한다. 2019년에 라미란과 이성경이 주연한 영화 〈걸캅스〉를 5월에 개봉한 것이 그 예이다. 그리고 설이나 추석에는 가족이 함께 모이는 것을 고려해서 가족용 영화나 사극의 개봉을 고려한다. 2012년에 이병헌과 류승룡이 나온 〈광해: 왕이 된 남자〉, 2013년에 송강호와 조정석이 나온 〈관상〉은 추석 연휴 기간에 맞춰 개봉하였다. 큰돈을 들여서 만든 영화가 흥행에 실패하면 경제적 손실이 크므로, 손실을 줄이고 수익을 늘리기 위해 블록버스터 영화의 배급사들은 될 수 있는 한, 동시에 많은 극장에서 상영하려 한다. 그러다 보니 상대적으로 규모가 작은 중간급 영화나 소규모 독립 영화들은 상영할 극장을 잡기가 어려워진다.

〈어벤저스: 인피니티 워〉는 2018년 4월 25일 전국 2,460개 상영관에서 개봉되어 1만 1,429회 상영되었다. 〈인피니티 워〉는 그날 전체 극장 매출액의 95.1%나 되는 점유율을 보였다. 같은 날, 세월호 침몰 사건을 다룬 다큐멘터리 〈그날, 바다〉는 366개 상영관에서 개봉하여 672회 상영되어 전체 매출액의 1%를 차지하였다. 인도 여성 레슬러의 실화를 다룬 〈당갈〉이 260개 상영관에서 395회 상영되어 전체 매출액의 0.9%를, 〈나를 기억해〉라는 한국 스릴러 영화가 217개 상영관에서 251회 상영되어 전체 매출액의 0.1%를 차지하였다. 개성 있는 감독으로 인정받는 홍상수 감독의 소규모 독립 영화 〈클레어의 카메라〉가 63개 상영관에서 131회 상영되었다.

〈클레어의 카메라〉와 같은 소규모 독립 영화들은 객석이 적은 독립 영화 전용관에서나마 상영되기 때문에 어느 정도 비용을 만회할 수도 있다. 그래서 상대적으로 중간급인 영화들이 블록버스터 영화를 피하여 개봉 시기를 정하려고 많은 고민을 한다.

또는 부가 시장이라고 부른다. 대체로 상영관에서 호평을 받은 영화들은 2차 시장에서도 시청률이 높다. 이렇게 1차 시장과 2차 시장에서 관객이 지불한 돈이 영화 제작과 배급, 상영에 관련된 회사들의 수입이 되고, 영화업 종사자는 이 수입으로 생계를 꾸리고 다음 작품을 기획·제작한다.

3. 영화의 시각적 요소: 색채, 화면, 조명, 각도

영화의 시각적 요소는 다른 말로는 '미장센(mise-en-scène)'이라고도 한다. 미장센은 연극에서 쓰는 용어로서 무대 위의 인물 배치, 조명, 세트 배치에 관한 계획인데 영화에서는 화면상의 배치를 의미한다. 여기서는 다양한 요소 중 색채, 화면의 크기, 조명, 카메라의 각도를 알아보자.

색채 영화는 1930년대에 등장하였다. 그 전의 사진과 영화는 흑백이었다. 영화가 발명된 초기부터 영화에 색깔을 입히려는 시도는 있었다. 처음에는 필름을 염색하는 틴팅(tinting)과 필름의 검은 부분을 채색하는 토닝(toning)을 시도하였다. 그래서 초기의 단편 영화 중에는 화면 전체가 주황색이나 푸른색이 돌거나, 특정 부분에만 색깔이 들어간 작품들이 있다. 그 후로도 꾸준히 색깔을 입히려 시도하여 1930년대 중반에 월트 디즈니에서 〈꽃과 나무〉라는 단편 컬러 애니메이션을 만들었고, 1939년에 색채 영화 〈바람과 함께 사라지다〉와 〈오즈의 마법사〉가 크게 인기를 끌면서 본격적으로 색채 영화 시대에 들어섰다.

실제 색깔을 그대로 재현한 영화를 예전에는 총천연색 영화라고 부르기도 하였다. 그렇지만 현재는 어떤 상황을 강조하기 위해 특정한 색을 의도적으로 쓰기도 한다. 영화 〈사냥의 시간〉(2020)은 배경색으로 붉은색을 많이 썼다. 붉은색 배경은 현실에서는 보기 어렵지만 등장인물들이 처한 암울하고 절박한 상황과 잘 어울린다. 영화 〈매트릭스〉(1999)는 초록색 톤을 많이 사용하였다. 컴퓨터 화면에 깔리는 색깔을 주요 색채로 설정하여 미래 사회의 싸늘함을 암시하였다. 영화 〈라이언 일병 구하기〉나 〈태극기 휘날리며〉를 보면 회색 톤을 강조하는데, 이는 포탄이 터지고 총알이 날아다니면서 흙이 튀는 전장의 긴박함을 강조한 것이다.

등장인물이 입은 옷 색상을 통해 등장인물의 성격을 나타내기도 한
다. 일단, 밝은색과 흰색 계열은 깔끔한 느낌을 준다. 영화 〈건축학개
론〉을 보면 수지가 연기한 대학생 시절 서연은 하얀색과 베이지색 계
열의 옷을 입어 청순함을 강조한다. 〈다크 나이트〉에서 배트맨은 검은
색 복장을, 배트맨의 숙적 조커는 보라색 양복에 하얀색 분칠을 한 모
습으로 등장한다. 배트맨의 단조로운 검은색 복장은 배트맨 내면의 어
두운 상처를 암시한다. 그에 비해 조커는 화려하고 마치 만화 속 인물
같은 모습으로 나타나 자신의 사악한 의도를 우스꽝스럽게 과시한다.

영화 화면의 가로세로 비율은 4 대 3이 표준이다. 1950년대에 대규
모로 보급된 텔레비전도 이 비율을 채택하였다. 할리우드는 텔레비전
과의 경쟁에서 이기기 위해 텔레비전의 한계를 극복하려 노력하였다.
여전히 흑백 화면인 텔레비전과 차별화하기 위해 할리우드는 색채 영
화를 더 많이 찍기 시작하였고, 텔레비전보다 더 많은 볼거리를 제공
하고자 화면의 가로세로 비율을 2 대 1에 가깝게 넓혀 이를 와이드 스
크린이라고 불렀다. 즉, 우리가 상영관에서 보는 영화는 텔레비전과
차별화하려는 영화사의 노력으로 형성된 것이다. 그 후 텔레비전의 화
질이 개선되고 디지털로 바뀌면서 영화처럼 와이드 스크린 포맷을 채
택하였다. 상영관에서 큰 화면으로 보는 것과 필름의 색감을 제외하면
영화와 텔레비전의 차이는 많이 좁혀졌다.

영화의 화면은 보통 '숏(shot)'이라고 부른다. 숏의 크기는 화면에 나
오는 주요 대상의 크기, 즉 카메라와 대상의 거리에 따라 익스트림 클
로즈업, 클로즈업, 미디엄 클로즈업, 미디엄 숏, 미디엄 롱 숏, 롱 숏,
익스트림 롱 숏 등 일곱 개로 나눌 수 있다. 익스트림 클로즈업은 손
가락이나 눈동자와 같은 신체의 작은 부분을 크게 보여 준다. 즉, 화
면에 눈동자나 손가락이 꽉 차게 보여서 다른 사람이나 사물은 등장하

지 않는다. 반대로 익스트림 롱 숏은 남산에서 서울 시내를 보여 주듯이 멀리서 도시의 전경을 보여 주는 것이 대표적인데, 사건이 일어나는 장소를 소개할 때 주로 쓰인다. 클로즈업은 보통 인물의 얼굴이 화면에 꽉 차서 보이는 경우이다. 미디어 클로즈업은 어깨 위를, 미디어 숏은 허리 위를 보여 준다. 요즘 유튜버나 아프리카TV의 비제이(BJ: Broadcasting Jockey)들이 의자에 앉아서 웹캠으로 방송하는 화면이 미디엄 숏이다. 미디엄 롱 숏은 무릎 위, 롱 숏은 머리부터 발끝까지 다보여 준다.

영화는 배우가 연기를 한다는 점에서 많은 부분을 연극에 빚지고 있다. 영화가 연극과 크게 차이가 나는 점이 클로즈업이다. 연극은 제한된 무대 위에서 배우가 연기하고 관객은 객석에서 배우의 신체 움직임을 보고 배우가 말하는 대사를 듣지만, 영화는 큰 화면에 배우의 얼굴을 확대하여 보여 주는 경우가 많다. 이때 배우의 얼굴 표정은 등장인물의 심리 상태를 잘 나타낸다. 얼굴 표정에 나타난 심리 상태를 보면서 관객은 등장인물에게 몰입함으로써 마치 자기가 주인공이 된 듯한 착각에 빠지기도 한다. 그래서 영화와 텔레비전 드라마는 연극에 비해 상대적으로 표정 연기를 더 중시한다.

조명은 배우의 연기를 돋보이게 하고, 영화에서 발생하는 어떤 사건이나 상황의 분위기를 조성한다. 너무 어두운 곳에서 사진을 찍으면 대상이 잘 보이지 않는다. 그래서 찍고 싶은 대상에게 조명을 비출 필요가 있다. 조명을 비출 때 빛을 받는 부분은 밝게 보이지만, 빛을 받지 못하는 부분에는 어두운 그림자가 생긴다. 이렇게 밝은 부분과 그림자를 잘 대조시킴으로써 의미를 만들어 내기도 한다. 밝은 부분과 그림자를 강렬하게 대비시키는 조명 방법은 서양의 17세기 바로크 회화에서 발전하였다.

먼저 조명은 대상의 윤곽선이 뚜렷이 보이게 하는 경조명과 윤곽선이 흐릿해서 대상이 부드럽게 보이는 연조명이 있다. 사람의 얼굴에 비추는 조명은 광원의 위치에 따라 크게 정면 조명, 후면 조명, 측면 조명, 하부 조명, 수직 조명으로 나눈다.

정면 조명은 얼굴을 정면에서 비추며 얼굴 전체를 보여 주기 위하여 사용한다. 후면 조명을 비추면 얼굴은 어둡게 나오고 얼굴 주위의 윤곽선이 밝게 보인다. 상대방의 얼굴을 드러내지 않는 상황에서 쓰인다. 측면 조명은 얼굴에 밝은 부분과 그림자를 만들어 내어 인물이 지닌 이중성, 모호함을 암시할 때 사용한다. 하부 조명은 얼굴 아래쪽에서 위로 비추어 공포 영화에서 공포감을 조성할 때 많이 쓰인다. 수직 조명은 머리 위에서 아래로 비추는데 얼굴 아래쪽으로 그림자를 만들어 내어 좀 더 입체적인 느낌을 주기 위해 사용한다.

영화는 카메라의 위치와 각도로 어떤 느낌을 만들어 내기도 한다. 영화 〈기생충〉에서 기우가 과외 교사가 되기 위해 박 사장 집에 면접을 보러 가는 장면을 떠올려 보자. 기우가 대문을 열고 집사 문광의 안내를 받으면서 계단을 올라가는 것을 카메라가 뒤쫓아 가며 찍는다. 마치 관객이 기우의 뒤를 따라서 박 사장 집으로 들어가는 것과 같고, 관객은 기우가 마당에 들어서 박 사장의 좋은 집을 올려다보며 느꼈을 압도당하는 기분을 공감할 수 있다. 이렇게 카메라가 아래에서 위를 찍는 것을 앙각 촬영이라고 부른다. 반대로 카메라가 위에서 아래에 있는 대상을 찍는 것을 부감 촬영이라고 부른다. 부감 촬영은 관객이 대상을 내려다보는 느낌을 주는데 대상이 지닌 초라한 느낌, 왜소한 느낌을 보여 준다.

4, 영화의 청각적 요소: 대화, 주변음, 음악

1927년에 세계 최초의 유성 영화 〈재즈 싱어(Jazz Singer)〉가 미국에서 개봉하였다. 그 이전의 영화는 소리가 녹음되지 않았기에 흔히 무성 영화라고 부른다. 영화에 소리를 입힐 수는 없었지만, 극장에 소리가 없었던 것은 아니다. 서양에서는 극장에서 악단이나 피아노 연주자가 영화의 분위기에 맞춰 음악을 넣었다. 동양에서는 화면에서 벌어지는 상황을 설명해 주고 등장인물들의 목소리를 대신 내 주는 변사를 극장에서 고용하기도 하였다.

영화에 소리를 입힐 수 있게 되자 악단, 피아노 연주자, 변사는 극장에서 사라졌고, 발성이 안 되거나 사투리가 심한 배우들도 영화계에서 사라졌다. 배우는 주어진 배역을 잘 소화하는 것, 연기를 잘하는 것으로 능력을 평가받는다. 무성 영화에서는 배우가 표정과 몸짓만으로 배역을 소화하였는데 유성 영화 등장 이후에는 대사를 암기하여 정확하게 발음하는 능력, 인물의 출신 배경에 맞는 억양이나 말씨를 구사하는 능력도 중시되었다. 미국 영화 〈대부 II〉(1974)에서 배우 로버트 드니로(Robert De Niro)는 자기가 맡은 배역이 이탈리아의 시칠리아섬에서 미국으로 이민 온 사람이라는 것을 알고, 시칠리아섬에 가서 녹음기로 그 지역 사람들의 말을 녹음해 반복해서 듣고 말씨를 따라 하였다. 드니로는 그런 노력을 인정받아 아카데미 남우조연상을 받았다. 우리나라 영화에서도 배우들이 어떤 인물을 연기할 때 그 인물의 출신 지역 말투를 전문가에게 따로 교습받기도 한다.

〈재즈 싱어〉 이후에 영화에 소리를 입히는 다양한 기술이 개발되었다. 그렇지만 영화에 등장하는 소리는 기본적으로 대화, 주변음, 음악이다. 대화는 등장인물과 등장하지 않는 인물이 하는 말이다. 등장하지 않는 인물은 상황을 설명하는 내레이터(narrator)이다. 등장인물이 여럿이고 서로 말을 주고받는 경우도 있지만, 인물이 한 사람만 나와 내면의 생각을 혼자 전달하는 경우도 있다. 연극에서는 배우가 인물 내면의 생각을 말하는 것을 독백이라고 한다. 영화에서는 그런 상황에서 배우가 굳이 말을 하지 않고, 나중에 대사를 따로 녹음하여 화면에 입힐 수 있다.

주변음(ambient sound)은 어떤 사건이 발생하는 상황에서 발생하는 소리이다. 주변음은 그 현장의 소리가 다 포함된다는 의미로 현장음이나 배경음이라고도 한다. 예를 들어 일상생활에서 들리는 자동차나 가전제품에서 들리는 기계음이나 바람 소리, 빗소리같이 자연에서 들리는 소리이다. 실제 상황을 있는 그대로 재현하기 위해 그 소리를 그대로 녹음해서 쓰기도 하지만, 그 소리들 중에서 하나만 선택하여 들려주는 경우도 있다. 또 현실에서 나는 소리를 그대로 영화에서 들려주면 소리가 뒤섞여서 관객이 괴로울 수도 있다. 또 이 현장음이 너무 커서 인물들의 대화를 방해하면 소음이 된다. 그래서 그 상황에서 강조하고 싶은 소리만 증폭하여 사용하는 경우가 많다.

판타지 영화에서는 우리가 경험해 보지 못한 상황이 많이 발생하기 때문에 그 상황에 어울리는 소리를 새로 만들어서 입히기도 한다. '스타워즈' 시리즈에서 제다이 기사들이 광선검을 휘두르는 장면에서는 우리가 현실적으로 광선검을 휘두르는 것을 볼 수는 없으므로 광선검의 소리가 어떤지 알 수 없다. '신과 함께' 시리즈에 나오는 여러 지옥에서 발생하는 상황도 우리가 실제로 경험해 본 적이 없다. 그래서 음향 감독들은 각 상황에 어울릴 만한 소리를 고안하여 만들어 낸다. 이렇게 영화 안에서 벌어지는 상황에 어울리는 소리를 만들어 내는 것을 나타내는 개념이 충실도이다. 영화 음향은 영화 안에서 소리를 내는 사물의 질감에 맞게(충실하게) 만든다.

영화 음향은 이야기의 진행과 관련하여 내재 음향과 외재 음향으로 구분한다. 내재 음향은 영화에서 어떤 사건이 발생할 때 그 상황에서 물리적으로 발생하는 소리이다. 외재 음향은 사건이 발생할 때 물리적으로 발생하는 소리가 아니고, 영화를 촬영한 다음에 나중에 삽입한 소리이다. 영화에서 주인공이 과거를 회상할 때 자기가 예전에 한 말이 독백이나 방백처럼 관객에게 전달되는 것이 외재 음향의 예이다. 그리고 외재 음향의 가장 대표적인 것이 바로 영화 음악이다.

음악이라고 하면 흔히 텔레비전 드라마의 시그널 음악이나 주제 음악, 오리지널 사운드트랙(OST: original sound track)을 생각하기 쉽다. 영화의 분위기에 맞게 새로 음악을 작곡하여 쓰거나 이미 알려진 노래를 가져다 쓰기도 한다. 〈건축학개론〉에는 1996년에 유행한 전람회의 「기억의 습작」을 삽입하였다. 즉, 그 시기를 나타내는 기호로 그 시절의 노래를 사용하는 경우가 많다. 아울러 노랫말 자체가 중년이 된 인물들이 젊은 시절을 돌아보면서 느끼는 회한을 간접적으로 표현한다. 음악이 가장 중요하고 빈번하게 사용되는 장르가 바로 뮤지컬이다. 뮤지컬에서 노래는 대사의 기능을 하기도 하고, 독백의 기능을 하기도 한다. 〈라라랜드〉 도입부에 나오는 노래 「어나더 데이 오브 더 선(Another day of the Sun)」은 로스앤젤레스의 뜨거운 느낌을 표현하기도 하지만, 지금은 별 볼일 없는 처지이지만 앞으로는 나아질 것이라는 희망을 노래한다. 이 가사는 아직은 가난한 무명 배우인 주인공 미아와 피아니스트 세바스천의 희망을 암시하기도 한다.

한편, 주변음은 잘 쓰지 않고 음악만으로 전개하는 장르가 바로 뮤직 비디오이다. 프로젝트 그룹 싹쓰리의 뮤직 비디오 〈다시 여기 바닷가〉는 도입부에서 바닷가의 바람 소리만 들려준 후에 바로 음악으로 연결된다. 비룡, 유두래곤, 린다G가 일하는 장소의 소음이나 서로 나누는 대화는 나오지 않는다.

5. 영화의 편집: 장면의 연결

편집은 다른 화면을 이어 붙이는 기술이다. 영화가 처음 발명되었을 때에는 편집이라는 개념이 없어 찍은 장면을 영화관에서 그대로 상영하였다. 그런데 각기 다르게 찍은 영화 필름을 이어 붙인다는 개념이 생겨났다. 영화가 길어질수록 이렇게 이어 붙이는 장면도 늘어났다. 그래서 편집을 통해 영화의 리듬을 조절할 수 있게 되었다. 잘 만든 영화들은 촬영을 잘해서 멋진 풍경이 나오는 작품이기도 하지만, 장면을 잘 편집해서 등장인물들의 움직임이나 장면의 시간을 잘 조절한 작품들이다.

장면을 전환하고 연결할 때 흔히 쓰는 방법으로는 커팅(cuting), 페이드인(fade in)·페이드아웃(fade out), 디졸브(dissolve), 와이프(wipe)와 아이리스(iris)가 있다. 와이프는 한 장면이 왼쪽 또는 오른쪽에서 등장하면서 그 전 장면을 지워 버리는 기법이다. 아이리스는 밝은 원 안에 있는 대상을 보여 주고 검은색의 바탕 화면으로 원을 줄이거나 늘리는 기법이다. 카메라의 조리개를 여는 것과 같은 느낌을 준다. 와이프와 아이리스는 과거에 많이 쓰던 기법으로 요즘에는 잘 쓰지 않는다. 과거를 다룬 영화에서 예스러운 느낌을 주기 위해 와이프와 아이리스를 쓰는 경우가 있다. 페이드인·페이드아웃은 과거 회상 장면 등에서 많이 쓰는 장면으로 두 개의 화면이 겹쳐지면서 앞의 장면이 사라지고 다음 장면이 나온다. 디졸브는 두 개의 화면이 겹쳐진 상태인데 오버

랩이라고 불리기도 한다. 가장 일반적인 연결 기법은 한 장면 뒤에 바로 다음 장면을 연결하는 커팅이다.

편집은 크게 연속 편집, 평행 편집과 불연속 편집으로 나눈다. 연속 편집은 이야기의 진행과 관련하여 시간과 공간이 이어지도록 연결하는 방식이다. 가장 기본적인 편집의 원리는 180도 법칙과 아이라인 매치(eyeline match)이다. 180도 법칙은 두 사람을 찍을 때 마주 보는 두 사람 사이에 가상의 선을 긋고 카메라의 위치가 그 선을 넘지 말아야 한다는 일종의 관습이다. 카페에서 마주 보고 한 테이블에 앉은 두 사람이 이야기하는 장면을 예로 들면 처음에는 두 사람의 옆면을 보여 주고 그다음에 왼쪽 사람의 얼굴을 보여 주는데 이때 이 사람은 화면의 왼쪽에 있게 된다. 반대로 오른쪽 사람의 얼굴은 화면의 오른쪽에 있게 된다. 이렇게 찍으면 처음 장면에서 왼쪽과 오른쪽에 있는 사람의 위치를 관객은 자연스럽게 받아들인다. 이렇게 찍기 위해서는 두 사람이 서로 마주 보는 눈의 위치에서 가상의 직선을 그은 다음에(아이라인 매치) 두 사람을 찍는 카메라는 그 선을 넘어가지 않아야 한다. 즉, 두 인물 주변에 360도로 가상의 원을 그리고 카메라가 원의 반면인 180도를 넘지 않아야 공간의 일관성이 유지된다.

평행 편집은 같은 시간에 다른 장소에서 벌어지는 두 개 이상의 사건을 연결하는 것이다. 평행 편집은 교차 편집이라고도 한다. 평행 편집은 등장인물이 볼 수 없고, 경험할 수 없는 사건이나 상황 정보를 관객에게 전달할 수 있다. 관객은 주인공과 자신을 동일시하므로 주인공에게 닥칠 위험을 보면서 주인공의 안위를 걱정하는 등 상황에 몰입하게 된다. 이런 기법을 흔히 서스펜스라고 부른다.

불연속 편집은 시간과 공간이 이어지기보다는 시간과 공간의 연속성을 파괴하는 점프 컷 기법과 화면을 이어 붙임으로써 관객이 새로운 의미, 새로운 느낌을 가지게끔 유도하는 몽타주 기법이 있다. 점프 컷은 두 인물이 대화하는 동안 중간중간 시간과 공간의 변화를 생략하는 것이다.

몽타주의 원리는 두 개의 장면을 합쳐서 새로운 의미를 만들어 내는 것인데 전혀 새로운 것은 아니다. 이는 한자의 구성 방법인 육서(六書) 중 회의(會意)와 같은 원리이다. 회의는 두 개의 상형 문자를 합쳐 새로운 의미를 만들어 내는 방식이다. 울 명(鳴) 자가 만들어지는 원리를 예로 들어 보자. '口(입 구)+鳥(새 조)=鳴' 이렇게 두 개의 이미지를 합쳐 새로운 의미가 파생된다.

두 장면을 연결해서 새로운 의미를 만들어 내는 것을 본격적으로 실험하여 이론으로 발전시킨 것은 1920년대 소련의 영화인들로, 영화 역사에서는 이들을 소비에트 몽타주 학파라고 부른다.

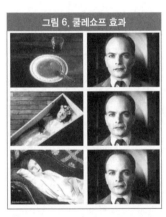

그림 6. 쿨레쇼프 효과

자료: https://www.curatormagazine.com/michaeltoscano/kuleshovs-effect-the-man-behind-soviet-montage/

소련의 레프 쿨레쇼프(Lev Kuleshov)는 1910년대 러시아의 유명 배우 이반 모주힌(Ivan Mozzhukhin)의 표정 없는 얼굴 사진으로 실험을 진행하였다. 모주힌의 사진을 사람들에게 보여 준 다음 장례식장의 관 사진을 보여 주니 사람들은 모주힌이 슬퍼한다고 여겼다. 모주힌의 사진을 보여 준 다음에 음식 사진을 보여 주니 사람들은 모주힌이 배가 고픈 상태라고 여겼다. 그리고 모주힌의 사진을 보여 준 다음 아름다운 여성의 사진을 보여 주니 사람들은 모주힌이 그 여성에게 관심이 있다고 생각하였다. 이것을 '쿨레쇼프 효과'라고 한다.

그 후에 몽타주 이론을 한 단계 더 발전시킨 것은 세르게이 에이젠슈타인(Sergei Eisenstein)이다. 그는 단순히 장면이 연결됨으로써 의미가 파생한다기보다는 장면들이 충돌함으로써 의미가 파생한다고 생각하였다. 그의 대표작 〈전함 포템킨〉(1927)의 오데사 계단의 학살 장면이 그의 생각을 잘 형상화하였다. 이 장면에서 러시아 황제의 군대는 시민들의 항의 시위를 무력으로 진압한다. 러시아 황제의 군대는 시위대를 향해 발포한 다음 계단의 왼쪽 위에서 오른쪽 아래로 움직인다. 군대의 발포로 혼란에 빠진 시위대는 황급히 해산하는데 그 와중에 한 어머니가 어린 자식의 손을 놓친다. 아이는 넘어지며 기절하고 어머니는 뒤늦게 넘어진 아이를 보고 놀란다. 어머니는 기절한 아이를 안고 군대에 항의하면서 계단의 오른쪽 아래에서 왼쪽 위로 움직인다. 군대와 어머니가 오른쪽과 왼쪽, 위와 아래에서 서로 마주 보면서 움직이는데 서로 상충되는 이 움직임으로 인해 긴장감이 고조된다.

한편, 편집하지 않고 한 장면을 2분 이상 진행하는 것을 롱 테이크라고 부른다. 테이크는 카메라로 한 장면의 촬영을 시작해서 끝내는 시간을 나타내는 용어이다. 편집은 영화 촬영이 끝난 후에 찍은 필름을 이어 붙이면서 영화의 예술적 가치를 높이는 행위이지만, 롱 테이크는 영화 촬영 현장에서 촬영 스태프와 연기자들의 역량을 최대한 발휘해 예술적 가치를 높이려는 시도이다. 카메라가 돌아가는 2분 이상의 시간에 현장에 있는 그 누구도 실수를 하지 않고 호흡이 잘 맞아야 한다. 필름으로 영화를 찍던 과거에는 필름 한 통의 최고 지속 시간이 보통 10분이었는데 디지털 카메라로 바뀐 후에는 카메라 파일의 용량에 따라 시간을 더 늘릴 수 있게 되었다.

영화 〈1917〉(2019)은 영화 전체가 여섯 개의 롱 테이크로 구성되어 있는데 영화 한 편이 한 번에 찍은 것 같은 느낌을 준다. 카메라는 주인공 스코필드의 움직임을 따라가면서 마치 영화 전체가 그의 움직임을 그대로 찍은 것과 같은 느낌을 준다. 중간에 잠깐 참호로 들어가는 장면이나 트럭 안으로 들어가는 등, 어두워지는 순간이 테이크가 끝나고 편집한 지점이다. 이런 시도는 〈1917〉이 처음은 아니다. 앨프리드 히치콕(Alfred Hitchcock)은 1948년에 80분짜리 영화 〈로프〉를 10개의 롱 테이크로 구성하여 마치 한 번에 찍은 것 같은 느낌을 주려고 하였다. 러시아의 알렉산드르 소쿠로프(Aleksandr Sokurov)는 2002년에 99분짜리 〈러시안 방주〉를 단 세 개의 롱 테이크로 구성하였다.

장면을 여러 개로 끊어서 이어 붙일 것이냐, 아니면 길게 끌고 갈 것이냐는 선택의 문제이다. 어느 것이 다른 것보다 그 자체로 나은 표현 기법이라고 볼 수는 없다. 영화에서 사건이 벌어지는 상황을 고려할 때 여러 장면으로 나눈 다음 편집하는 것이 더 나은가, 아니면 한 테이크로 길게 끌고 가는 것이 더 나은가를 판단하고 선택하는 것이다.

6. 영화의 이야기 진행: 스토리와 플롯

영화의 이야기 진행은 영어로 '내러티브(narrative)'라고 한다. 국내에서는 최근 스토리텔링(storytelling)이라는 용어도 자주 쓴다. 내러티브는 '이야기하다'라는 뜻의 라틴어 'narrare'가 어원이다. 스토리텔링의 스토리도 라틴어 'historia'에서 나왔다. 한국어에 한자어가 많듯이 영어를 포함한 서양 언어에는 이렇게 라틴어와 그리스어에서 유래한 말이 많다. 내러티브와 스토리텔링은 기본적으로 의미의 차이가 없는 셈인데 쓰임새는 약간 다르다. 내러티브는 오랫동안 소설과 같은 문학을 연구할 때 개발된 개념이고 나중에 영화 연구에 적용되었다. 스토리텔링은 최근에 개발된 개념으로 영화 이후에 등장한 텔레비전 드라마나 광고, 만화, 웹툰, 뮤직 비디오와 같은 미디어를 거론할 때 쓰는 경향이 있다.

여기서는 영화를 위주로 논의하니 내러티브라는 용어를 사용한다. 내러티브는 스토리와 플롯으로 구분한다. 스토리는 일정한 방식에 따라 배열한 사건들이고, 플롯은 사건을 배열하는 방식이다.

스토리의 기본적인 구조는 상황이 균형 상태에서 시작해 불균형 상태로 변하고, 결말에는 새로운 균형 상태를 이루는 3단계로 구성된다. '반지의 제왕' 시리즈를 예로 들어 보자. 1부의 도입부는 절대반지가 만들어진 내력을 소개하고, 절대반지가 사라져 오랫동안 세상에 등장하지 않았다는 얘기로 시작한다. 이것이 바로 균형 상태이다. 우연히 절대반지가 다시 발견되었고, 절대반지를 차지하여 세상을 정복하려는 진영과 절대반지를 제거하여 세계의 질서를 지키려는 진영이 전쟁을 한다. 즉, 1부의 중간부터 2부를 거쳐 3부의 거의 절정까지가 이 불균형 상태이다. 그리고 절대반지를 제거하여 세상이 평화를 되찾고 살아남은 주인공들이 각자의 삶을 사는 것으로 끝나는 마지막이 새로운 균형 상태인 셈이다.

또 스토리에는 인물과 시간, 공간적 배경이 있다. 보통 전설과 소설은 그 도입부에서 이야기가 진행되는 시간 및 공간적 배경을 제시하고, 등장하는 인물을 소개한다. 예를 들어 고전 소설 『춘향전』에서는 "옛날 옛적에 전라도 남원"을 통해 시간과 공간적 배경을 제시하고 곧 이몽룡과 성춘향이라는 인물을 소개한다. 영화에서는 사건이 벌어지는 지역의 대표적인 장소를 보여 주면서 시작하는 경우가 많다. 〈머니볼〉(2011)의 첫 장면은 미국 프로야구 오클랜드 애슬레틱스와 뉴욕 양키스의 경기를 중계하는 텔레비전 화면에 "2001년 10월 5일, 아메리칸

리그의 디비전 시리즈"라는 자막을 삽입하였다. 그리고 경기가 끝난 뒤 어둡고 텅 빈 야구장과 관중석에 앉아 있는 한 인물을 보여 준다. 이 도입부 장면은 영화가 다루는 이야기의 시기와 야구장이라는 공간, 그리고 야구와 관련된 인물에 관한 것임을 보여 준다.

사건은 어떤 상황이 다른 상황으로 바뀌는 것이고, 크게 주요 사건과 부차 사건으로 나뉜다. 주요 사건은 작품에서 핵심적인 사건이다. 주요 등장인물 사이에서 벌어지는 일이다. 부차 사건은 조연급 인물들에게 벌어지는 일이거나 사건의 흐름을 이루는 큰 줄기에서 중요성이 상대적으로 작은 사건이다. 『춘향전』을 예로 들면 성춘향과 이몽룡이 광한루에서 만나는 대목, 이몽룡이 아버지를 따라 한양으로 떠나고 성춘향이 남원에 남겨지는 대목, 그리고 변학도가 남원 부사로 부임하여 성춘향을 핍박하는 대목이 주요 사건이다. 그러나 그 사이에 있는 성춘향과 이몽룡이 매일 만나는 이야기는 상세하게 기술하지 않는다. 성춘향과 이몽룡의 종인 향단이와 방자가 서로 호감을 느껴 사귀는 장면은 중요한 사건이 아니므로 아예 빼도 되고, 짧게 다루어도 된다. 소설과 영화의 줄거리나 요약은 주요 사건들을 연결해 놓고 부차 사건을 제외한 것이다. 텔레비전에서 하는 영화 소개 프로그램들은 영화의 주요 사건이나 중요한 장면들을 보여 주고 시청자의 호기심을 유발한다.

보통 영화의 상영 시간은 두 시간 안팎이지만 그 안에 담긴 스토리의 시간은 그보다 훨씬 길다. 스토리만 보면 수십 년에서 수백 년에 걸쳐 펼쳐진 이야기를 영화에서는 두 시간 분량으로 축약하여 전개한다. 그래서 영화가 다루는 스토리의 실제 시간과 그것을 축약하거나 연장하는 플롯의 시간이 다르다. 영화에서 스토리와 플롯의 시간을 처리하는 방법은 중요하지 않은 사건과 일들은 제외하는 '생략', 긴 기간에 걸쳐 벌어진 일을 짧게 보여주는 '요약', 어떤 행위가 실제로 벌어지는 시간을 그대로 보여주는 '신(scene)', 슬로 모션처럼 실제로 벌어진 행위에 걸리는 시간보다 더 늘려서 보여주는 '연장', 특정 상황에서 화면을 정지하는 '포즈(pause)'가 있다. 〈1917〉에서 영화가 시작되면 두 사병이 명령을 전달받고 참호를 따라 걸어 철책을 넘어가는 장면을 보여준다. 이것이 스토리의 시간과 플롯의 시간이 일치하는 신이다. 생략과 요약은 스토리의 시간과 플롯의 시간보다 훨씬 길다. 신은 스토리의 시간과 플롯의 시간이 일치한다. 연장과 포즈는 스토리의 시간이 플롯의 시간보다 짧다.

영화는 아니지만 텔레비전으로 보여 주는 다른 장르인 스포츠 경기를 예로 들어 보자. 스포츠 경기를 텔레비전 중계로 보는 경우, 야구는 9회까지 3시간 정도 걸리고, 축구는 전반과 쉬는 시간, 후반 추가 시간까지 적용하면 2시간 정도 걸린다. 그런데 스포츠 뉴스나 하이라이트를 보면 득점 장면이나 멋진 플레이를 한 장면만 편집한 뒤 생략 및 요약을 해서 10분 정도 분량으로 보여 준다. 그리고 멋진 장면과 주요 장면은 슬로 모션으로 다시 보여 준다. 득점 순간이나 선방하는 순간에는 잠시 정지하기도 한다.

플롯은 스토리를 진행하는 방식이다. 여기서는 플롯의 대표적인 예로 시간의 배열을 알아보자. 우리가 경험하는 시간은 일직선으로 흐른다. 어제 우리가 경험한 일은 그대로 지나간 과거가 되고, 오늘 우리가 겪는 상황은 현재이며, 무슨 일이 벌어질지 모르는 미래가 있다. 이미 과거가 된 시간을 되돌릴 수는 없다. 그리고 보통 극영화나 텔레비전 드라마에서도 시간은 이처럼 일직선적으로 흐르곤 한다. 그렇지만 영화와 텔레비전 드라마는 인공적으로 만들어 낸 것이기에 시간을 재배치할 수 있다. 즉, 영화나 드라마에서는 이야기 속의 과거, 현재, 미래의 순서를 바꿀 수 있다.

범죄를 해결하는 추리물을 보면 영화의 도입부에서 어떤 사건이 발생하고, 형사나 탐정이 목격자와 용의자들을 만나 증거를 모아 마지막에 누가 범인인지 밝히는 식으로 이야기를 진행한다. 이럴 경우 영화의 결말부에서 범인이 어떻게 범죄를 저질렀는지 보여 준다. 그런데 실제 사건 순서를 보면, 영화의 결말에 나오는 범죄가 제일 먼저 발생하였고 사건을 수사하는 과정이 그 뒤를 잇는다.

이야기는 누군가가 다른 누군가에게 들려주는 것이다. 이렇게 이야기하는 주체를 소설에서는 시점이라고 부른다. 소설에는 대표적으로 전지적 작가 시점과 1인칭 시점이 있다. 전지적 작가 시점은 소설가가 모든 것을 다 알고 독자에게 등장인물과 상황을 소개하는 식으로 전개하는 것이다. 1인칭 시점은 소설 속 등장인물의 시점으로 이야기를 전개하고 보통 자기가 겪은 일을 쓰거나 자기가 보거나 들은 일을 말하는 식이다.

영화에는 시점 대신 '초점화'라는 용어가 있다. 소설가는 펜이나 붓,

타자기, 컴퓨터로 글을 써서 독자가 읽게끔 하는데, 영화는 카메라로 배우의 연기와 사물의 변화를 기록하여 관객에게 보여 준다. 즉, 영화에서는 카메라가 이야기를 진행한다. 영화의 이야기를 주인공의 관점에서 진행하는 것이다. 이 경우 카메라는 주인공이 알게 되는 것, 겪게 되는 것만큼 사건과 상황에 대한 정보를 관객에게 전달한다. 이를 주인공의 시점에 제한되는 '제한적 내레이션'이라고 한다. 영화의 '제한된 내레이션'이 소설의 1인칭 시점에 해당한다. '제한된 내레이션'이 가장 자주 쓰이는 장르가 바로 앞서 얘기한 추리물이다. 추리물은 보통 형사나 탐정이 목격자를 탐문하고 증거를 모아 해석하는 과정으로 진행된다. 그것이 이야기의 진행이 형사나 탐정이 사건의 진실을 밝히기 위해 관련된 사람을 만나 물어 보고 관련 자료를 찾아보면서 조금씩 정보를 알아내는 과정이기 때문이다.

추리물이 제한된 내레이션을 주로 채택하는 반면에 다른 장르들은 카메라가 주인공이 겪지 않은 사건과 상황에 대한 정보를 관객에게 전달하는데, 이렇게 등장인물의 시점에 제한되지 않는다는 의미에서 '비제한적 내레이션' 또는 '전지적 내레이션'이라고 한다. 소설의 전지적 작가 시점에 해당한다. '전지적 내레이션'은 역사 영화와 같이 규모가 크고 등장인물이 많은 영화나 드라마에서 채택하는 방식이다. 제한적 내레이션과 전지적 내레이션의 중간 형태로 '혼합 내레이션'이 있다. 기본적으로는 관객은 주인공이 아는 만큼만 정보를 얻지만 영화의 어떤 상황에서는 주인공이 알지 못하는 정보도 관객은 알게 된다.

7. 영화 장르: 소속과 구분

일단 영화 한 편이 만들어지면 사람들은 그 영화를 어떤 식으로든 분류한다. 이는 마치 생물학에서 생물을 속과 종으로 분류하는 것과 비슷하다. 개별 작품은 흔히 유형과 부류, 집합을 의미하는 프랑스어 '장르(genre)'라는 말을 써서 분류한다. 장르는 어떤 비슷한 요소를 공유하는 영화들의 묶음인데, 그 비슷한 요소들로는 시각적 이미지, 관습, 영화에 대한 관객의 기대 등이 있다. 주요한 시각적 이미지로는 등장인물이 입는 의상, 사용하는 소품 등이 있다. 관습은 작품마다 등장하는 비슷한 설정이나 상황이다. 그리고 그런 작품들을 볼 때 관객은 어떤 일이 벌어지거나, 어떤 종류의 심리적 효과가 날 것을 기대한다. 공포 영화를 보면 무서움을 느낄 것이라고 기대하고, 코미디 영화를 보면 웃길 것이라고 기대한다.

그림 7. 서부영화의 전형적인 도상,
〈황야의 결투
(My Darling Clementine)〉(1946)

서부 영화를 예로 들면 챙이 있는 모자를 쓴 인물이 말을 타고 광야를 달리는 장면이 나오고, 육연발 리볼버(권총)이나 윈체스터 장총을 가지고 나오는 것이 주요한 시청각적 이미지이다. 주인공이 한 마을에 도착하여 술집에서 악당과 싸우거나 영화의 절정에서 악당과 총싸움을 하는 장면이 자주 등장한다. 이렇게 작품마다 비슷하게 등장하는 설정이 관습이다. 관객은 주인공이 악당을 무찌를 것을 기대하고, 영화는 보통 관객의 기대대로 끝난다. 최근 인기 있는 마블이나 DC의 슈퍼히어로 영화들의 시각적 이미지를 보면 슈퍼히어로들이 몸에 착 달라붙는 의상을 입고 특수한 무기를 쓰는 모습이 나온다. 그들은 지구 곳곳에서 슈퍼 악당과 대결한다.

어떠한 장르를 지칭하는 말과 현상은 학자들이 엄밀하게 검토하여 정한 것이 아니라, 그 용어를 영화업계나 사회에서 먼저 습관적으로 쓰고 나중에 학자들이 검토하여 그 장르의 특성을 정리한다. 즉, 업계에서 그 영화들의 가장 두드러진 특성을 보고 그렇게 불러서 장르가 된 것이다. 따라서 어떤 장르를 정하는 절대적인 기준이 있는 것은 아니다.

장르의 명칭은 주요 등장인물의 직업이나 신분으로 부르는 경우(조폭 영화, 무협 영화, 사무라이 영화, 형사물, 스파이 영화), 관객이 느끼는 심리 상태로 부르는 경우(공포 영화, 비극), 영화에 등장하는 공간과 장소로 부르는 경우(웨스턴, 실내극, 오피스물) 등 다양하다. 또 특정 문화권이나 나라에서 발생하여 인기를 끄는 장르가 있다. 중국의 무협물, 일본의 사무라이 영화, 중세 유럽의 기사들이 나오는 스워시버클러(swashbuckler: 칼을 의미하는 swash와 작은 방패를 의미하는 buckler의 합성어), 이탈리아의 검투사들이 나오는 스워드 앤드 샌들(sword and sandal: 고대 로마의 검투사들이 샌들을 신고 칼을 쓰는 모습에서 유래한 용어) 장르는 칼을 쓰는 검객의 모험이나 결투를 다룬다는 공통점이 있는데, 지역에 따라 역사와 문화가 다르므로 이미지도 달리 나타난다.

하나의 장르 안에는 여러 하위 장르가 있다. 예를 들어 공포 영화는 관객이 무서움을 느낀다는 공통점이 있는 영화들을 일컫는데, 거기에는 좀비 영화, 흡혈귀 영화, 귀신 영화, 난도질 영화가 포함된다. 즉, 공포 영화에 등장하는 괴물의 형태나 공포를 불러일으키는 행위에 따라 세부적으로 나누기도 하는 것이다.

장르는 절대적으로 구분되는 것이 아니라 다른 장르와 결합하기도 한다. 한국에서는 '가문의 영광' 시리즈나 '조폭마누라' 시리즈같이 조폭 영화와 코미디 영화가 결합되는 경우가 많았다. 조폭 영화는 조직폭력 배들의 범죄를 다루다 보니 잔인한 폭력과 남성들의 경쟁을 다루는 경우가 많다. 그런데 '가문의 영광' 시리즈는 부모와 형제들이 가족 안에서 벌이는 희로애락을 결합하여 웃음을 자아내는 이야기로 바꾸었다. '조폭마누라' 시리즈에서는 남녀 간의 사랑을 다룬 로맨틱 코미디가 결합되기도 한다. 미국 영화에서는 기존의 장르에 음악을 곁들여 뮤지컬 장르와 결합시키는 경우가 종종 있다.

장르 하나가 계속 인기를 끌어서 지속되는 것은 아니다. 장르는 어떤 한 작품이 인기를 끌면 그 작품을 따라 하는 작품들이 연달아 만들어지고 붐을 이룬다. 관객들이 그런 작품들에 싫증을 느끼거나 관객들의 관심을 끄는 다른 장르가 등장하면 인기를 끌던 장르는 인기가 식으면서 제작량이 줄어들고 쇠퇴한다. 몇 년이 지난 후에 그런 장르를 보고 자란 세대가 영화계에 진출하여 그런 장르의 규칙에 입각해 새로운 작품들을 내놓고, 이 장르를 보지 못하였던 관객들이 그 매력을 재발견해 장르가 부활하기도 한다. 즉, 장르는 생성·발전·절정·쇠퇴·부활하는 주기가 있다. 예를 들어 미국에서는 1950년대에 B급 공상과학 영화들이 많이 만들어졌는데, 어린 시절에 이 장르를 보고 열광하였던 스티븐 스필버그(Steven Spielberg)와 팀 버튼(Tim Burton) 등이 1970년대와 1980년대에 영화계에 진출하여 A급 블록버스터로 만들어냈다. 버튼의 〈화성침공〉이나 스필버그의 〈우주전쟁〉 같은 작품이 그 예이다.

어떤 영화 제작 회사들은 특정 장르의 영화를 주로 만들다 보니 그 장르 제작에 특성화된 인력들이 일하게 되고, 그 회사는 그것을 자기 회사의 브랜드로 만드는 경우가 있다. 1930년대 할리우드의 유니버설 영화사는 공포 영화를 잘 만들어서 이 회사에서 만드는 공포 영화들에 '유니버설 공포 영화(Universal Horror)'라는 별명이 붙었다. 워너 브라더스는 갱스터 영화를, MGM은 뮤지컬 영화를 잘 만들었다. 우리나라에서는 영화 제작 회사 케이퍼필름은 최동훈 감독이 연출하는 범죄 영화(〈범죄의 재구성〉, 〈타짜〉, 〈도둑들〉)와 액션 영화(〈암살〉)를 주로 만들고, 외유내강은 류승완 감독 등이 코믹 액션 영화(〈베테랑〉, 〈엑시트〉)를 주로 만들고 있다.

8. 작가와 예술: 의도와 개성

장르는 기본적으로 속성이 비슷한 영화들의 묶음을 뜻한다. 즉, 장르를 이야기할 때에는 비슷한 속성에 대해 이야기하는 것이다. 그러다 보니 그 장르에 속한 영화 자체의 개성과 특성은 없는 것으로 간주하기 쉽다. 그러나 장르의 규칙은 스포츠나 게임의 규칙과 비슷한 것이다. 게임에 참가하는 선수는 게임의 규칙을 지키면서도 자기 스타일대로 플레이하고, 모든 경기는 각기 다른 내용과 결과를 낳는다. 그렇듯이 장르가 같은 영화를 만들더라도 그 작품을 만드는 사람의 스타일이나 관심사, 세계관, 주제 의식에 따라 다른 작품이 나올 수 있다.

장르 영화와 구별되는 개념이 예술 영화이다. 장르 영화가 재미를 추구하는 데 비해 예술 영화는 창작자가 중시하는 사회 문제나 개인적인 사상과 관심사를 주로 다룬다. 그래서 개별적인 창작자의 관심사에 따라 영화도 달라지므로 영화들끼리 공유하는 관습이 없어 보인다.

장르 영화든 예술 영화든 영화는 여러 사람이 협동해서 만드는 예술이다. 영화 이전의 예술인 음악, 미술, 문학에는 각각 작곡가, 화가·조각가, 소설가·시인이라는 창작의 주체가 있었다. 그래서 영화도 이렇게 개인의 사상과 관심을 실현한 산물이라고 보는 시각이 등장하였다. 여러 사람이 함께 모여서 만드는데 영화는 누구의 사상과 관심을 실현한 것일까. 1950년대 초 프랑스의 영화 잡지 ≪카이에 뒤 시네마 (Cahiers du cinema)≫(영화 공책, 영화에 대한 생각을 글로 자유롭게 쓴다는 의미가 담겨 있다)의 편집진은 감독이라고 보았다. 그리고 문학이 작가의 산물이듯이 영화는 감독의 산물이라는 관점을 제시하였고, 그 후 작가주의(auteurism: 작가를 뜻하는 프랑스어 'auteur'에 주의를 뜻하는 '-ism'을 붙였다)라고 부르게 되었다.

즉, 작가주의는 평론가들이 영화 작품을 대하는 태도이다. 영화 기사 등에서 예술 영화를 찍는 감독을 작가주의 감독이라고 쓰는 경우가 있는데, 엄밀하게 말해 작가주의 감독은 없다. 작가주의는 영화를 감독의 산물이라고 보는 영화 평론가와 영화업 종사자들의 관점이다.

영화를 찍을 때 한 사람이 시나리오를 쓰고 그 시나리오로 영화를 찍을 때 직접 연출하는 경우가 있다. 이때는 그의 사상과 가치관을 온전히 영화에 반영할 수 있다. 그런데 시나리오를 쓰는 사람은 시나리오만 쓰고, 영화감독은 현장에서 연출만 한다면 영화에 담긴 사상은 과연 누구의 사상일까. 물론 시나리오 작가와 영화감독의 생각이 비슷할 수 있다. 영화감독이 시나리오를 쓰지는 않았지만 자기가 좋아하는 시나리오 작가가 쓴 시나리오로 연출할 수도 있다. 또 영화 회사가 감독에게 시나리오를 주고 연출을 의뢰하기도 한다. 이럴 경우 영화감독은 연출을 거절할 수도, 받아들일 수도 있다. 영화감독은 현장에서 자기가 선택한 배우나 촬영감독과 함께 자기 스타일대로 연출할 수 있다. 즉, 영화감독은 시나리오 작가의 의도대로 영화를 만드는 것이 아원작 영화와 그 시나리오를 각색하여 만든 리메이크 영화를 비교하면 각 연출자의 개성 차이를 알 수 있다. 배우 현빈과 탕웨이가 나온 〈만추〉(2010)는 이만희 감독의 1967년 작을 리메이크하였다. 원작 영화가 워낙 걸작이라서 한국에서는 1980년 김수용 감독이, 2010년에 김태용 감독이 제작하였으며, 텔레비전 드라마로도 만들어졌다. 1972년에는 일본에서 사이토 고이치(齋藤康一) 감독이 '약속'이라는 제목으로 리메이크하기도 하였다. 원작과 1980년에 리메이크된 작품은 자유로운 시간이 얼마 남지 않은 도시인의 쓸쓸함과 절박함을 강조하였다. 2010년 작품은 미국 시애틀로 공간적 배경을 옮겼고 주인공을 중국계 미국인으로 설정함으로써 백인과 남성 중심의 미국 사회에서 살아가는 아시아계 여성의 고독함을 더 강조하였다.

나라 자기 방식대로 영화를 연출할 수 있다. 그래서 시나리오가 같아도 감독이 다르면 다른 영화가 나온다.

영화감독이 작가라고 해서 모든 장르의 영화를 다 만들 수 있는 것은 아니다. 영화감독은 자기가 좋아하는 장르, 자기 스타일이나 주제의식, 자주 함께 일하는 배우나 스태프, 인생이나 세상에 대한 태도가 있게 마련이다. 그래서 작가주의 평론은 개성이 있는 영화감독의 주제의식과 스타일, 경향, 분위기에 주목해서 그 감독의 영화를 논의한다.

≪카이에 뒤 시네마≫의 작가주의 평론가들은 영화 제작의 복잡한 체계를 고려하지 않고 영화감독의 역할을 지나치게 강조하는 실수를 범하였다. 그렇지만 이 작가주의 평론가들의 작업 덕분에 그 전에는 저급한 오락물이라고 간주되었던 영화를 문학이나 미술과 같이 진지하게 생각해 볼 수 있는 예술로 대하는 태도가 널리 확산되었다.

9. 배우와 스타

영화에서 배우는 주어진 배역을 소화한다. 배우는 "천 개의 얼굴을 가진 사람이라는 표현"이 있을 정도로 출연하는 다양한 작품에서 다양한 인물을 연기한다. 그러나 실제로 모든 배우가 연기할 수 있는 인물의 폭이 넓은 것은 아니다. 어떤 배우는 한두 가지 이미지에 고착되고, 다른 배우는 그보다 넓다. 육상 경기에는 달리기, 높이뛰기, 던지기를 다 하는 십종경기라는 종목이 있는데 어떤 선수는 상대적으로 달리기를, 다른 선수는 높이뛰기를, 또 다른 선수는 던지기를 더 잘할 수 있다. 배우도 여러 가지 배역을 맡지만 이렇게 자기가 더 잘 연기하는 인물이 있다. 〈기생충〉과 〈괴물〉, 〈살인의 추억〉에 나온 배우 송강호는 마음씨는 좋지만 허세 부리는 중년 남자 역을 코믹하게 잘 소화한다. 〈아수라〉, 〈범죄와의 전쟁〉, 〈변호인〉 등에서 주로 경찰관과 검사 역을 맡은 배우 곽도원은 풍채가 좋아 거만한 인물을 잘 소화한다.

배우는 특정 감독의 작품에 자주 기용되기도 한다. 그것은 그 감독이 자기가 구상하는 인물에 가장 잘 맞는다고 생각하는 배우를 기용하기 때문이다. 〈타짜〉, 〈도둑들〉을 만든 최동훈 감독은 배우 김윤석을 주로 기용한다. 배우 송강호는 봉준호 감독의 영화에 자주 출연한다. 코믹한 액션 영화를 주로 찍는 류승완 감독은 동생 류승범을 〈죽거나 혹은 나쁘거나〉, 〈아라한 장풍 대작전〉, 〈베를린〉에 기용하였다. 이렇게 감독이 자기 영화에 즐겨 기용하는 배우를 감독의 분신 또는 페르소나라고 부른다. 페르소나는 '가면'을 뜻하는 라틴어이다.

영화배우는 크게 성격파 배우와 연기파 배우로 나뉜다. 성격파 배우는 배우 자체의 특정 개성이 강하므로 그 개성을 잘 드러내는 배역을 주로 맡는다. 또 그 배우는 특정 능력이 뛰어나므로 그런 능력을 필요로

하는 장르에 자주 기용되곤 한다. 홍콩 쿵후 액션 영화는 리샤오룽(李小龍), 청룽(成龍), 홍진바오(洪金寶) 같은 배우들이 주로 찍었다. 이들은 어린 시절부터 쿵후와 경극으로 몸을 수련해서 그런 움직임에 익숙한 배우들이다. 그렇지만 이들은 로맨스 영화에서 남녀가 서로 사랑하는 달콤한 감정을 표현하는 데 익숙하지 않아 그런 영화를 찍기는 어렵다. 하지만 성격파 배우가 연기파 배우에 비해 반드시 연기 폭이 좁은 것은 아니다. 연기력은 충분한데 워낙 특정 개성이 두드러지다 보니 그에 맞는 작품에 출연하여 이미지가 굳어지는 경우도 있기 때문이다.

반면에 연기파 배우는 소화할 수 있는 연기, 표현할 수 있는 감정의 폭이 넓다. 배우 전도연은 〈지푸라기라도 잡고 싶은 짐승들〉에서 악녀를, 〈피도 눈물도 없이〉에서는 허영심 가득한 가수 지망생을, 〈내 마음의 풍금〉과 〈인어공주〉에서는 순진한 시골 여성을, 〈밀양〉에서는 자식을 잃고 난 뒤 절망에 빠진 여성을, 〈접속〉에서는 친구의 애인을 짝사랑하는 내성적인 인물을 소화하였다.

〈삼국지〉 같은 대작에는 주요한 등장인물이 많지만, 2시간 안팎의 영화에는 주요한 등장인물은 두 사람 정도이고 주변 인물이 많다. 대중영화에서 주요한 배역에는 대체로 인기 있는 배우를 기용한다. 배우들 중에서 특히 관객에게 인기 있는 배우를 흔히 '스타'라고 부른다. 스타는 미국의 연극 및 영화 회사들이 소속 인기 배우들을 홍보하면서 사용한 데서 유래한다. 영화를 보기 전에는 이야기가 재미있는지, 액션이 멋있는지, 잘 만들었는지를 알 수 없다. 그래서 관객이 영화를 고르는 기준 중 하나는 자신이 좋아하는 배우의 등장 여부이다. 영화를 보는 즐거움 중 하나는 인기 있는 배우, 스타를 보는 것이다. 그래서 영화의 흥행에 영향을 끼치는 것 중 하나는 어떤 배우를 쓰느냐이다. 물론 영화를 본 후에는 기대한 만큼 배우가 매력적이지 못하였다거나,

스타와 외모, 그리고 사회적 의미

남녀 배우가 잘생기고 예쁘다고 해서 반드시 스타가 되는 것은 아니다. 관객들은 당대 스타들의 외모에서 친근함을 느끼거나, 배우가 영화에서 보여 주는 모습에서 자기 자신의 모습이나 처지를 발견한다. 1980년대와 1990년대에는 배우 안성기와 박중훈이 가장 대표적인 스타였다. 안성기와 박중훈은 한국의 경제 발전 시기에 신분 상승을 꿈꾸던 저소득층 남성들의 욕망과 좌절을 잘 표현해 냈다. 2000년대에는 한석규와 최민식, 송강호가 스타의 반열에 올랐다. 〈해피 엔드〉, 〈올드 보이〉라는 작품에서 최민식은 몰락할 위기에 처한 강한 남성의 모습을 보여 주었는데 이는 1997년 경제 위기 때 중산층 남성의 권위가 무너진 현상과 관련이 있다. 2010년대에 조연급에서 주연급으로 발돋움한 배우로는 라미란이 있다. 라미란은 그 전에는 다양한 영화에서 개성이 있는 조연으로 자주 등장하였는데, 웃음을 자아내는 친근하고 매력적인 인물을 주로 연기하였다. 그렇게 형성된 이미지를 활용하여 2019년에는 〈걸캅스〉, 2020년에는 〈정직한 후보〉 등 코믹한 작품에서 주연을 맡았다.

스타들 중에서 20대 젊은 층의 인기를 끄는 배우를 청춘스타라고 부른다. 2010년대 후반부터 최근까지 주연급으로 많이 기용되는 남성 스타로는 강동원, 강하늘, 김수현, 박서준, 박정민, 유아인, 이제훈, 최우식 등이 있고, 여성 스타로는 강소라, 김고은, 김다미, 김태리, 심은경, 전여빈, 정유미, 천우희, 최희서 등이 있다. 이들은 2010년대 후반의 청년들의 처지와 고민, 욕망을 잘 형상화한 인물을 잘 소화한다. 스타는 보통 어떤 세대를 대표하며 그 세대가 나이 들면서 겪는 이런저런 사회 문제들을 영화와 드라마에서 재현한다. 그래서 각 세대의 스타들이 시대의 흐름을 대표하는 아이콘이 되기도 한다. 1980년대 풍요로운 미국의 10대를 상징한 배우가 톰 크루즈(Tom Cruise)이다. 1986년에 개봉한 〈탑 건〉에서 미국을 지키는 젊은 전투기 조종사 역을 맡아 스타가 되었고, 그 후 '미션 임파서블' 시리즈에서는 미국을 지키는 첩보원 역할을 연기하였다. 이렇듯 스타의 인기와 이미지에는 그 시대의 흐름이 담기기도 하는 것이다.

연기를 못하였다거나, 영화 자체가 재미없었다고 느낄 수 있다. 그렇지만 일단 관객이 영화 자체에 주목하게 만들고 극장에 오게 하는 것은 인기 있는 배우이다. 그래서 인기 있는 배우, 스타는 출연료가 비싸다. 그러나 스타가 모든 영화에서 항상 높은 출연료를 받는 것은 아니다. 저예산 독립 영화에 재능 기부 차원에서 출연료를 받지 않고 출연하기도 한다. 배우 이정현은 〈성실한 나라의 앨리스〉에 출연료를 받지 않고 출연하여 개성 있고 절박한 주인공 캐릭터를 잘 소화하여 청룡영화상 여우주연상을 수상하였다.

10. 영화와 글쓰기

영화가 시청각 매체이기는 하지만 글쓰기와도 관련이 많다. 영화와 관련된 글로는 영화를 만들 때 쓰는 글, 만들어진 영화를 알리는 데 쓰는 글, 영화에 대한 감상과 평가를 적는 글 등이 있다.

영화를 만들 때 쓰는 글로는 트리트먼트, 시나리오, 콘티가 있다. 처음부터 완성된 시나리오나 대본을 갖고 영화를 기획하는 것은 아니다. 시나리오 작가는 영화가 될 만한 소재나 일화, 인물이 생각나면 일단 메모를 한다. 나중에 거기에 살을 붙이듯이 에피소드들과 주변 인물들을 창출하여 덧붙인다.

트리트먼트는 시나리오의 전 단계라고 할 수 있다. 트리트먼트는 작가가 생각하는 시간과 장소, 인물, 사건을 적은 것이다. 트리트먼트는 아직 대사는 없이 사건의 진행 경과대로 인물들이 하는 행위와 상황 변화를 기술한다. 인물들이 대화를 나누거나 내레이션을 할 때의 구체적인 표현은 나중에 넣을 수 있기 때문에 트리트먼트에 굳이 대사를 넣을 필요는 없다. 트리트먼트는 필수 단계가 아니므로 생략하고 바로 시나리오를 쓰는 경우도 있다.

시나리오에는 등장인물의 대사와 동작에 대한 기술, 필요에 따라서는 그 상황에 들어가야 할 효과음이나 조명까지 다 적는다. 시나리오가 만들어진 다음에 캐스팅하고 싶은 배우에게 시나리오를 전달한다. 배우 또는 배우의 소속사는 시나리오를 읽어 보고 출연할지를 결정한다. 배우와 배우 소속사는 배우가 그 역을 소화할 수 있을지, 그 역이 배우의 경력에 도움이 될지 등 다양한 측면을 고려하여 결정한다.

콘티는 콘티뉴이티(continuity)의 줄임말로 촬영 현장에서 나와야 할 시청각적 효과, 카메라의 각도와 조명의 방향, 숏의 크기, 배우의 움직임, 동작과 표정 따위를 구체적으로 적은 것이다. 콘티에는 배우의 위치나 표정 등을 그림으로 넣기도 한다. 촬영 현장의 스태프와 배우는 어떤 이미지가 나와야 하는지를 콘티를 보고 파악할 수 있다.

제작한 영화를 알리기 위해 쓰는 글로는 영화 개봉을 앞두고 기자 및 평론가에게 제공하는 홍보 자료, 영화제나 회고전과 같은 행사를 할 때 상영할 영화들을 소개하는 글 등이다. 보통 배급사와 영화 홍보 회사는 영화를 개봉할 때 영화 담당 기자, 평론가를 초대하여 시사회를 연다. 기사나 평론을 쓸 때 참고할 수 있게 제공하는 것이 홍보 자료이다. 홍보 자료에는 연출자, 시나리오 작가, 배우, 제작사, 상영 시간 등 기본적인 정보를 담는다. 아울러 영화의 줄거리와 영화에서 중요한 점, 특기 사항 등을 적는다. 만약 영화를 개봉하기 전에 영화제에서 수상한 경력이 있거나 관객이 주목할 만한 점이 있으면 그 점을 부각한다.

영화제와 회고전 상영작은 영화제 팸플릿 등에 기본 정보를 소개하는 글을 싣는다. 보통 국제 영화제에는 외국에서 출품하고 대중에게 처음 공개되는 작품들이 있다. 이렇게 국제 영화제를 통해 소개된 작품들을 보고 영화를 즐기면서 그 지역의 문화를 간접 경험할 수 있는 기회이므로 영화제 팸플릿에는 영화에 대한 기본 정보와 영화 줄거리를 적는다. 국제 영화제와 예술 영화관에서는 유명한 고전 영화를 재

상영하는 경우가 있다. 영화계에 크게 기여한 영화감독, 배우, 촬영감독, 음악감독들의 작품을 모아서 상영한다. 이때 영화제 팸플릿에는 그 작품의 의의와 그들의 개성을 소개하는 글을 싣는다.

완성된 영화를 감상하고 평가하는 글로는 영화 비평, 칼럼, 학술 논문 등이 있다. 영화를 본 관객이 개인 SNS(사회 관계망 서비스)나 블로그, 일기장에 자기 생각과 감상을 적은 글도 이 범주에 해당한다.

영화 비평과 칼럼을 주로 쓰는 사람을 흔히 영화 평론가나 영화 칼럼니스트라고 부른다. 영화 평론가와 영화 칼럼니스트는 영화에 대한 지식이 많은 사람들이므로 영화제나 회고전에 출품된 작품을 소개하는 글을 쓰기도 한다. 영화 비평은 보통 새로 영화가 개봉할 때 신문이나 잡지에 그 작품의 좋은 점과 나쁜 점을 논하는 글을 쓴다. 인터넷과 SNS가 발달하기 전에는 보통 신문이나 잡지에 실린 영화 비평을 읽고 영화를 볼지 말지를 결정하곤 하였다. 신문이나 잡지에 실리는 신작 영화 비평은 매체 특성상 짧을 수밖에 없어 그 영화의 특징이나 의의에 대해 충분히 논하기 어려운 경우가 있다. 그래서 월간지나 계간지에는 한 편의 영화에 대해 비교적 길게 논하는 비평문이 실리기도 한다.

칼럼은 영화 자체를 평가하는 글이 아니고 영화를 화두로 삼아 사회적 쟁점, 철학, 윤리, 사상 등 다른 주제와 연결해서 쓰는 글이다. 영화는 어떤 사회에 사는 사람들이 살면서 느끼고 생각하는 것을 반영한다. 사람들이 사회에서 겪은 체험과 사회에 대한 고민을 담는 것이다. 그래서 관객은 영화를 즐기기도 하지만 그 영화에 담긴 사회 문제나 고민에 공감하기도 한다. 2020년 전후로 한국에는 좀비 영화가 많이 나오고 있다. 이렇게 좀비 영화가 많이 나오는 것은 직접적으로는 코로나19의 유행과 관련이 있기도 하지만 그 외의 다른 사회적 흐름이나 문제가 좀비라는 모습으로 바뀌어서 나타나기도 하는 것이다. 따라서 칼럼니스트는 그에 대한 자기 생각을 칼럼에서 쓰기도 한다.

학술 논문은 영화 이론과 영화의 역사, 기타 영화 관련 주제를 전문적으로 연구하는 학자들이 쓰는 글이다. 이런 학술 논문은 학자들의 모임인 학회나 전문 연구 단체에서 발간하는 학술지에 실린다. 연구자들은 주제를 잡고 자료를 모아 검토하고 자기가 발견한 점 또는 자기의 주장을 학회가 요구하는 형식에 맞춰서 논문을 작성한다. 학회마다 요구하는 논문 작성 양식은 약간씩 다르지만 학술 논문은 보통 전체 내용을 요약한 초록, 서론, 본론, 결론의 순서로 되어 있다. 그리고 여러 자료를 검토한 만큼 자기 논의를 펼치기 위해서 참고하고 인용한 책이나 논문, 문헌을 각주로 처리하고 논문의 마지막에 참고한 책과 서적 목록을 싣는다. 이것은 영화 학자들만 그렇게 하는 것이 아니라 다른 학문 분야도 마찬가지이다. 그리고 꼭 영화 학자들만 영화에 대한 논문을 쓰는 것이 아니라 다른 분야의 학자라도 영화에 대해 연구한 논문을 영화 관련 학술지에 투고할 수 있다.

19세기 말에 등장한 영화는 원래는 움직임을 기록하는 장치였으나, 나중에는 극장에서 여럿이 관람하는 오락으로 변모하였고, 텔레비전과 컴퓨터, 인터넷, 스마트폰의 등장으로 극장이 아닌 다른 장소, 다른 플랫폼을 이용해 혼자서도 볼 수 있게 되었다. 텔레비전 드라마와 예능, 스포츠 등 다른 오락이 등장함으로써 영화의 영향력은 예전만 못하지만 여전히 주요한 대중문화 중 하나이다.

영화는 크게 제작, 배급, 상영이라는 단계를 거쳐서 관객에게 소개된다. 관객에게 소개되는 과정에 여러 사람의 노력이 투입된다. 영화는 녹음 기술이 발전하면서 무성 영화에서 유성 영화로 변모하였다. 영화는 단순한 동영상이 아니라 시각적 요소와 청각적 요소를 활용하고, 촬영한 장면을 이야기의 전개에 따라 연결해서 표현하는 매체이다. 상업 영화는 관객의 취향과 밀접한 관련이 있으며, 비슷한 관습을 지닌 영화들을 하나로 묶는 장르라는 개념이 등장한다. 개성이 있는 작품들을 연출하는 감독들은 작가로 간주되기도 한다. 배우가 연기를 잘해 호평을 받고 대중이 좋아하게 되면 스타로 불리게 된다.

영화, 소설, 드라마는 우리 주변에서 벌어질 만한 이야기들이다. 그래서 영화 소재가 될 만한 자기 주변의 이야기들을 글로 적어 보거나 자기가 본 영화의 감상문을 적어 보는 것이 영화를 만들거나 이해하는 데 많은 도움이 된다.

탐구 활동

1. 최근에 영화를 극장에서 보았는지, 혹은 텔레비전, 컴퓨터, 스마트폰으로 보았는지 생각해 본다. 그리고 여럿이 함께 보았는지, 아니면 혼자 보았는지 기억해 본다. 그리고 이 중에 어떻게 보는 것이 더 좋은지와 그 이유를 글로 써 보자.

2. 최근에 본 그 영화는 누군가가 시간과 노력을 들여 만들어서 홍보하고 극장이나 텔레비전에서 상영한 것이다. 불법으로 내려받거나 어둠의 경로로 대가를 지불하지 않고 영화를 보는 것은 장기적으로 보면 영화 산업에 손해를 끼치게 된다. 이는 바꿔 생각하면 내가 열심히 만든 물건이나 음식을 내가 허락하지도 않았는데 누군가 몰래 가져가는 것과 마찬가지로, 나에게 손해를 끼치는 행위라는 점을 생각해 보자.

3. 좋아하는 영화에서 주로 쓰인 색채와 그 색채가 어떤 느낌을 주는지, 그 색채가 주인공의 어떤 점을 드러내는지 생각해 보자.

4. 자기가 좋아하는 영화의 한 장면을 고른다. 그 장면에서 쓰인 소리가 대화, 주변음, 음악 중 어떤 것인지 알아본다. 그리고 그중에서 어떤 소리가 가장 크게 들리는지 확인한다. 그 장면에 쓰인 소리가 내재 음향인지 외재 음향인지 생각해 보자.

탐구 활동

5. 내가 본 영화의 도입부에서 시간과 공간 배경, 인물이 어떻게 제시되는지 살펴보자. 그 후에 주인공이 겪는 사건에서 생략된 과정이 무엇일까 생각해 보자. 그 영화에서 시간의 진행이 어떻게 되었는지 살펴보자.

6. 영화에서 등장인물이 움직이거나 상대방과 대화하는 장면이 어떻게 편집되어 있는지 살펴보자. 시간과 공간의 연속성이 유지되는가, 유지되지 않는가를 생각해 보자. 어떤 장면을 보고 긴장감을 느꼈으며, 그 장면은 어떻게 편집되는가? 사물이 움직이는 방향이나 크기 변화를 유심히 살펴보자.

7. 롱 테이크 장면의 지속 시간을 시간을 재 보자. 그리고 그 안에서 배우의 역량이 어떻게 발휘되는지를 살펴보자.

8. 자기가 본 영화의 장르가 무엇일까 생각해 보고 인터넷 포털 사이트나 영화 잡지에서 그 영화의 장르를 검색해 보자. 그리고 그 작품과 비슷한 장르의 다른 작품을 찾아보자. 두 편을 비교해 보면서 비슷한 점이 무엇인가 적어 보자. 자기가 좋아하는 영화들이 공통점이 있는지, 한데 묶을 수 있는지 생각해 보자.

9. 예술 영화 전용관이나 영화제에서는 특정 감독의 회고전을 연다. 회고전의 바탕에 깔린 태도는 무엇인가, 그 감독의 영화에 자주 나타나는 경향, 개성이나 스타일, 분위기는 어떤 것인지 생각해 보자.

탐구 활동

10. 좋아하는 배우가 있다면 그 계기가 된 영화나 텔레비전 드라마를 생각해 보자. 그 작품의 어떤 모습을 보고 그 배우를 좋아하게 되었는지를 생각해 보자.

11. 영화로 만들어도 좋을 것 같은 일화, 사람들을 생각하고 메모해 본다. 처음부터 완벽한 이야기를 만들 필요는 없다. 일단 메모하고 메모를 모아서 나중에 기억나는 일화들을 덧붙이면서 천천히 이야기를 만들어 가 보자.

12. 관객으로서 영화를 보기 전에 영화에 관한 정보를 어디서 얻는지 생각해 보자. 인터넷에서 검색해 누리꾼들의 평을 보는지, 영화 잡지에서 영화 평론가나 기자의 영화 소개 글을 읽는지, 또는 텔레비전의 영화 소개 프로그램을 보고 인상 깊은 장면이 있어서 선택하였는지 생각해 본다. 이제부터는 영화를 본 후에 감상문을 적어 보자. 반드시 잘 써야만 하는 건 아니다. 자기가 느낀 점을 적어 보는 것으로 충분하다.

참고문헌

김시무. 2019. 『스타 페르소나』. 아모르문디.

김형석. 2018. 『영화 편집: 역사, 개념, 용어』. 아모르문디.

보드웰, 데이비드·크리스틴 톰슨(David Bordwell & Kristin Thompson). 2011. 『영화예술』. 주진숙·이용관 옮김. 지필 미디어.

이하영. 2019. 『영화 배급과 흥행: 천만영화의 흥행 공식』. 아모르문디.

7단원

매체 윤리

김봉섭

학습 목표

1. 매체 윤리가 왜 필요한지 설명할 수 있다.

2. 매체 발달에 따른 윤리의 변화를 설명할 수 있다.

3. 윤리학적 사고의 기본 원리를 알고, 이를 매체와 관련한 다양한 문제에 적용할 수 있다.

4. 인공 지능의 등장으로 발생하는 새로운 윤리 문제를 이해할 수 있다.

5. 올바른 매체 이용자가 되기 위해 필요한 역량이 무엇인지 알 수 있다.

Introduction to Media for Teens

1. 언론 매체 윤리 알아보기

사람들은 매체를 흔히 "세상을 보는 창"이라고 한다. 특히 언론 매체는 새로운 정보를 알려 주고, 일상의 사건들을 생생하게 전달하며, 오래된 사건을 새롭게 조명한다. 또 사실을 밝혀 알리거나 어떤 문제에 대해 여론을 형성하는 언론 기관은 민주주의를 구성하는 중요한 요소로서 국민을 대신하여 법을 만드는 입법부, 법을 적용하고 판단하는 사법부, 공명정대하게 법을 집행하는 행정부에 이어 제4의 권력기관이라고도 한다. 권력 남용을 감시하고, 비판하며, 사회의 부정과 부패를 고발하는 공적인 역할을 언론 기관이 하기 때문이다.

언론 매체는 공공의 이익을 위해 다양한 역할을 수행한다. 언론 매체는 우리 주변에서 일어나는 사건을 신속하고 정확하게 알려 준다. 언론 매체가 제공하는 정보는 각종 재난·재해, 사건·사고 등을 비롯하여 일기 예보, 공연 예술, 입시 정보에 이르기까지 매우 다양하다. 이러한 정보를 수집하고 분석하여 해석한 후 우리에 알려 주는 일이 언론 매체의 기본적인 역할이다.

언론 매체는 사회를 하나로 묶어 주는 역할을 한다. 언론 매체가 매일 뉴스를 보도해 주기 때문에 우리는 세상 돌아가는 모습을 알 수 있다. 뉴스의 의미를 해석하는 과정에서 우리는 사회가 지향하는 가치와 규범을 배우고 이해하게 된다. 언론 매체는 뉴스뿐만 아니라 사회 전 분야에 대한 정보를 전달하면서 우리가 한 사회의 구성원으로 살아갈 수 있도록 '사회화'를 돕는 역할을 하고 있다.

언론 매체는 오락도 제공한다. 방송 매체는 흥미 위주의 쇼, 드라마, 코미디 등 연예 프로그램과 스포츠 프로그램을 통해 사람들에게 재미와 즐거움을 준다.

마지막으로 언론 매체는 문화유산을 후손에게 전해 주는 역할을 한다. 사회를 이어 나가기 위해서는 그 사회의 문화유산을 한 세대에서 다음 세대로 전해야 한다. 모든 사람은 인류의 역사와 사상을 배울 필요가 있다. 언론 매체는 이러한 내용들을 후손들에게 전함으로써 한 사회의 문화가 다음 세대에게 자연스럽게 전달되도록 한다.

언론 매체는 공공의 이익을 위해 긍정적인 역할을 하지만, 부정적인 영향을 끼치기도 한다. 언론 매체는 좋은 정보를 전달하기도 하지만 허위 정보나 과장 정보를 유통하기도 한다. 확인 과정 없이 언론 매체가 허위 정보를 전달하거나 사실보다 과장되게 정보를 가공하여 배포하는 경우를 말한다. 세월호 사건 당시 우리 언론들이 사건 발생의 문제와 원인을 객관적으로 보도하여 제대로 된 상황 파악과 정보를 제공하기보다 오보를 남발함으로써 시청자와 독자들로부터 상당한 비난과 비판을 받기도 하였다.

위협적인 정보를 부풀려 전달하여 시청자나 독자들이 언론 매체가 만들어 낸 '괴담'으로 공포에 사로잡히거나 잘못된 여론이 형성되는 등의 문제를 일으키기도 한다. 연쇄 살인이나 강도 사건 같은 강력 범죄를 여과 없이 보도하여 기사를 접한 시청자나 독자들을 불안과 공포에 휩싸이게 하였던 사례는 상당히 많다.

언론 매체는 시청자나 독자를 끌어들이기 위해 선정적인 내용을 보도하기도 한다. 이를 황색 언론(yellow journalism)이라고 한다. 황색 언론은 1890년대에 미국에서 독자의 시선을 끌기 위해 선정적이고 비도덕적인 사건을 과도하게 취재하여 보도하는 경향에서 비롯된 말이다. 지금도 언론 매체 간의 과도한 경쟁으로 '막장 드라마'와 같은 프로그램이 방송되기도 하고, 폭력이나 성을 다룬 자극적인 정보를 직설적으로 보도하는 사례가 많다. 언론의 오보, 과장된 보도, 선정적인 보도

외에도 사생활 침해, 명예 훼손 등과 같은 윤리 문제가 끊임없이 제기되고 있다.

이처럼 언론 매체에 대한 독자와 시청자들의 부정적 시각을 줄이고 언론 매체의 행위를 규제할 필요성이 있어 등장한 것이 언론 매체 윤리다. 언론 매체 윤리는 언론 매체나 그 종사자가 지켜야 하는 불문율의 전통이다. 언론 매체나 그 종사자가 반드시 해야 하는 일과 절대로 해서는 안 될 일을 정해 놓은 것이라 할 수 있다. 실제로 언론 매체 윤리가 본격적으로 논의되기 시작한 것은 1890년대 황색 언론을 경험하면서 독자들과 시청자들의 비난에 언론 매체가 반성하게 되고, 언론 매체의 사회적 책임론이 등장하면서부터라고 할 수 있다.

언론 매체 윤리가 다루는 것은 언론 매체와 언론인이 반드시 지켜야할 의무와 관련한 사항이다. 언론 매체와 언론인의 의무는 언론 매체와 그 종사자들에게 독자나 시청자와는 다른 권리가 있음을 뜻한다. 언론 매체와 언론인은 일반 대중은 다가갈 수 없는 곳에 접근하고, 대중이 할 수 없는 일을 할 특권이 있다. 특권이 있는 만큼 그에 따른 책임을 다해야 한다. 이를 위해 언론 매체와 언론인은 검증되지 않은 정보를 기사화해서는 안 되고, 명예 훼손이나 사생활 침해를 해서도 안되며, 타인에게 불필요한 고통을 주어서도 안 된다. 활동 분야에서 능력을 인정받는 것, 뉴스의 우선순위를 정확히 파악하는 것, 뉴스와 오락을 구분하는 것, 사리에 맞는 뉴스를 제공하는 것, 일상적인 사람들이 흥미를 느끼고 이해할 수 있는 뉴스를 만드는 것 등과 같은 복합적인 일을 해야 한다고 강조한다.

모든 사회 조직에는 조직 특성에 맞는 윤리 기준이 있다. 예를 들어 의사들은 히포크라테스 선서를 한다. 「히포크라테스 선서(Hippocratic Oath)」는 의사의 윤리 등에 대한 선서문이다. 의과 대학의 정규 교육을 마친 후 의사가 되기 전에 좋은 의사, 훌륭한 의사, 존경받는 의사가 되기 위한 다짐이라 할 수 있다.

언론인들이 지켜야 할 윤리 기준을 정해 놓은 것도 있다. 바로 윤리 강령과 실천 요강이다. 윤리 강령이란 언론 기관 스스로 올바른 관행을 세우고 책임과 품위를 지키기 위해 만든 행동 기준이다. 언론사에 속한 언론인들의 활동에서 나침반 역할을 한다고 볼 수 있다.

윤리 강령은 신문협회나 편집인협회, 기자협회 등 언론 유관 기관이 정한다. 방송 매체도 공공재인 공중파를 이용하여 돈을 벌기 때문에 방송 제작과 관련하여 별도의 제작 지침을 만들어 운영하고 있다. 최근에는 인터넷에서 보도 기능을 담당하는 인터넷 신문, 포털 사이트 등 인터넷 언론에서도 독자적으로 '인터넷신문윤리강령'을 만들기도 하였다.

우리나라의 '신문윤리강령'에서는 민주화, 분권화, 인권 신장, 가치관의 다양화를 반영하며, 자유롭고 책임을 다하면서 개인의 명예나 사생활을 존중해야 한다고 밝히고 있다. 언론의 자유와 독립, 언론의 책임을 명시한 것이다. 구체적으로 윤리 강령은 자유롭고 독립된 주체로서 진실 보도, 타인의 인격권 보호, 공정하고 정확한 편집과 구성, 사회적 소수자 보호, 전문가로서 언론인의 품격 유지를 통해 민주주의 발전에 기여하는 것을 목표로 한다.

또 '신문윤리강령'을 구체적으로 시행하기 위한 실천 요강에서는 언론의 자유와 책임, 독립을 위해 언론인이 지켜야 할 취재·보도·사법보도 준칙을 정하고 있다. 취재원의 명시와 보호, 범죄보도와 인권존중, 출판물의 전재와 인용, 평론의 원칙, 편집지침, 명예와 신용존중, 사생활 보호, 어린이 보호 등 취재 현장에서 지켜야 할 사항들을 규정하고 있다.

왜 유독 언론 매체와 언론인들에게 이와 같은 강력한 윤리 기준을 지키도록 강조하는 것일까? 언론 매체는 이 세상의 중요한 사건을 조사하고 보도하는 기능을 수행함으로써 우리 사회의 힘 있고 영향력 있는 사람들을 견제하고 균형을 잡는 역할을 하기 때문이다. 기자는 기업, 정치인, 부유한 사람들과 유명한 사람들이 저지르는 부패, 부정하고 불법적인 행위들을 폭로하고 정확하게 보도할 의무가 있다. 이러한 이유로 언론인과 언론 기관이 다른 사람들에게 지키도록 요구하는 행동 기준을 자신들도 일관되게 준수하는 것을 목표로 하는 것이다.

엄격한 기준을 세운 언론 매체 윤리에도 논란은 있다. 무엇이 윤리적인 행위이고, 무엇이 비윤리적인 행위인지 구분하는 것이 매우 어렵다는 점이다. 윤리적 차원에서 해결해야 할 것과 법으로 해결해야 할 것의 경계가 분명치 않다는 점도 있다. 언론 매체 윤리란 상대적인 것으로 누가, 언제, 어떻게 윤리를 이해하는가에 따라 시각차가 존재한다. 실제로 언론인들은 윤리를 지키기 위해 노력한다고 생각하는 반면, 우리 국민은 언론인들이 언론 매체 윤리를 충실히 지키지 않는다고 평가한다.

특히 세월호 사건에 대한 우리나라 언론의 보도 행태는 언론 매체가 제 역할을 하지 못하였다는 지적과 함께 언론 매체 윤리와 관련해 많은 것을 생각하게 한다. 세월호 사건 당시 우리 언론은 지나친 속보 경쟁과 시청률 경쟁으로 심각한 오보들을 만들어 냈다. 세월호 사건의 피해자와 유가족들이 받을 보험료를 계산하여 보도하는 등 피해자에 대한 배려를 전혀 찾아볼 수 없었다. 당시 기자와 쓰레기를 합성하여 비하한 '기레기'라는 표현에서 일부 언론인들을 대하는 국민들의 시각이 잘 드러난다.

언론 매체에 대한 부정적이고 비판적인 시각을 없애기 위해서는 어떤 노력이 필요할까? 먼저 언론 매체 윤리가 단지 선언적인 것에 그치지 않도록 실천적인 내용을 더욱 강화해야 한다. 언론 매체의 윤리 강령은 법적 강제력이 없다는 점에서 실천을 담보하기에는 내용이 상식 수준이며 언론인들의 활동 지침이 되기에는 구체적이지 못하다는 지적을 받고 있기 때문이다.

언론인들이 매일매일 이어지는 취재를 하다 보면 지켜야 할 의무나 규칙들에 소홀해질 수 있다. 그러므로 언론 매체 윤리에 대한 지각과 인식을 높일 수 있도록, 언론인에 대한 윤리 교육을 강화하여 주기적으로 실시해야 한다.

언론 매체를 이용하는 이용자에게도 윤리 교육이 필요하다. 언론 매체가 사회적 기능을 제대로 발휘하기 위해서는 이용자들도 책임 있고 신뢰할 만한 매체를 선택해야 한다. 언론 매체가 제대로 된 정보를 전달하고 있는지 비판적인 안목으로 판단할 수 있는 역량을 갖추어야 한다. 언론 매체가 도덕적으로 건전하게 기능할 수 있도록 이용자들이 관찰하고 영향력을 행사할 수 있어야 하는 것이다.

언론 매체의 중요한 임무는 사실 전달에 그치지 않고 그에 대한 의혹과 문제를 제기하는 것이다. 언론 매체의 가장 기본적인 기능인 정보 전달과 의제 설정, 그리고 이를 통해 사회에 존재하는 갖가지 사안을 비판과 의심의 눈으로 바라봐야 한다. 언론 매체의 기능이 정상적으로 작동하여야만 사회가 비로소 건강해질 수 있다. 언론 매체 윤리는 언론 매체의 기능이 정상적으로 작동하게 하는 중요한 장치로 여전히 우리 사회에 필요하다.

2. 매체의 윤리성 판단하기

좋은 것과 나쁜 것을 구분하는 것은 인간에게만 있는 특징이다. 사물, 사람, 경험을 좋은 것과 나쁜 것, 좋지도 나쁘지도 않은 것으로 굳이 나누어 분류하는 존재는 인간밖에 없다. 실제로 사람들은 기원전부터 개인적인 삶에 충실한지 여부를 도덕적·윤리적 삶의 중요한 기준으로 삼았다. 이처럼 우리가 흔히 올바른 일, 정당한 일, 행복한 일, 유익한 일 등을 판단하는 기준을 '윤리'라고 한다.

이러한 윤리의 개념과 관련하여 논란이 되었던 사건 하나를 살펴보자. 프리랜서 사진 기자였던 케빈 카터(Kevin Carter)는 아프리카 국가인 수단을 취재하기 위해 남부 수단으로 향하던 중 참담한 장면을 목격하였다. 굶주림에 지처 무릎을 꿇은 채 웅크리고 있는 어린 소녀의 등 뒤에서 이 소녀를 먹잇감으로 삼으려는 커다란 독수리가 소녀를 뚫어지게 노려보고 있었다. 카터는 이 장면을 한 장의 사진으로 남겼다. 카터는 그 사진으로 1994년 미국 언론의 최고상이라고 할 수 있는 퓰리처상 사진 부문 수상자로 선정되었다. 수단이 겪고 있는 가난과 고통을 진실하게 알리기 위한 기자 정신을 높이 산 것이다. 하지만 일반인들의 생각은 달랐다. 소녀의 위태로운 목숨보다 사진을 찍으려는 목적이 더 앞섰다는 것이다. 즉, 인간성 대신 상을 선택하였다는 것이다.

이처럼 특정한 행위를 판단하는 기준은 상황이나 맥락에 따라 또는 개인적인 기준에 따라 차이가 있다. 만약 여러분이 카터였다면 어떤 판단을 내렸을까? 이러한 상황에서 우리가 판단의 기준으로 삼는 것이 바로 윤리 기준이다. 대표적인 것이 의무론(deontology)적 윤리관, 공리론(utilitarianism)적 윤리관, 덕 윤리관(value ethics) 등이다.

의무론적 윤리관은 독일 철학자 칸트(Immanuel Kant)의 도덕철학에

'윤리'를 뜻하는 영어 'ethics'는 그리스어 'ethos'(사회의 홀륭한 풍속, 관습)에서 유래하였다. 한자 윤(倫)은 무리·또래·질서 등의 의미하며, 리(理)는 이치·이법·도리 등을 뜻한다. 그러므로 윤리는 인간이 사회를 구성하고 살아가면서 지켜야 할 이치 또는 도리라고 할 수 있다.

기초한다. 칸트는 어떤 행위가 선하고 옳은지 판단하는 것은 그것이 타당한 도덕 법칙에 부합하느냐에 따라 결정된다고 보았다. 아무리 행위의 결과가 좋다 하더라도 도덕 법칙에 어긋난다면 옳은 행위로 평가받을 수 없으며, 도덕적이지 않다는 것이다.

의무론적 윤리관에 따르면 도덕 법칙에 따라 행동하였다면 결과가 좋든 나쁘든 도덕적 행위로 평가한다. 따라서 의무론적 윤리관에서는 동기를 중요시한다. "남을 때린 것이 법을 어긴 것이라면, 남을 때리겠다고 생각하는 것은 도덕을 어긴 것"이라는 칸트의 주장은, 이것이 얼마나 엄격한 윤리관인지 보여준다. 또 의무론적 윤리관에 따르면 모든 인간은 고귀한 존재로 존경받아야 하고, 다른 사람에게 피해를 주는 일은 삼가야 한다고 주장한다. 인간을 도구나 수단이 아닌 목적으로 대하라는 것이다.

의무론적 윤리관에 충실하기 위해서는 다음과 같은 질문을 끊임없이 자신에게 해야 한다. '나의 행동은 도덕적인가?'이다. 사람들이 카터의 행동을 비윤리적이라고 비난하고 비판한 이유는 이러한 의무론적 윤리관에 어긋났기 때문이다. 카터가 사진 촬영 후 즉시 소녀를 구하였다고 해명하였음에도 많은 사람이 카터의 행위를 비난한 것은 수단의 어린 소녀를 좋은 사진을 찍기 위한 도구나 수단으로 여겼다고 판단하였기 때문이다. 인간의 절대 선이라 할 수 있는 생명을 존중하지 않았다고 생각하였기 때문이다.

공리론적 윤리관은 존 스튜어트 밀(John Stuart Mill), 제러미 벤담(Jeremy Bentham) 등에 의해 발전된 윤리관이다. 특정한 목적이나 목표에 도달하는 것을 최우선으로 중시한다. "최대 다수의 최대 행복"이라는 말로 잘 알려져 있다. 인간 삶의 최고의 목적 또는 목표는 행복, 좀 더 구체적으로 말하면 최대 다수의 최대 행복을 실현하는 것으로 간주한다. 이것이 공리론적 윤리관이 보는 최고선이라 할 수 있다.

공리론적 윤리관에서는 행위의 도덕적 가치를 따지며 결과를 중요시한다. 나의 행동이 즐거움을 낳는다면, 그리고 공동체에 이익이 된다면 그 행동은 윤리적이라고 보는 것이다. 두 가지 이상의 가능한 행위 중에서 더 나은 선택이 어떤 것인지 결정할 때 매우 유용한 윤리관이다. 공리주의에 따르면 행복 또는 복지의 총량을 최대화하는 것이 가장 윤리적이다. 따라서 여러 가지 판단이나 행동 중에서 선택할 때 행복의 총량을 계산한다.

공리론적 윤리관에 충실하기 위해서는 다음과 같은 질문을 끝없이 해야 한다. '내 행동의 결과는 유익한가?'이다. 예를 들어 게임에 대한 논쟁에서 공리론적 윤리관을 적용하면 "게임은 일상의 긴장에서 탈출해 좀 더 나은 나를 위해 전진할 수 있는 기회를 제공하기에 유익하다"라고 주장할 수 있다.

카터의 사례를 공리론적 윤리관에 적용하면 전혀 문제될 것이 없는 행위라 할 수 있다. 카터가 수단의 어린 소녀 사진을 찍은 것은 수단의 상황을 서방 세계에 알림으로써 더 많은 관심과 지원을 끌어내기 위해서였다. 그런 관점에서 본다면 카터의 사진은 충실하게 제 역할을 하였다고 볼 수 있다. 사진을 찍은 후 소녀 또한 무사히 구출하였기에 누구 하나 이러한 상황에서 피해를 본 이가 없어 전혀 비난의 대상의 될 수 없다는 것이 공리론적 윤리관에 바탕을 둔 주장이라 할 수 있다.

의무론적 윤리관과 공리론적 윤리관은 모두 개인 윤리다. 모든 행위에 대한 책임의 주체를 개인으로 본다. 개인의 도덕적인 삶과 윤리적 행위가 주된 관심사이며, 개인과 의무 혹은 결과를 측정하는 것에 중심을 둔다. 이와 반대로 공동체주의 윤리관이 있다. 바로 최근 들어 새로이 주목받고 있는 덕 윤리관이다.

덕 윤리관은 고대 그리스의 철학자들로부터 시작되었다. 모든 지식인의 선생이라고 불리는 아리스토텔레스(Aristoteles)가 대표적인 인물이다. 아리스토텔레스는 덕을 갖추려면 규칙을 따르는 것보다 습관이 중요하다고 하였다. 습관은 한 번 연습으로 얻어지는 것이 아니라 다양하고 변화하는 상황에서 도덕적 행동을 최적화하고 지속적으로 연습함으로써 얻어진다.

덕 윤리관은 '나는 무엇을 해야 하는가?' 이전에 '나는 어떠한 존재가 되어야 하는가?'를 윤리의 근본으로 본다. 도덕적으로 권유할 만한 행위를 하는 사람의 성향과 습관 등의 특성을 중시한다. 연민, 양심, 진실함과 같은 사람의 도덕적 품성 형성에 일차적인 강조점을 두는 윤리관이다.

또 덕 윤리관은 우정을 시작으로 다른 사람들과의 관계에 대한 중요성을 강조한다. 덕 윤리관은 인간으로서 당연히 해야 할 도리, 무엇보다도 위대한 인간이 되는 민감성으로부터 시작한다. 뛰어난 인간이 된다는 의미는 엄밀히 말해 인간으로서 가장 중요한 덕목을 채우거나 개발한다는 것을 의미한다.

덕 윤리관에 충실하기 위해서는 다음과 같은 질문을 끝없이 해야 한다. '나의 결정이 내일 신문 1면에 실린다면 행복할까?'이다. 공리론적 윤리관과 일견 부합되는 면이 있는데, 덕 윤리관은 공동체주의라는 데 차별점이 있다. 개인의 발전보다는 개인과 공동체의 발전을 목적으로 하기 때문이다. 또 공리론적 윤리관이 절대적 윤리관인 반면, 덕 윤리관은 상대적 윤리관이다. 덕 윤리관은 상대적이기 때문에 사람마다 차이가 있다고 할 수 있다. 팀플레이가 우선인 축구선수의 덕과 개인플레이가 우선인 육상선수의 덕이 다른 것과 같은 이치다.

카터의 행동을 비판하는 관점인 의무론적 윤리관에 따르면 모든 인간은 고귀한 존재로 존경받아야 한다. 그러므로 다른 사람에게 피해를 주는 일은 삼가야 한다고 주장한다. 반면 카터를 옹호하는 관점인 공리론적 윤리관에 따르면 내가 불행해지는 행위는 올바른 행위가 아니라고 한다. 온전히 나의 관점에서 나만을 위한 판단이 이루어져야 한다고 주장한다. 덕 윤리관적 관점에서 보면 카터의 행위는 사진 기자로서의 책임과 책무를 다한 행동이다. 또 수단이라는 국가 전체의 이익을 위해 취한 행동이라고 할 수 있다.

카터의 사례처럼 특정한 행위를 판단하는 기준은 상황이나 맥락에 따라, 또는 개인적인 기준에 따라 차이가 있다. 그만큼 특정한 윤리관을 정확하게 적용한다는 것은 매우 어려운 일이다. 이 밖에도 각자의 윤리관에 따라 다양한 주장을 할 수 있다.

매체 이용과 관련해 각각의 윤리관을 적용해 주장하다 보면 각자 나름대로 올바른 생각과 판단을 할 수 있는 기준을 마련할 수 있다. 막연히 이러한 것은 나쁘고 비도덕적이라고 비판할 것이 아니라 왜 나쁘고 왜 비도덕적인지를 설명할 수 있어야 한다. 특히 윤리학에서는 최상의 답을 찾는 것이 아니라 답을 찾아가는 과정을 중시하기 때문에, 각각의 윤리관에 대한 이해와 지식을 쌓는 것이 매우 중요하다.

3. 디지털 매체 윤리 살펴보기

자료: ≪타임≫ 홈페이지.

미국의 시사 주간지 ≪타임≫은 매년 세계에 영향력을 가장 많이 끼친 인물 혹은 단체를 선정한다. ≪타임≫은 2006년 올해의 인물로, 그동안 유명 인물을 선정하던 틀을 깨고 '당신(YOU)'을 선택하였다. 표지 모델로 모니터에 반사지를 붙인 컴퓨터를 넣어, 타임을 보는 사람이 자신의 얼굴을 비춰 볼 수 있게 하였다.

타임이 불특정 다수를 '올해의 인물'로 택한 것은 1927년 올해의 인물 선정을 시작한 후 처음 있는 일이었다. ≪타임≫은 "당신이 정보화 시대를 지배하기 때문"이라고 선정 이유를 설명하였다. 단순히 인터넷 정보의 수신자가 아니라 적극적인 참여자로 활동하며 디지털 민주주의라는 새로운 사회 현상을 만들어 내는 데 적극 기여하였다는 것이다.

이 일은 사회적으로 새로운 매체와 이용자의 등장을 알린 놀랄 만한 사건이었다. 그동안 매체 이용자는 단순히 매체가 제공하는 정보를 수신하는 수용자의 위치에 머물러 있었다. 신문은 독자, 방송은 시청자로 구분할 수 있다. 그런데 양방향 커뮤니케이션이 가능한 컴퓨터와 인터넷 같은 디지털 매체가 등장하면서 이용자의 역할이 변화하였다. 디지털 매체의 이용자는 단순히 정보를 수용하는 역할뿐만 아니라 적극적으로 정보를 생산하는 역할을 맡게 되었다. 이러한 이용자상(像)의 변화를 표현하기 위해 이용자를 특정 서비스에 대한 수동적 소비자(consumer)·시청자(viewer)·수용자(audience)로부터 1인 미디어와 같은 서비스 제공자로서의 이용자, 창작자(creator)·메이커(maker) 등과 같은

프로슈머와 프로듀저

프로슈머(prosumer)

프로슈머는 생산자(producer) 또는 전문가(professional)와 소비자(consumer)가 결합되어 만들어진 신조어이다. 프로슈머의 개념은 1972년 마셜 매클루언(Marshall McLuhan)과 배링턴 네빗(Barrington Nevitt)이 『현대를 이해한다(Take Today)』에서 "전기 기술의 발달로 소비자가 생산자가 될 수 있다"라는 말로 처음 등장하였으나, 1980년 앨빈 토플러(Alvin Toffler)가 『제3의 물결』에서 최초로 사용하면서 대중에게 알려지기 시작하였다.

자료: 위키백과.

프로듀저(produser)

프로듀저는 생산자를 뜻하는 프로듀서(producer)와 이용자를 뜻하는 유저(user)를 합한 용어로 새로운 정보 환경이 출현하면서 등장한 새로운 이용자 유형을 이르는 말이다.

자료: IGI 글로벌.

생산자, 프로슈머(prosumer)·프로듀저(produser) 등으로 점차 변화하고 있다.

디지털 매체는 정보의 생산과 유통, 소비가 정보 통신 기술을 기반으로 이루어지는 매체다. 1990년 팀 버너스리(Tim Berners-Lee)가 웹 브라우저를 발명하고, 1990년대 중반 이후 대용량의 정보를 순식간에 보내고 받을 수 있는 초고속 정보 통신망이 구축되면서 등장한 새로운 유형의 매체다. 뉴미디어 또는 전자 미디어라고도 불린다. 인터넷이나 소셜 미디어 등이 대표적인 디지털 매체이다.

디지털 매체는 여러 면에서 전통 언론 매체와 다른 특성이 있다. 우선, 정보 유통의 속도가 엄청나게 빠르다. 디지털 매체는 내용을 작성한 후 엔터 키를 누르는 순간 정보가 유통되기 시작하고 전 세계에 정보를 보낼 수 있다. 또 디지털 매체는 아이디(ID) 또는 별명 등으로 자신의 신분을 감추거나 완전히 익명인 상태로 정보를 생산하고 유통할 수 있는 특성이 있다. 디지털 매체는 컴퓨터의 'ctrl+c, ctrl+v' 기능을 활용해 원본 파일을 손상하지 않고 누구나 쉽게 무한대로 복제할 수도 있다. 디지털 매체는 정보를 유통할 때도 전자 우편이나 메신저 등을 통해 다수의 독자에게 무료로 정보를 제공할 수 있다는 이점이 있다. 마지막으로 디지털 매체의 정보는 손쉽게 검색할 수 있다.

매체 이용자와 매체 특성 등 환경의 변화에 따라 사회적 조건도 변하기 때문에 그 사회의 윤리 규범도 새로운 상황에 적응하여 변화해야만 한다. 전통적인 언론 매체 윤리가 직업 윤리의 한 형태로 언론 기관에 종사하는 이들에게 주로 적용되어 왔다면, 디지털 매체 윤리는 적용 범위가 이용자에게까지 확대되었다. 또 디지털 기술의 혁신적인 힘은 우리에게 매체 윤리에 대한 기본을 다시 생각하게 한다. 인터넷, 유튜브, SNS, 트위터 등 디지털 매체의 출현은 새로운 형태의 부정적 행동과 도덕적 이슈를 낳기 때문에 윤리적 평가와 검토의 대상이 되어야 한다.

디지털 매체가 윤리적 평가와 검토의 대상이 되는 이유는 첫째, 기존의 관습적인 도덕의 범위를 넘어서는 상황을 만들 수 있기 때문이다. 예를 들어 컴퓨터와 네트워크가 있기 전까지는 해킹(hacking)이라는 개념이 존재하지 않았다. 처음 해킹 사건이 발생하였을 때 도덕적 관점으로 해킹은 어떠한 행위인가를 놓고 논란이 있었다. 컴퓨터 바이러스 유포도 마찬가지이다. 이처럼 기존의 관습적인 도덕·규범, 법규정, 상업 규칙, 정책 등은 디지털 매체 환경에 쉽게 적용할 수 없어졌다.

둘째, 디지털 매체의 속도, 범위, 조작의 용이성 등에 따른 결과다. 이용자의 익명성과 같은 디지털 매체의 특징은 기존의 도덕적 문제를 더 크게 만든다. 예를 들어 불건전 정보의 유포자는 신분을 감출 수 있다는 디지털 매체의 특성 때문에 이득을 얻을 뿐만 아니라 경찰에 붙잡히지 않을 것이라고 생각할 것이다. 이와 동시에 인터넷 서비스 제공자에게도 도덕적으로 딜레마를 일으킬 수 있다. 인터넷 서비스 제공자가 수사 기관과 협력하는 정도에 따라 고객의 프라이버시 보호를 위한 자신들의 책무와 갈등을 일으키기 때문이다.

디지털 매체의 복사, 재생산, 배포의 용이성 때문에 컴퓨터 불법 복제를 활용한 저작권 문제가 이전보다 더 큰 사회적 논란을 야기하고 있다. 이와 함께 디지털 매체는 개개인이 지정학적·문화적·언어적 공동체를 넘어 온라인을 통해 전 세계의 다양한 문제에 참여할 수 있게 해 주었다. 동시에 행위에 따른 결과와 책임이 무한대로 늘어나는 것 역시 디지털 매체가 윤리적 문제의 새로운 평가와 검토 대상이 되는 이유다.

또 디지털 매체는 도덕적 거리를 두게 한다. 인터넷 사기는 사기 피해자와 대면을 피할 수 있어 훨씬 쉽다고 생각할 수 있다. 직접 대면을 하지 않으므로 사이버 폭력으로 더 쉽게 남을 괴롭힐 수 있다고 여긴다. 이러한 상황은 내 행위의 대상이 눈앞에 있지 않고, 내 행위의 결과도 즉시 확인하지 못하기 때문에 도덕적인 판단을 어렵게 만든다.

이 밖에도 윤리적 평가와 검토의 대상으로서 디지털 매체는 과도한 이용에 따른 결과로 인간 소외, 개인의 정체성 상실, 통신 중독증과 같은 여러 현상을 초래할 우려가 있다.

디지털 매체에 대한 이해와 윤리적 평가 및 검토를 바탕으로 디지털 매체를 올바르게 이용하기 위한 지향점으로 다음 네 가지를 제시할 수 있다.

첫째, 인간 존중의 자세이다. 정보의 이용 가치나 효율성만을 중시하여 인간 존엄성을 무시하거나 소홀히 하지 말아야 한다. 정보는 인간을 위한 수단임을 깨닫고, 인간다움을 유지하고 인간의 삶에 기여하는 방향으로 그런 정보를 이용하도록 노력해야 한다.

둘째, 사회적 책임성이다. 디지털 매체의 한 특징인 익명성을 악용하여 타인에게 해를 끼치거나 무책임한 행동을 하지 말아야 한다. 타인과 공동체를 고려하는 가운데 바람직한 윤리적 가치 규범에 의거하여 책임 있는 판단과 행동을 할 수 있도록 그에 걸맞은 품성과 능력을 갖추어야 한다.

셋째, 자율성이다. 디지털 매체 환경에서는 모든 구성원이 유익하고 건전한 정보 제공자인 동시에 수혜자가 된다는 점을 깨달아야 한다. 디지털 매체의 문제와 역기능에 해당하는 행동들을 스스로 규제하는 동시에 바람직한 행위 규범을 능동적으로 실천하려는 적극적인 삶의 자세를 가져야 한다.

마지막으로 공동체 의식이다. 디지털 매체 환경에서 흔히 발생할 수 있는 고립주의, 개인주의, 이기주의를 넘어 바람직한 디지털 매체의 활용을 통해 타인과 건전하게 교류하고 상호 작용 해야 한다. 동시에 개인의 사사로운 이해관계보다는 공동체 자체의 조화로운 삶의 복지 증진에 공헌할 수 있도록 필요한 자질과 능력을 키워야 한다.

디지털 매체의 윤리적 가치에 대한 지향성을 바탕으로 이용자가 이해하기 쉽고 일상에서 적용하기 쉽게 만든 것이 '네티켓(netiquette)'이다. 네티켓은 네트워크(network)와 에티켓(etiquette)의 합성어로, 정보통신망이 제공하는 새로운 공간에서 활동하는 사람을 지칭하는 누리꾼(즉, 네티즌)이 네트워크상에서 지켜야 할 상식적인 예절을 가리킨다.

네티즌 윤리 강령

정보 통신 환경의 변화에 따라 사이버 공간의 이용이 급증하고 있다. 네티즌은 사이버 공간에서 유익한 정보를 서로 나누고 건전한 인간관계를 형성하며, 다양한 경험을 쌓는다. 또한 사이버 공간을 통해 정보사회의 성숙한 인간으로 성장하며, 인류사회 발전에 기여한다.

사이버 공간의 주체는 네티즌이다. 네티즌은 사이버 공간에서 표현의 자유와 권리를 가지고 있으며, 동시에 의무와 책임도 지니고 있다. 이러한 권리가 존중되지 않고 의무가 이행되지 않을 때 사이버 공간은 무질서와 타락으로 붕괴되고 말 것이다.

이에 사이버공간을 모두의 행복과 자유, 평등이 실현되는 공간으로 발전시킬 수 있도록 '네티즌 윤리강령'을 제정하고 이를 실천할 것을 다짐한다.

o 네티즌 기본 정보정신

- 사이버 공간의 주체는 인간이다.
- 사이버 공간은 공동체의 공간이다.
- 사이버 공간은 누구에게나 평등하며 열린 공간이다.
- 사이버 공간은 네티즌 스스로 건전하게 가꾸어 나간다.

o 행동 강령

1. 우리는 타인의 인권과 사생활을 존중하고 보호한다.
2. 우리는 건전한 정보를 제공하고 올바르게 사용한다.
3. 우리는 불건전한 정보를 배격하고 유포하지 않는다.
4. 우리는 타인의 정보를 보호하며 자신의 정보도 철저히 관리한다.
5. 우리는 비속어나 욕설 사용을 자제하고, 바른 언어를 사용한다.
6. 우리는 실명으로 활동하며, 자신의 ID로 행한 행동에 책임을 진다.
7. 우리는 바이러스 유포나 해킹 등 불법적인 행동을 하지 않는다.
8. 우리는 타인의 지적재산권을 보호하고 존중한다.
9. 우리는 사이버 공간에 대한 자율적 감시와 비판활동에 적극 참여한다.
10. 우리는 네티즌 윤리강령 실천을 통해 건전한 네티즌 문화를 조성한다.

자료: 방송통신위원회 홈페이지(https://kcc.go.kr/).

언론인을 위한 '신문윤리강령'처럼, 2000년에는 네티켓을 체계적으로 구성하여 '네티즌 윤리강령'을 선포하였다. 네티즌 윤리강령은 이용자들이 디지털 매체를 올바르게 이용하고 생활 속에서 쉽게 실천하도록 만든 기본적인 윤리 지침이라 할 수 있다.

디지털 매체를 통한 행동은 자신뿐만 아니라 사회 전체에도 엄청난 영향을 미친다. 또 디지털 매체에 접근할 수 있는 우리 모두는 단순히 매체의 소비자가 아니다. 디지털 매체는 과거의 전문적인 저널리스트 역할을 이제 우리에게 부여하고 있다. 우리는 디지털 매체의 이용자로서 윤리적 권리, 책임, 미덕에 대한 주의 의무를 다해야 함을 명심해야 한다.

4. 디지털 매체 윤리 적용하기

1) 뉴스와 가짜 뉴스

뉴스는 한마디로 새로운 소식이다. 하루에도 수없이 일어나는 사건, 사고부터 정치, 경제, 사회, 문화 등 모든 영역에서 우리가 관심을 기울일 만하거나 알아야 할 정보들이다. 지금까지 뉴스는 대부분 신문사나 방송국 같은 공신력 있는 언론 매체를 통해 전문성 있는 기자들이 제공하였다. 하지만 지금은 신문이나 텔레비전 같은 전통 언론 매체 외에도 인터넷이나 유튜브, 소셜 미디어 등 디지털 매체가 등장하면서 누구나 뉴스를 생산할 수 있는 환경으로 바뀌었다.

심지어 인공 지능 기술을 활용하여 로봇이 기사를 작성하는 시대도 열렸다. AP 통신에서는 로봇이 스포츠 경기 결과나 기업의 상품이나 주식 등이 거래되는 상황에 대한 기사를 1,000개씩 자동으로 작성하고 있다. 우리나라에서도 로봇이 스포츠 뉴스나 증권 정보 관련 기사를 쓰고 있다. 2030년에는 인공 지능이 미국 최고의 언론상인 퓰리처상을 받게 될 것이라는 주장도 있다.

이제 뉴스는 특정 부류의 사람만이 생산하는 게 아니다. 또 뉴스는 수많은 플랫폼을 통해 수없이 생산되고 있으며, 정보의 공급 주체가 전통 미디어에 한정되지 않고 온라인상 매체로 확대되면서 검증되지 않은 정보들이 유통되고 있다. 더 나아가 사실과 다른 허위 정보가 온라인에서 만들어지면 언론이 이를 그대로 보도하고, 언론의 오보는 온라인에서 또다시 부풀려져 재생산되고 있다.

이와 같은 가짜 정보는 건강한 공론의 장을 왜곡하고, 사회와 국가에 대한 불신을 초래할 우려가 있다. 하지만 이를 통제할 방안이 마땅치 않은 것이 현실이다. 또 가짜 뉴스에 대한 무차별적 통제는 표현의 자유를 침해할 수 있다는 우려가 있다. 허위 정보와 가짜 뉴스가 점점 더 만연하는 지금, 표현의 자유를 다소 침해하더라도 가짜 뉴스를 통제하는 것이 타당할까? 개개인이 자율적으로 준수할 수 있도록 하는 것이 나을까?

가짜 뉴스 때문에 피해를 보지 않기 위해서는 무엇보다 이용자가 기사를 비판적으로 분석하고 파악할 수 있는 능력을 길러야 한다. 먼저, 뉴스에서 제공하는 정보에서 사실과 의견을 구분할 줄 알아야 한다. 뉴스에서 제공하는 사실과 의견은 엄연히 다른 특성이 있다. 사실이 객관적이라고 한다면 의견은 주관적이다. 따라서 기사의 의견을 사실처럼 인식하면 안 된다. 의견에는 개인의 선호나 가치관, 편견이 작용할 수 있기 때문이다. 또 기사에서 강조된 부분, 빠뜨린 부분이 무엇인지를 확인하는 자세를 가져야 한다. 왜 특정한 내용을 강조하거나 빠뜨렸는지 그 의도를 면밀히 확인해야 한다. 기사의 출처, 팩트를 꼼꼼히 살펴봐야 하며, 다른 매체와 비교하여 사실인지를 확인해야 한다. 그리고 기자의 과거 기사 목록과 평판을 조회하여 현재의 기사와의 관계를 확인해야 한다. 마지막으로 언론사의 평판, 관점, 이해관계를 고려해야 한다. 종교 재단의 언론사와 기업 소유의 언론사는 특정한 사회 현상에 대해 서로 다른 이야기를 할 수 있기 때문이다.

특히 유념해야 할 것은 자신이 가짜 뉴스의 생산자가 되어서는 안 된다는 점이다. 누구나 정보를 생산하고 가공하고 유통하는 것이 가능하므로 거짓 정보를 만들고 싶은 유혹을 느낄 수 있다. 이런 행위는 사회 전체에 해악을 끼칠 뿐만 아니라 자신의 평판에도 상당히 부정적인 영향을 미칠 우려가 있다. 정확한 정보만 생산하고 유통하는 능력과 자질을 갖추어야 할 것이다.

2) SNS와 사이버 폭력

SNS는 'Social Network Service'를 줄인 말이다. 웹(인터넷)이나 앱(애플리케이션)에서 친척, 친구, 선후배, 지인 등과 쉽게 연락하면서 관계를 더욱 돈독히 하고, 새로운 인맥도 형성할 수 있도록 돕는 서비스이다. 모바일 메신저(카카오톡, 라인, 스카이프 등)나 마이크로 블로그(페이스북, 인스타그램, 트위터, 미투데이 등), 블로그(네이버 블로그, 티스토리, 다음 블로그 등) 등이 대표적인 SNS 유형이다.

SNS를 통한 활동 중 청소년에게 가장 문제가 되는 것은 사이버 폭력이다. 사이버 폭력은 "개인 또는 집단이 타인에게 불편이나 위해를 가하기 위한 의도로 정보 통신 기기를 이용해 적대적이거나 공격적인 메시지를 반복적으로 보내는 행위"를 말한다. 온라인상에서 타인 비방,

청소년 사이버 폭력 예방 수칙

1. 사이버공간에서 글이나 사진, 동영상을 올리기 전에 상대방이 어떻게 받아들일지를 먼저 생각한다.
2. 사이버공간에서는 상대방을 존중해야 나도 존중받는다는 사실을 명심한다.
3. 사이버공간에서 내 말과 행동 때문에 상대방이 기분 상했다고 하면 바로 사과한다.
4. 사이버공간에서는 한 번 뱉은 말은 주워 담을 수 없으니 늘 신중하게 활동한다.
5. 사이버공간에서는 꼭 필요한 경우에만 나의 개인 정보나 사진을 공개한다.
6. 사이버공간에서 자신의 나이, 성별, 신분 등을 속이려 하지 않는다.
7. 사이버공간에서 상대방의 프라이버시나 명예를 지켜준다.
8. 사이버공간에서 음란한 사진이나 영상을 보여주거나 배포하지 않는다.
9. 사이버공간에서 장난이라도 욕설이나 비속어 또는 오해할 수 있는 표현을 사용하지 않는다.
10. 사이버공간에서 거짓된 내용이나 개인의 사생활에 대한 내용을 함부로 올리거나 퍼 나르지 않는다.
11. 사이버공간에서 다른 사람의 외모나 신체에 관한 농담이나 비난을 하지 않는다.

자료: 선생님을 위한 청소년 사이버 폭력 이해와 대처 요령.

욕설, 배척, 스토킹, 신상 정보 유출, 갈취 등의 행위를 반복적으로 행하는 것이라 할 수 있다.

사이버 폭력에 의해 언제, 어디서, 누구에게 폭력을 당할지 모르는 상황은 학교에서 하루의 대부분을 함께 생활하는 청소년들을 정신적·신체적으로 고통스럽게 만든다. 또래 관계가 중요한 청소년들에게 자신을 공격하는 알 수 없는 상대가 존재한다는 것은 대인 관계 위축 등 사회적 고통을 안겨 주며, 관계의 고립에 따른 자존감 결여, 무력감 등 정신적 피해를 경험하게 한다.

이처럼 사이버 폭력은 타인에게 위해를 가하는 행동이다. 사안이 심각하면 법적 처벌을 받을 수 있다. 또 사이버 폭력은 윤리와 도덕에 위배되는 행동이다. 우리는 모두 자신과 다른 사람의 인격을 수단이 아닌 목적으로 대해야 한다. 하지만 사이버 폭력은 의무론적 윤리관이 지향하는 도덕적 가치를 위반하는 행위로, 타인을 목적으로 대하는 것이 아니라 수단으로 인식하여 행하는 행동이다. 따라서 내가 보고 있는 컴퓨터 화면이나 스마트폰 화면 건너편에 있는 상대방도 나와 같은 인격체이므로, 나의 존재가 소중한 만큼 타인의 존재도 소중하게 대할 줄 알아야 한다.

3) 유튜브와 저작권

유튜브는 구글이 운영하는 동영상 공유 서비스로, 사용자가 동영상을 올리고 시청하며 공유할 수 있게 해 준다. 유튜브는 '당신(You)'과 '브라운관(Tube, 텔레비전)'이라는 단어의 합성어이다.

'도티'나 '대도서관'과 같은 유튜버가 등장하면서 청소년들의 미래 희망 직업으로 유튜버가 떠오르고 있다. 유튜브는 사용자가 자신만의 개성 넘치는 독창적인 콘텐츠를 만들어 공개한다는 면에서 긍정적이지만, 타인의 창작물을 무단으로 사용하는 경우가 많아 문제가 되고 있다.

저작물에 부여하는 권리를 우리는 흔히 저작권이라 한다. 저작권은 저작물에 대한 소유권을 의미한다. '저작권법'은 저작물을 상업적으로 이용할 때 저작자에게 저작권료를 지불함으로써 저작자의 지적 소유권을 보호한다. 이에 따라 방송국에서 소설을 드라마 소재로 삼거나 인터넷에서 영화나 음악 파일을 내려받을 때 그 저작물 저작자에게 저작료를 지불해야 한다.

저작권과 같은 지적 소유권을 인정하고 보호하는 이유는, 다른 사람에게 전혀 피해를 입히지 않으면서 쓸모없는 땅을 비옥한 땅으로 만든 것처럼 창작자가 새로운 부가가치를 창출하였기 때문이다. 독일의 철학자 프리드리히 헤겔(Friedrich Hegel)은 결과물이 비록 크게 힘들이지 않고 생산되었다 하더라도, 그 결과물은 노동을 행한 사람의 인격을 표현하고 있기 때문에 소유권을 인정해야 한다고 보았다.

따라서 남의 저작물을 무단으로 복제하여 이용하거나 배포하면 법적으로 처벌받는다. 경찰은 2018년 국내 최대 웹툰 불법 유통 사이트 운영자를 검거하였다고 발표하였다. 검거된 웹툰 불법 유통 사이트 '밤토끼' 운영자는 웹툰에 대한 사람들의 관심이 커지자 웹툰으로 돈을 벌기 위해 이 같은 범행을 저질렀다고 한다. 밤토끼 운영자는 네이버, 다음, 코믹스 등 국내 웹툰 업체의 웹툰을 불법으로 복제하여 유통한 혐의를 받았다. 국내 웹툰 업체는 밤토끼로 인해 2,400억 원의 피해를 보았다고 주장하였다. 이처럼 웹툰과 같은 저작물을 인터넷에 무단으로 유포할 경우 타인의 저작권을 침해한 죄로 처벌받을 수 있다.

이와 같은 저작권 보호 주장에 반대하며 디지털 매체 시대에는 정보의 자유로운 유통이 보장되어야 한다는 주장이 있다. 이를 가리켜 '카피레프트(copyleft)'라고 한다. 카피레프트 운동을 지지하는 주장의 근거는 소유권에 대한 공개념적 사고이다. 모든 성원은 자신만의 이익이 아니라 모든 이의 공동선을 위해 그들의 자연적 자질을 이용하고, 사회적 여건을 활용해야 한다는 것이다.

따라서 유튜버를 꿈꾸는 청소년들은 저작권 개념을 제대로 알고 적용할 줄 알아야 한다. 자신의 저작물이 소중하듯 타인의 저작물도 소중함을 알아야 한다. 혹시 모를 피해로부터 자신을 보호할 수 있기 때문이다. 그리고 자신의 저작물이 공동의 가치를 위해 활용되기를 원한다면 공동 정보 이용 마크를 활용하여 타인이 자유롭게 자신의 저작물을 사용할 수 있도록 하면 된다.

4) 컴퓨터 게임과 게임 중독

게임 중독은 지나치게 게임에 몰두하여 게임에 대해 의존성, 내성, 금단 증상과 같은 병리적 증상을 보이는 중독 상태를 말한다. 통상 약물 중독을 떠올리듯 중독은 어떤 물질에 지나치게 의존하는 현상이다. 중독에는 약물 중독 외에 어떤 행동, 예컨대 도박, 운동, TV 시청 등에 중독되는 행동적 중독이 있다. 행동적 중독도 약물 중독과 마찬가지로 그러한 행동에 지나치게 빠지므로 장애로 다룬다. 게임 중독도 여기에 해당된다.

게임은 구성이 탄탄하고 내용이 쉽게 빠져나오지 못할 정도로 빠르게 전개된다. 또 즉각적으로 반응해야 게임이 이어진다. 이러한 특징이 청소년의 정서와 잘 맞아떨어져 게임 중독 현상이 발생하는 것이다. 게임을 통해 공격성, 폭력 행위 등을 분출하기도 하고, 현실에서 불만 가득한 자신의 능력에 대해 사이버 공간에서 대리 만족을 경험하기도 하며, 익명성을 전제로 게임 유저들과 새로운 대인 관계를 형성하기도 한다. 이와 같은 게임의 속성 때문에 자신이 게임 중독인 줄도 모르고 게임에 빠져 사는 경우가 생긴다.

자기 통제력이 부족하고 충동적인 사람들이 게임 중독에 쉽게 빠진다고 한다. 게임 중독은 오락과 재미 같은 즉각적인 욕구를 추구하고 자신의 현실 생활을 돌보지 않는 충동적인 성향에서 비롯된다. 폭력적게임을 통해 공격성을 표출하는 행동으로 이해할 수도 있다. 이는 덕윤리에서 제시하는 올바른 품성 개발이라는 기준에 어긋나는 행동이다. 덕 윤리관의 관점에서 볼 때 게임 중독자 대부분이 학업 성적 저

자유이용허락표시제(CCL: creative commons license)

자유이용허락표시제는 자신의 창작물을 일정한 조건에 따라 다른 사람이 자유롭게 이용하도록 허락하는 내용의 자유 이용 라이선스이다. CCL을 적용하기 위해서는 CC 홈페이지에 라이선스 생성기(license generator)를 실행하여 저작권자가 몇 가지 질문에 답을 하면 이에 부합하는 라이선스를 알려 주고, 동시에 HTML 문서에 삽입할 수 있는 RDF/XML 구문을 생성해 주어 이를 삽입하도록 한 것이다.

기호	이용 조건	문자 표기
	저작자 표시 저작자 이름, 저작물 제목, 출처 등 저작자에 관해 표시해야 한다.	CC BY
	저작자 표시-비영리 저작자를 밝히면 자유로운 이용이 가능하지만, 영리 목적으로는 이용할 수 없다.	BY-NC
	저작자 표시-변경 금지 저작자를 밝히면 자유로운 이용이 가능하지만, 변경 없이 그대로 이용해야 한다.	BY-ND
	저작자 표시-동일 조건 변경 허락 저작자를 밝히면 자유로운 이용이 가능하고 저작물의 변경도 가능하지만, 2차적 저작물에는 원저작물에 적용한 것과 동일한 라이선스를 적용해야 한다.	BY-SA
	저작자 표시-비영리-동일 조건 변경 허락 저작자를 밝히면 이용이 가능하며 저작물의 변경도 가능하지만, 영리 목적으로 이용할 수 없고 2차적 저작물에는 원저작물과 동일한 라이선스를 적용해야 한다.	BY-NC-SA
	저작자 표시-비영리-변경 금지 저작자를 밝히면 자유로운 이용이 가능하지만, 영리 목적으로 이용할 수 없고 변경 없이 그대로 이용해야 한다.	BY-NC-ND

자료: 크리에이티브 커먼스 코리아(http://cckorea.org/).

하, 결석이나 학업 소홀 등 학교 생활에서 문제를 일으킨 경험이 있다는 연구 결과를 볼 때 게임 중독은 비윤리적 행위라고 할 수 있다.

게임 중독은 윤리적 주체로서의 자기 형성이라는 도덕적 이상에 위배되는 행동이다. 게임을 과다하게 사용하겠다는 준칙이 보편적 법칙이 될 수 없음은 당연하다. 게임의 과다 사용 행위는 '자신을 목적으로 다루도록 행동하라'는 정언명령에 위배되는 행동이기도 하여 게임 중독은 의무론적 윤리관이 주장하는 도덕적 행위를 위반하는 비윤리적 행위라 할 수 있다. 또 게임의 과다 이용으로 게임 이용자들은 우울감이나 자존감 결여 등을 경험한다고 하는데 이는 인간의 근본 목적인 행복 추구를 훼손하는 행위로서 공리론적 윤리관에 위배되는 행동이라 할 수 있다. 이와 함께 게임 중독으로 가족 간 갈등이 초래된다는 점에서 다수의 행복 추구라는 공리론적 윤리관에 위배되는 행동이라 할 수 있다. 타인에게 해를 끼치지 말라는 해악 금지 원리에도 명백하게 위배되는 행동이기도 하다.

5. 인공 지능 윤리 이해하기

2016년 봄, 알파고(AlphaGo)의 등장은 우리 사회에 커다란 충격을 주었다. 구글의 자회사 딥마인드(DeepMind Technologies Ltd)에서 개발한 알파고는 이세돌을 비롯한 바둑 최고수들을 상대로 한 바둑 경기에서 승리하였다. 이제 바둑 경기만큼은 알파고를 상대로 인간이 이기기 어려울 것으로 보여, 적어도 바둑을 두는 능력에서는 알파고가 인간을 추월하였다.

이런 현상은 바둑 이전에 퀴즈 게임이나 체스에서도 있었고, 다른 부문에서도 새롭게 나타날 가능성이 높다. 자율 주행 차, 의사 왓슨 (Watson), 법률가 로스(Ross) 등으로 상징되는 인공 지능은 우리 사회 속에 이미 깊숙이 들어와 있고, 앞으로 우리 삶에서 더 많은 일부가 될 것이다.

이처럼 인공 지능 기술이 도입되면서 이제까지 사람과의 상호 작용만을 우선시하던 상황은 끝났다. 이제 온라인 활동의 대부분을 인간과 소통하는 것이 아니라 기계와 상호 작용을 하는 시대가 된 것이다. 이미 웹 트래픽의 51%를 인간이 아닌 기계와의 소통이 차지하고 있다. 이러한 경향은 단순히 정보 검색만이 아니라 앞으로 콘텐츠 추천과 생산 등의 역할을 인공 지능 기반의 알고리즘이 수행하게 되어 더욱 가속화될 것으로 예측된다.

인공 지능 기술이 급속도로 발전하면서 최근에는 인공 지능 윤리라는 새로운 개념이 등장하고 있다. 여기서 인공 지능 윤리는 인공 지능 기술의 설계, 생산, 사용 등과 관련해 발생하는 윤리 문제를 다룬다. 따라서 설계자, 제작자, 이용자 모두가 인공 지능 윤리의 주체가 된다.

인공 지능 윤리 문제는 이전의 문제들과 성격이 다르며, 파급 효과도 크다. 인공 지능의 응용, 인공 지능과 뇌의 연결 기술 등은 비교적 파급력이 크고 효용성이 즉각 나타나기 때문에 충분한 숙고 과정 없이 사회에 수용되는 경향이 있다. 이것이 바로 인공 지능 윤리 문제를 미리 예측하고 논의하여 방향을 설정해 두어야 하는 이유이다. 그렇지 않으면 사회적으로 문제가 발생할 수 있다.

인공 지능 윤리의 필요성이 처음 부각된 계기는 자율 살상 무기 (lethal autonomous weapon) 혹은 킬러 로봇의 등장 때문이다. 인공 지능을 장착한 드론이나 '신경 회로망' 기술을 활용한 전자동 소총, 미사일이 자율 살상 무기로 활용될 수 있다. 이러한 자율 살상 무기는 과거

전투 사례를 반복 학습해 특정 대상만 공격한다.

문제는 자율 살상 무기의 사용 범위다. 적군을 식별해 살상하는 원래의 목표를 넘어 민간인을 살상하는 데 사용할 수 있다. 독재자가 자국민을 협박하는 데 사용하거나 테러리스트가 일반인을 대량 살상하는 데 사용할 개연성이 있다. 일반인이 드론을 킬러 로봇으로 사용할 수도 있다. 드론은 적은 비용으로 쉽게 제작할 수 있다. 누구나 무기를 가질 수 있게 되는 셈이다.

이상의 사안과 관련해 가장 큰 문제는 자율 살상 무기가 민간인에게 해를 입힐 경우, 책임 소재가 어디에 있는지 알기가 어렵다는 점이다. 인공 지능이 장착되지 않은 전쟁 무기가 잘못 작동할 경우에는 전쟁 무기를 만든 설계자나 제작자가 책임을 진다. 반면, 전쟁 무기가 인공 지능을 장착한 자율 지능 시스템일 경우에는 설계자나 제작자의 의도와 별개로 무기 자체가 자율적으로 의사 결정을 하게 되어 책임의 형태가 달라진다. 자율 살상 무기로 인해 예측하지 못한 피해가 발생해도 설계자나 제작자에게 전적으로 '책임'을 물을 수는 없다. 설계와 제작 이후에 이용자의 반복된 사용에 따른 자율 학습 과정이 있기 때문이다.

2016년 ≪사이언스≫에 실린 무인 자동차에 대한 논문은 무인 자동차 개발도 윤리적으로 상당한 고려가 필요함을 보여 준다. 무인 자동차의 딜레마는 다음과 같다. 무인 자동차의 진행 방향으로 다수의 행인이 지나가면 무인 자동차는 행인들에게 상해를 입히지 않기 위해 방향을 바꾸면 벽에 부딪쳐 탑승자가 상해를 입을 상황이다. 이때 무인 자동차는 어떤 결정을 내리도록 설계해야 할까? 이 질문에 전체 응답자의 3분의 2가 넘는 76%가 보행자 대신 탑승자 한 명을 희생하는 쪽이 더 도덕적이라고 판단하였다. 무인 자동차의 인공 지능이 공리주의적 결정에 입각해 딜레마 상황에 대처하도록 프로그래밍 되어야 한다는 것이다.

반면 본인이 차량 탑승자일 때는 '자기희생 모드의 무인 자동차와 자기 보호 모드의 무인 자동차가 판매되면 어떤 차를 구입하겠는가?'라는 질문에는 응답자 중 다수가 자기 보호 모드의 차를 선택하였다. 이렇게 우리의 윤리적 기준과 판단은 일관적이지 않다. 소수보다는 다수의 생명을 구하는 것을 더 좋은 도덕 판단으로 선택하면서도 정작 본인은 그렇게 프로그래밍 된 무인 자동차를 선택하지 않았기 때문이다.

이러한 혼란과 함께 인공 지능을 윤리적으로 판단하기 어려운 이유는 인공 지능이 잘못된 결정을 내렸을 때 원인을 파악하고 이에 따라 책임을 부과하기 어렵기 때문이다. 인공 지능은 알고리즘의 설계자조차 인공 지능이 왜 특정한 의사 결정을 내리는지 알 수 없다. 인공 지능의 판단 절차가 불투명하여 인공 지능이 차를 운전하거나, 병을 진단하거나, 사람의 직업이나 죄를 판단할 때 더 큰 문제가 불거진다. 책임 소재를 확정하고 설명하기가 어려워지므로, 사고나 피해가 생길 경우 사회적으로 대처하고 처리하기 어렵다. 결국 가장 중요하게 고려해야 할 사항은 인공 지능에 맡길 수 있는 판단 유형은 무엇이며, 맡길 수 없는 판단 유형은 무엇인지를 결정하는 것이다. 이에 대한 토론과 사회적 합의가 이루어지면 통제 규칙과 표준을 만들 수 있다.

따라서 인공 지능 윤리는 인공 지능 알고리즘을 만드는 개발자뿐만 아니라, 인공 지능 제품을 공급하는 공급자, 실제 이용하면서 인공 지능을 학습시키는 이용자 모두에게 적용되어야 한다. 이것이 인공 지능의 부작용을 최소화하기 위한 상호 책임의 원칙이다.

이러한 가치를 기반으로 유럽연합 집행위원회에서는 인공 지능 윤리 가이드라인을 제정하여 발표하였다. 인공 지능의 혁신적 영향력을 경제적 번영과 성장에 활용하기 위해 인공 지능의 위험을 최소화함으로써 편익을 극대화하기 위한 방안이 필요하였기 때문이다. 이에 따른 유럽연합의 '인공 지능 가이드라인'은 기술에 대한 신뢰가 있어야 인공 지능의 혜택을 완전하게 누릴 수 있으므로 인본주의적 접근을 통해 '신뢰할 수 있는 인공 지능'을 목표로 해야 한다고 강조한다. 가이드라인에는 ① 인공 지능의 윤리적 목적, 인공 지능이 준수해야 하는 기본권, 기본 원칙 및 가치, ② 이러한 원칙으로부터 신뢰할 수 있는 인공 지능 구현 방안 도출, ③ 인공 지능 신뢰성 평가 리스트 제시 등이 포함되어 있다.

우리나라도 지능 정보 사회에 대비하여 '지능정보사회 윤리 가이드라인'을 발표하였다. 인공 지능의 산업적·사회적 활용으로 발생하는 부작용에 대한 우려가 커지면서 인공 지능에 대한 사회적 저항을 최소화하고 인공 지능의 안전한 사용을 위해 인공 지능 개발자, 공급자, 이용자에게 윤리적, 법적 기준을 제시할 필요가 있기 때문이다. 공공성, 책무성, 통제성, 투명성 등 4대 공통 원칙을 기반으로 개발자, 공급자, 이용자를 위한 세부 지침을 제시하였다.

인공 지능 기본 원칙도 함께 발표하였는데 자율성 원칙, 무해성 원칙, 공평의 원칙, 설명 가능성의 원칙이다. 먼저 자율성 원칙(The Principle

지능정보사회 윤리 가이드라인 4대 공통 원칙(PACT)

1. 공공성(Publicness): 지능정보기술은 가능한 한 많은 사람들에게 도움을 주어야 하며, 지능정보기술에 의해 창출된 경제적 번영은 모든 인류의 혜택을 위해 광범위하게 공유되어야 한다.

2. 책무성(Accountability): 지능정보기술 및 서비스에 의한 사고 등의 책임 분배를 명확히 하고, 안전과 관련한 정보 공유, 이용자 권익 보호 등 사회적 의무를 충실히 수행해야 한다.

3. 통제성(Controllability): 지능정보기술 및 서비스에 대한 인간의 제어 가능성 및 오작동에 대한 대비책을 미리 마련해야 한다.

4. 투명성(Transparency): 기술 개발, 서비스 설계, 제품 기획 등 의사결정 과정에서 이용자·소비자·시민 등의 의견을 반영하도록 노력해야 하며, 이용 단계에서 예상되는 위험과 관련한 정보를 공개·공유해야 한다.

자료: 과학기술정보통신부 홈페이지(https://www.msit.go.kr/).

of Autonomy: "Preserve Human Agency")은 인간이 인공 지능 시스템에 종속되지 않고 인공 지능 시스템에 의해 강제되지 않을 자유를 의미한다. 인공 지능 시스템 이용자는 자신이 직간접으로 인공 지능 결정의 대상이 될 것인지 선택할 수 있어야 하며, 인공 지능 시스템의 직간접 상호 작용에 대해 알권리가 있고 거부하거나 철회할 권리가 있다는 것이다.

무해성 원칙(The Principle of prevention of harm: "Do no harm")은 인류에게 해를 끼치지 않는 인공 지능이어야 하며, 인공 지능 시스템은 인간의 존엄, 온전함, 자유, 프라이버시, 안전을 보호하도록 디자인되어야 한다는 것이다. 이 원칙에 따르면 인공 지능 시스템은 민주적 절차, 표현의 자유, 신분의 자유 또는 인공 지능 서비스를 거부할 수 있는 가능성을 위협해서는 안 되며, 현존하는 위험을 증폭하거나 새로운 위험을 창출하는 방식으로 디자인하지 않아야 한다. 인공 지능 알고리즘 학습용으로 수집하고 이용하는 데이터는 반드시 차별, 조작 또는 부정적인 프로파일링을 하지 않도록 처리해야 한다. 인공 지능 시스템은 이념적 양극화와 알고리즘 결정론으로부터 사회를 보호하도록 개발하고 시행해야 한다. 또 인공 지능은 다양한 사회적 약자에게 영향을 미치므로 아동, 소수 집단, 장애인, 고령자 등 취약 계층의 독특한 지위를 감안하여 디자인 단계에서부터 세심한 관심을 기울여야 한다.

공평의 원칙(The Principle of fairness: "Be Fair")은 인공 지능 시스템은 반드시 공평하게 개발하고 이용하고 통제해야 한다는 것이다. 이 원칙에 따르면 인공 지능 개발자와 시행자는 개인과 소수 집단의 편견, 낙인과 차별에서 자유로울 수 있도록 보장해야 한다. 인공 지능의 긍정적·부정적 결과는 반드시 공평하게 분배되어야 하며 교육, 재화, 서비스, 기술에 대한 접근은 취약 계층에도 차별 없이 동등하게 기회를 제공해야 한다.

설명 가능성의 원칙(The Principle of Explicability: "Operate Transparently") 에서 '설명 가능성'이란 인공 지능과 상호 작용하는 개인의 사전 동의를 받기 위한 전제 조건이다. 이 원칙에 따라 개인·단체는 인공 지능의 의사 결정에 입력된 기준 매개변수, 지시 사항 등에 대한 증거 자료를 기관, 인공 지능 시스템 개발자, 기술 시행자 또는 공급 과정에 참여한 이들에게 요구할 수 있어야 한다.

이처럼 인공 지능에 적용되는 윤리는 착하게 살아야 한다는 좁은 의미의 윤리를 넘어선다. 여기서 윤리는 복잡한 상황에서 적합한 의사 결정으로, 의사 결정 주체나 대상의 지속 가능성을 확보한다는 넓은 의미가 있다. 또 인공 지능 윤리는 사회·경제 변화에 관한 것뿐만 아니라 개인의 삶에 대한 기술적 충격과 변화에 관한 것이기도 하다.

인공 지능 기술은 인간과 사물의 생각하는 능력을 획기적으로 높여 인간의 의사 결정을 돕고 데이터 중심의 자동화를 통해 생활 편의를 도모할 것이다. 반면 인공 지능 기술이 고도화된 사회에서는 다양한 형태의 윤리 문제가 등장할 것이며, 이전보다 더욱 인간 중심의 맥락과 가치가 중요해질 것이다. 고도화된 사회일수록 기술 자체가 목적이 아닌 궁극적으로는 휴머니즘을 지향할 때, 그 가치가 더욱더 발현할 수 있다는 의미다. 기술에 담긴 시사점과 인간 중심의 맥락, 기술과 인간을 연결하는 주체를 고려해야 한다.

6. 올바른 매체 이용자 역량 쌓기

우리는 '미디어 빅뱅' 시대에 살고 있다. 우주의 대폭발을 뜻하는 빅뱅(bigbang)처럼 매체 간 결합과 인터넷, 소셜 미디어 등 디지털 매체의 등장으로 매체 환경이 엄청나게 변화하고 있기 때문이다. 최근에는 알고리즘, 빅데이터, 로봇 등이 결합한 다양한 인공 지능 서비스가 개발되면서, 매체 환경은 더 급속히 변화할 것으로 예상된다.

새로운 매체 환경에서 올바르게 살아가기 위해 지금까지와는 다른 역량이 필요하다. 문자의 발명으로 등장한 문자 사회에서는 '문해력(literacy)'이라는 역량이 주목받았다. 문자화된 기록물을 통해 지식과 정보를 획득하고 이해할 수 있는 능력이 중요하였다. 텔레비전과 같은 영상 매체의 대중화는 비판적인 시청 기술을 강조하여 '좋은 커뮤니케이션 기술과 나쁜 커뮤니케이션 기술'을 선별할 수 있는 능력이 중요해졌다.

우리는 디지털 매체가 등장하면서는 수백 개 채널이 제공하는 정보의 홍수 속에 살고 있다. 이에 따라 현명하게 매체를 이용할 수 있는 역량을 길러야 한다. 정보를 올바르게 선택할 수 있는 안목, 자신이 중요하게 여기는 문제에 대한 정보를 생산하고 유통할 수 있는 정보 처리 역량이 필요하다. 관심과 이해관계가 같은 사람들과 연대하여 능동적으로 문제를 해결하는 사회적 실행 능력도 중요하다. 이 모든 것이 인류와 공동체의 번영을 위해 매체를 좀 더 긍정적으로 활용하기 위해 필요한 역량들이다.

데이터, 인공 지능, 로봇을 기반으로 경제, 사회, 산업 등 모든 분야에서 다양한 변화가 일어나는 지능 정보 사회에서는 어떤 역량이 필요할까? 인공 지능 서비스가 중심이 되는 미래의 매체 환경에서 우리의 지향점은 '새로운 시대를 살아가기 위해 필요한 표현 및 소통 능력의 함양을 통한 인간 능력의 완성'이어야 한다. 지능 정보 사회에서 필요한 역량이 '인간 능력(human power)'이라 할 수 있다. 지능 정보 사회가 개개인에게 요구하는 인간 능력의 향상을 위해서는 창의력뿐만 아니라 이를 조합하는 융합 역량, 변화에 대한 적응력과 정보적 사고, 창조적이고 융합적인 사고, 공유와 협업 능력, 글로벌 기준에 대한 수용력과 공익적 사고 등이 필요하다.

인간 능력의 향상을 위해 가장 필요한 것은 데이터를 기반으로 사고하는 능력이다. 이는 디지털 정보적 사고 또는 컴퓨팅 사고력(computational thinking)이라고 한다. 지능 정보 사회는 모든 사회·경제·문화 체제가 기본적으로 데이터와 알고리즘을 기반으로 이루어지기 때문에, 데이터와 알고리즘에 대한 적절한 시각을 갖춰야 한다.

창조적이고 융합적인 사고 능력도 필요하다. 단순 정보 습득과 이해보다는 새로운 가치를 창의적으로 만들어 내는 창조적이고 융합적인 사고력이 강조된다. 특히 컴퓨팅 기반의 융합적인 사고를 통해 창의적인 발상과 문제의 발견 및 해결 능력, 도전적이고 혁신적인 기업가 정신이 필요하다.

공유와 협업, 소통 능력도 중요하다. 초연결된 지능 정보 사회에서는 사이버 공간에서의 공유와 협업, 바람직한 소통이 강조되며, 공정하고 올바른 공개 자료 활용이 필요하다.

전 세계가 하나의 네트워크로 연결되는 변화에 적응하기 위해서는 글로벌 차원의 사고 능력이 중요하다. 초연결 공유 환경이 예상되는 지능 정보 사회에서는 어떤 행위가 과거와 전혀 다른 규모와 속도로 파급 효과를 보일 수 있기 때문이다. 이러한 변화에 대응하기 위해서는 글로벌 기준과 다양성을 수용할 능력이 필요하다.

공감과 사회적·공익적 사고 능력도 중요하다. 지능 정보 사회에서는 국경 없는 인터넷 기반의 의사소통이 가능하기 때문에 정보 및 지식의 공유와 협업 등 모든 사고와 일하는 방식에 대해 사회적이며 공익적으로 사고할 필요가 있다. 그리고 협업, 의사소통, 공익적 사고 등의 기본 토대는 인간에 대한 공감과 배려여야 한다.

종합적인 정보 판단력과 의사 결정력도 갖추어야 한다. 다양한 정보에 쉽게 접근하거나 활용할 필요가 있으므로 정보의 진위뿐만 아니라 가치와 활용의 관점에서 판단할 수 있는 능력이 필요하다. 지능 정보 사회에서 단순한 노동은 대부분 자동화로 대체되고 의사 결정의 일부도 데이터 알고리즘이 장착된 인공 지능의 도움을 받겠지만, 모든 상황과 맥락, 감정과 관계 등의 요소들을 고려하여 최선의 의사 결정은 인간이 할 수 있어야 한다.

마지막으로 자신의 발전을 위한 동기를 스스로 부여하여, 자기 주도의 빠른 학습 능력을 요구하는 변화에 적응할 수 있는 능력을 높여야 한다.

　미래의 매체 환경에서는 매체와 첨단 기술의 긍정적 특징과 장점을 활용하여 신뢰할 수 있는 정보를 취사선택하고, 첨단 도구를 건전하게 잘 활용할 능력을 배양하는 것이 무엇보다 중요하다. 특히 개인의 권리보다는 공동체에 대한 의무를 먼저 생각할 수 있는 태도와 '사익보다는 공익, 자유보다는 질서, 기회보다는 평등'에 더 관심을 기울이는 디지털 시민성의 함양이 강조된다.

　매체 환경 변화에 따라 네트워크화된 공간에서도 디지털 시민으로서 그에 맞는 지식과 기능·태도를 갖추고 적극적으로 참여하며, 타인에 대한 관용을 익혀 자기 의사를 적절히 표현하고 실행해야 한다. 지능 정보 사회에 적합한 방법으로 구성원들과 소통하고 협업을 할 수 있어야 한다. 단순히 매체의 윤리적 이용이라는 소극적 행위를 넘어 적극적인 참여로 소통하는 자세가 요구된다고 할 수 있다. 특히 인공지능 시대에는 새로운 패러다임이 요구하는 사회·경제적 관점과 도덕적·윤리적 가치를 새로 정립하기 위해 많은 노력을 기울여야 한다.

좋은 것과 나쁜 것을 구분하는 것은 인간만의 특징이다. 사물, 사람, 경험을 좋은 것, 나쁜 것, 좋지도 나쁘지도 않은 것으로 굳이 나누어 분류하는 존재는 인간밖에 없다. 실제로 사람들은 기원전부터 개인적인 삶에 충실한지 여부를 도덕적·윤리적 삶의 중요한 기준으로 삼았다. 이처럼 우리가 흔히 올바른 일, 정당한 일, 행복한 일, 유익한 일 등을 판단하는 기준을 윤리라고 한다.

이 중에서 언론 매체 윤리가 다루는 것은 언론 매체와 언론인이 지켜야 할 의무와 관련한 사항이다. 언론 매체와 언론인의 의무는 언론 매체와 그 종사자들에게 독자나 시청자와는 다른 권리가 있음을 말한다. 언론 매체와 언론인은 일반 대중의 대변자로서 일반인이 다가갈 수 없는 곳에 접근하고, 대중이 못 하는 일을 할 수 있는 특권이 있다. 특권이 주어진 만큼 그에 따른 책임을 다해야 한다. 이를 위해 언론 매체와 언론인은 검증되지 않은 정보를 기사화해서도, 명예 훼손, 사생활 침해를 해서도, 타인에게 불필요한 고통을 주어서도 안 된다. 활동 분야에서 능력을 인정받는 것, 뉴스의 우선순위를 정확히 파악하는 것, 뉴스와 오락을 구분하는 것, 사리에 맞는 뉴스를 제공하는 것, 일상적으로 사람들이 흥미를 느끼고 이해할 수 있는 뉴스를 만드는 것 등과 같은 복합적인 일을 해야 한다.

언론 매체 또는 그 종사자가 올바른 일, 정당한 일을 하고 있는지를 판단하는 기준은 크게 세 가지로, 다음과 같은 질문을 자신에게 던져야 한다. 첫째, 의무론적 윤리관에 충실하기 위해 '나의 행동은 도덕적인가?'와 같은 질문을 끊임없이 해야 한다. 둘째, 공리론적 윤리관에 충실하기 위해서는 '내 행동의 결과는 유익한가?'와 같은 질문을 끝없이 해야 한다. 셋째, 덕 윤리관에 충실하기 위해서는 '나의 결정이 내일 신문 1면에 실린다면 행복할까?'와 같은 질문을 모든 행동을 하기 전에 먼저 자신에게 해야 한다.

신문이나 텔레비전과 같은 전통 매체 외에도 양방향 커뮤니케이션이 가능한 컴퓨터나 인터넷 같은 디지털 매체가 등장하면서 윤리적 행위에 대한 적용 대상이 변하고 있다. 디지털 매체는 과거 전문적인 저널리스트의 역할을 우리에게 부여하고 있다. 디지털 매체 이용자는 단순히 정보를 수용하는 역할뿐만 아니라 적극적으로 정보를 생산하는 역할을 맡고 있기 때문이다.

하지만 많은 사람이 이용하는 디지털 매체인 뉴스, SNS, 유튜브, 게임 등을 살펴보면 비윤리적인 행위가 많이 발생하고 있다. 가짜 뉴스의 생산과 유통, SNS를 통한 사이버 폭력, 유튜브에서의 저작권 문제, 게임에서의 중독 등은 모두 윤리적 행동과 거리가 멀다고 할 수 있다. 우리에게는 디지털 매체의 이용자로서 윤리적 권리, 책임, 미덕에 대한 주의 의무가 있음을 명심해야 한다.

최근에는 인공 지능 기술이 급속도로 발전하면서 인공 지능 윤리라는 새로운 개념이 등장하고 있다. 인공 지능 윤리는 인공 지능 기술의 설계, 생산, 사용 등과 관련해 발생하는 윤리적 문제를 다룬다. 설계자, 제작자, 이용자 모두가 인공 지능 윤리의 주체가 된다. 인공 지능에 적용되는 윤리는 착하게 살아야 한다는 좁은 의미의 윤리를 넘어선다. 여기서 윤리는 복잡한 상황에서 적합한 의사 결정으로, 의사 결정 주체나 대상의 지속 가능성을 확보한다는 넓은 의미이다. 또 인공 지능 윤리는 사회·경제 변화에 관한 것뿐만 아니라 개인의 삶에 대한 기술적 충격과 변화에 관한 것이기도 하다.

이처럼 급속하게 변화하는 매체 환경에서 올바르게 살아가기 위해서는 지금까지와는 다른 역량이 필요하다. 수백 개의 채널이 제공하는 정보의 홍수 속에서 현명하게 매체를 이용할 수 있는 역량을 길러야한다. 정보를 올바르게 선택할 수 있는 안목과 자신이 중요하게 여기는 문제와 관련한 정보를 생산하고 유통시킬 수 있는 정보 처리 역량이 필요하다. 관심사와 이해관계가 같은 사람들과 연대하여 능동적으로 문제를 해결하는 사회적 실행 능력도 중요하다. 이 모든 것이 인류와 공동체의 번영을 위해 매체를 좀 더 긍정적으로 활용하기 위해 필요한 역량들이다.

탐구 활동

1. 학급 신문 기자인 나는 어떤 기준과 가치를 갖고 기사를 작성해야 할까? 진실을 알리기 위해 사건과 사고를 취재하고 기사를 작성하는 과정에서 기자로서 지켜야 할 나만의 기준과 가치를 적어 반 친구들에게 발표해 보자.

2. 대부분의 신문사나 방송국은 자체적으로 윤리 규범 또는 취재 준칙 등을 마련하고 있다. 신문사나 방송국의 윤리 규범 또는 취재 준칙을 찾아 해당 언론사의 보도 또는 내용이 윤리 규범 또는 취재 준칙에 부합한 사례와 벗어난 사례들을 찾아 비교해 보자.

3. 디지털 매체를 이용할 때 도덕적이고 윤리적인 네티즌이 되기 위한 스스로의 다짐과 약속을 정하고 반 친구들과 발표하고, 서로 비교해 보자 .

탐구 활동

4. 의무론적 윤리관, 공리론적 윤리관, 덕 윤리관을 적용하여 다양한 정보화 역기능 현상이 왜 비윤리적 행위인지 논의해 보자. 사람들이 동일한 상황에 각기 다른 윤리관을 적용하는 이유를 곰곰이 생각해 보자.

5. 인공 지능 기술이 일상생활에 적용되는 사례를 발굴하여 이러한 서비스가 기존의 도덕적·윤리적 가치에 어떠한 영향을 미칠 것인지 발표해 보자.

6. 새로운 매체 환경에서 올바른 디지털 시민이 되기 위해 필요한 역량이 무엇인지 알아보고 그 이유를 설명해 보자.

참고문헌

과학기술정보통신부 홈페이지. https://www.msit.go.kr/ (검색일: 2020.10.15)

김봉섭·김현철·박선아·임상수. 2017. 「4차 산업혁명시대, 지능정보사회의 '디지털 시민성(Digital Citizenship)'에 대한 탐색」. KERIS 이슈리포트.

김효은. 2019. 『인공지능과 윤리』. 커뮤니케이션북스

방송통신위원회 홈페이지. https://kcc.go.kr/ (검색일: 2020.10.15)

베르트랑, 끌로드장(Claude-Jean Bertrand). 2006. 『다매체 시대 미디어 윤리의 실천』. 변동현 옮김. 커뮤니케이션북스.

이재진. 2013. 『미디어윤리』. 커뮤니케이션북스.

키이란, 매튜(Matthew kieran). 2018. 『미디어 윤리: 철학적 접근』. 김유란 옮김. 씨아이알.

≪타임≫ 홈페이지. https://time.com/ (검색일: 2020.10.15)

한국윤리학회 엮음. 2015. 『미디어와 윤리』.

한국정보화진흥원. 2019. 「인공지능 윤리 가이드라인: 일본과 EU 사례를 중심으로」. 지능정보사회 법제도 이슈리포트.

Beever, J., McDaniel R. & Stanlick N. A. 2020. *Understanding Digital Ethics*. NY: Taylor and Francis.

Ess, C. 2014. *Digital Media Ethics*. MA : Polity Press.

Horner, D. S. 2015. *Understanding Media Ethics*. LA: SAGE Publications.

찾아보기

인명

구텐베르크, 요하네스(Johannes
   Gutenberg) 19
마르코니, 굴리엘모(Guglielmo
   Marconi) 27
밀, 존 스튜어트(John Stuart Mill) 215
버너스리, 팀(Tim Berners-Lee) 219
벤담, 제러미(Jeremy Bentham) 215
샤키, 티나(Tina Sharkey) 75
시플리, 크리스(Chris Shipley) 75
아리스토텔레스(Aristoteles 216
카터, 케빈(Kevin Carter) 213~215,
   217
칸트, 이마누엘(Immanuel
   Kant) 213~214
퍼트넘, 로버트(Robert D.
   Putnam) 77
헤겔, 프리드리히(Georg Wilhelm
   Friedrich Hegel) 229

용어

ㄱ

가짜 뉴스 60, 91
가짜 뉴스 판별법 63
감시견 52
게이트키핑(gatekeeping) 47
공리론적 윤리관 215, 232
공정성 56
광고 33

ㄴ

나르시시즘(narcissism) 83
네티즌 윤리 강령 223
네티켓(netiquette) 222
뉴스 리터러시 57
뉴스 프레임 54
뉴스 피드(news feed) 79

ㄷ

다이렉트 메시지(DM) 78
대인 매체 20 22, 37
대중 매체 19~20, 22~25, 27, 29~30,

지은이
(가나다순)

김봉섭
현 한국정보화진흥원 연구위원
경희대학교 언론학 박사
저서: 『디지털 디바이드』, 『사이버불링의 이해와 대책』(공저), 『정보윤리의
　　　이해와 실천』(공저) 외

김형일
현 극동대학교 언론홍보학과 교수
한양대학교 언론학 박사
저서: 『코랄커뮤니케이션』, 『영상 일반 교과서』(공저), 『미디어사회』(공저),
　　　『글로벌 시대의 미디어 경영』(공저)
역서: 『디지털 시대의 공영방송』, 『미디어 디베이트』

노광우
현 고려대학교, 서울대학교, 성균관대학교 강사
서던일리노이 대학교 매스커뮤니케이션 앤드 미디어 아츠 박사
뉴욕한국영화제 창립 멤버, 캐나다 한국영화제 객원 프로그래머
영화 칼럼니스트. 오마이뉴스, 신동아, 한겨레신문, 시사인에 영화 평론 및
　　칼럼 기고.
저서: 『드라마의 모든 것』(공저)
역서: 『할리우드 만화영화』, 『글로벌 미디어 스포츠』

봉미선

현 한국교육방송공사(EBS) 정책연구위원

성균관대학교 언론학 박사

전 성균관대학교 · 건국대학교 · 단국대학교 등 강사

저서: 『데이터 테크놀로지와 커뮤니케이션 연구』(공저) 외

이창호

현 한국청소년정책연구원 선임연구위원

미국 텍사스 주립대학교 언론학 박사

전 세계일보 사회부 · 편집부 기자

저서: 『전쟁저널리즘』, 『저널리즘의 이해』(공저), 『팟캐스트 저널리즘』(공저), 『소셜미디어의 이해』(공저), 『스마트미디어의 이해』(공저) 외

장근영

현 한국청소년정책연구원 선임연구위원

전 연세대학교 학부대학 학사지도교수

연세대학교 심리학 박사

저서: 『시험인간』, 『심리학오디세이』, 『팝콘심리학』, 『청소년에게 게임을 허하라』(공저) 외

역서: 『심리원리』

최진호

현 한양대학교 컴퓨테이셔널 사회과학 연구센터(C2S2) 박사후연구원

성신여자대학교, 강원대학교 강사

한양대학교 문학박사(언론학)

논문: 「소셜미디어와 뉴스 인식」, 「미디어 리터러시 역량 인식의 전문가 집단 간 동질성과 차별성」, 「AI 미디어와 의인화」, 「디지털 시민성 역량이 공동체 의식에 미치는 영향」 외 24편

청소년을 위한 매체 이야기

유튜브, SNS, 게임, 영화 등 Z세대의 미디어 길라잡이

ⓒ 한국방송학회, 2020

엮은이 한국방송학회
지은이 김봉섭·김형일·노광우·봉미선·이창호·장근영·최진호
펴낸이 김종수
펴낸곳 한울엠플러스(주)
편집책임 최진희
편집 정은선

초판 1쇄 인쇄 2020년 11월 5일
초판 1쇄 발행 2020년 11월 14일

주소 10881 경기도 파주시 광인사길 153 한울시소빌딩 3층
전화 031-955-0655
팩스 031-955-0656
홈페이지 www.hanulmplus.kr
등록번호 제406-2015-000143호

Printed in Korea.
ISBN 978-89-460-6984-8 03070 (양장)
        978-89-460-6985-5 03070 (무선)